Rechtsetzung ist Machtsetzung

Europäische Hochschulschriften
Publications Universitaires Européennes
European University Studies

Reihe II
Rechtswissenschaft

Série II Series II
Droit
Law

Bd./Vol. 2736

PETER LANG
Frankfurt am Main · Berlin · Bern · Bruxelles · New York · Wien

Isabel Gallin

Rechtsetzung ist Machtsetzung

Die deutsche Rechtsetzung in den Niederlanden 1940-1945

PETER LANG
Europäischer Verlag der Wissenschaften

Die Deutsche Bibliothek - CIP-Einheitsaufnahme

Gallin, Isabel:

Rechtsetzung ist Machtsetzung : die deutsche Rechtsetzung in den Niederlanden 1940-1945 / Isabel Gallin. - Frankfurt am Main ; Berlin ; Bern ; Bruxelles ; New York ; Wien : Lang, 1999
(Europäische Hochschulschriften : Reihe 2, Rechtswissenschaft ; Bd. 2736)
Zugl.: Amsterdam, Univ., Diss., 1999
ISBN 3-631-35517-3

ISSN 0531-7312
ISBN 3-631-35517-3

FÜR MEINE ELTERN

VORWORT

Die vorliegende Arbeit ist im Sommer 1999 bei der Juristischen Fakultät der Universität von Amsterdam als Dissertation eingereicht worden.

Herrn Professor Dr. Jur. Eltjo Schrage, Direktor des Paul Scholten Instituts für Rechtswissenschaftliche Forschung an der Universität von Amsterdam, möchte ich ganz besonders herzlich danken. Als Doktorvater hat er meine Arbeit immer aufmerksam gefördert und fachlich begleitet.

Mein aufrichtiger Dank gilt auch Herrn Dr. Peter Romijn, Leiter der Forschungsabteilung des Niederländischen Instituts für Kriegsdokumentation in Amsterdam, für seine sorgfältige und sachkundige Begleitung.

Herrn Professor Dr. Hans Blom, Direktor des Niederländischen Instituts für Kriegsdokumentation, danke ich für die generöse Gastfreundschaft des Instituts, die ich während meines Aufenthalts und der Arbeit im Archiv genießen durfte. Auch für die bereitwillige Hilfestellung der Mitarbeiter des Instituts möchte ich mich herzlich bedanken.

Ganz besonderen Dank schulde ich Frau Dr. Madelon de Keizer für ihre unschätzbare Hilfsbereitschaft und ihren guten Rat.

Herrn Drs. René Kok und Herrn Drs. Erik Somers danke ich ebenfalls sehr für ihre wohlgesinnte und hilfsbereite Unterstützung.

Für den großzügigen finanziellen Zuschuß des niederländischen Justizministeriums, das meine Arbeit gefördert und ermöglicht hat, bleibe ich tief zu Dank verpflichtet.

Herrn Helmut Oberst danke ich für die Korrekturlesung des Manuskripts.

Isabel Gallin

Amsterdam, im Juli 1999

Inhaltsverzeichnis

EINLEITUNG

Durch den raschen Einmarsch der deutschen Truppen Anfang Mai 1940 in die Niederlande entscheidet sich das Los der niederländischen Bevölkerung innerhalb von fünf Tagen. Schon in dem ersten Erlaß, nach der Kapitulation der niederländischen Truppen am 14. Mai 1940, veröffentlicht der Führer am 18. Mai 1940 folgenreiche Maßnahmen für den ehemaligen demokratischen niederländischen Rechtsstaat. Dieser erste Führererlaß enthält die Ausübung der Regierungsbefugnisse. Die oberste Regierungsgewalt im zivilen Bereich erhält Reichsminister Dr. Arthur Seyß-Inquart. Dieser wird von Hitler zum Reichskommissar, als "Wahrer der Reichsinteressen", für die besetzten niederländischen Gebiete bestellt.[1] Essentieller als personelle Ernennungen jedoch, hinsichtlich juristischer Maßnahmen in Bezug auf die neue, deutsche Rechtsetzung, sind zwei Punkte in dem Paragraph 5 dieses Erlasses:

> (1) Das bisher geltende Recht bleibt in Kraft, soweit es mit der Besetzung vereinbar ist.
> (2) Der Reichskommissar kann durch Verordnung Recht setzen.[2]

Die Verordnungen, die im *Verordnungsblatt für die besetzten niederländischen Gebiete* simultan in deutscher und niederländischer Sprache verkündet werden, erhalten durch diesen Erlaß ihre offizielle, von der Besatzungsmacht beanspruchte, Legitimität. Es sind diese Verordnungen, die den Mittelpunkt der neuen Rechtsetzung in den Niederlanden bilden. Der zuerst formulierte Punkt des Paragraphen 5 ist jedoch schon sehr fragwürdig, da keine Aussagen gemacht werden über Ziele oder Grundsätze der Besetzung. Die Abgrenzung des in Kraft bleibenden, bisher geltenden Rechts, das mit der Besetzung 'vereinbar' ist, wird somit recht vage definiert, wenn sogar nicht ganz offen gelassen. Wenn obendrein daraufhin der Reichskommissar bevollmächtigt wird, Recht zu setzen, wie im zweiten Punkt zu lesen ist, dann wird deutlich, daß die Besatzungsmacht sich hier die Freiheit gestaltet, gänzlich nach eigenem Ermessen handeln zu können. Das bis dann geltende Völkerrecht ist schon durch diesen Ansatz nicht länger garantiert. Durch diesen Führererlaß hat die Besatzungsmacht die Rechtsetzung in ihre Gewalt bekommen.

Gewalt wird in dem Zusammenhang dieser Untersuchung aufgefaßt als ein Begriff mit zwei Bedeutungen: einerseits die Obrigkeiten die das Recht setzen, die Gewalt, andererseits jedoch auch die Vergewaltigung des Rechts, in der Form von uneigentlichem Machtgebrauch, von unrechtmäßigen Gewaltakten, eventuell 'legitimiert' durch die Rechtsetzung. Das Wort Gewalt hat in diesem Sinne also eine doppelte Bedeutung: es bedeutet die staatlichen, legitimen Obrigkeiten oder

1 *Verordnungsblatt für die besetzten niederländischen Gebiete*, 1940, S. 4.
2 *Ebenda*, S. 4.

Instanzen der Gesetzgebung, Rechtsprechung und Verwaltung, aber auch Brutalität oder einfach Macht.

Das Verhältnis zwischen Rechtsetzung und Gewalt an sich ist ein dynamisches Thema, das schon seit Jahrhunderten die Gemüter verschiedener Disziplinen beschäftigt hat. Vertreter der Wissenschaften des Rechts, der Rechtsphilosophie, der Geschichte oder sogar der Literatur haben sich auf unterschiedliche Weise mit dieser Problematik auseinandergesetzt. Da die Rechtsetzung unmittelbar in die Gesellschaft eingreift und das Recht unter anderem dazu da ist, gesellschaftliche Probleme zu lösen, sind sie Faktoren, die jeder Mensch in seinem Leben zu berücksichtigen hat. Denn letztlich wird dort, wo von Recht die Rede ist, das menschliche Benehmen immer als ein soziales, das heißt auf die Mitmenschen und die Rechtsgemeinschaft der Mitmenschen bezogenes, Verhalten definiert.[3] Früher oder später wird jeder Mensch, egal in welcher Gesellschaftsschicht er sich befindet oder was für ein Leben er führt, auf irgend eine oder andere Weise mit Rechtsetzung konfrontiert. Dabei ist es allerdings ein relevanter Unterschied, ob man als Bürger, das heißt Mitglied einer Gesellschaft mit der Form derselben mehr oder weniger einverstanden ist, oder ob sie einem, in einer extremen Situation, durch ein fremdes Regime auferzwungen wird.

Das Königreich der Niederlande hat mit dem Einmarsch der deutschen Truppen im Mai 1940 so eine extreme Situation erlebt. Keiner Periode der niederländischen Geschichte ist demzufolge bis jetzt soviel Aufmerksamkeit gewidmet worden, wie der des Zweiten Weltkrieges. Die niederländische Gesellschaft während der Besatzung ist in den unterschiedlichsten Teilaspekten ausführlich studiert worden. Trotz dieser Tatsache gibt es noch Themen, die nicht, oder nur kaum, das Subjekt wissenschaftlicher Studien gewesen sind.

Merkwürdigerweise ist gerade das Gebiet der Rechtsgeschichte so ein bislang teilweise vernachlässigtes Thema in der niederländischen Literatur. Es gibt Teilaspekte der Rechtsgeschichte, die bisher mehr oder weniger aufgearbeitet worden sind. Kurz nach dem Krieg wird das Steuerrecht von P.J.A. Adriani ausgiebig untersucht.[4] Das Phänomen des Friedensrichters ist im Jahr 1995 von sowohl Machteld de Geus, als auch eingehender von G.E. Mulder, studiert worden.[5] Die Problematik des Hohen Rats ist von P.E. Mazel bearbeitet worden, wie auch von A.M. van de Wiel.[6] Professor C.F. Rüter beschäftigt sich an der Universität

3 Franz Wieacker, *A History of Private Law in Europe. With particular reference to Germany* (Oxford 1995) S. 614.

4 P.J.A. Adriani (Red.), *Fiscale ervaringen in bezettingstijd 1940-1945* (Amsterdam 1946).

5 M. de Geus, 'Vredesrechtspraak in Nederland', in: *Zesde Jaarboek van het Rijksinstituut voor Oorlogsdocumentatie* (Amsterdam 1995) S. 48-87; G.E. Mulder, *Schijn van recht. De geschiedenis van de vrederechtspraak gedurende de Duitse bezetting* (Arnheim 1995).

6 P.E. Mazel, *In naam van het Recht... De Hoge Raad en de Tweede Wereldoorlog* (Arnheim 1984); A.M. van de Wiel, 'Rechtspleging onder bijzondere omstandigheden.

von Amsterdam seit Jahren mit der Justiz der NS-Verbrechen, das heißt mit dem Strafrecht.[7] Auch P. Gerbenzon und N.E Algra beschreiben, in ihrem stets wieder aufgelegten Lehrbuch, juristische Aspekte der Besatzungszeit.[8]

Speziell der Bereich der Rechtsetzung während des Zweiten Weltkriegs allerdings, ist in diesem Zusammenhang bis zum heutigen Tage in den Niederlanden ziemlich unbeachtet geblieben. Sogar Dr. L. de Jong hat in seinem klassischen Standardwerk *Het Koninkrijk der Nederlanden in de Tweede Wereldoorlog*, für dessen Ausarbeitung kurz nach Kriegsende eigens ein ganzes Institut gegründet wurde, den Verordnungen nur einige Zeilen, zerstreut im Gesamtwerk, gewidmet.[9] Der Entstehung der nationalsozialistischen Rechtsetzung, im juristische Sinn, sowie deren Übertragung auf die niederländische Situation, hat er in seinem Hauptwerk kaum Interesse und wenig Aufmerksamkeit geschenkt. Die Rechtsetzung ist für De Jong eher ein technisches Detail, bei dem höchstens das Endresultat von großer Wichtigkeit ist. Dadurch fehlt bei seiner Darstellung über die Geschichte des Zweiten Weltkriegs in den Niederlanden, eine generelle, systematische und zusammenhängende Analyse der deutschen Rechtsetzung und entgehen ihm dementsprechend Einsichten. Das Interesse an den nationalsozialistischen Verordnungen beschränkt sich hauptsächlich auf die Folgen der Bestimmungen für die niederländische Bevölkerung, während auf die Konsequenzen für das veränderte Verhältnis zwischen Rechtsetzung und Gewalt, selten näher eingegangen wird.[10] Eine grundlegende und systematische Studie wie Bernd Rüthers *Die unbegrenzte Auslegung. Zum Wandel der Privatrechtsordnung im Nationalsozialismus* (Tübingen 1968), in welcher er die lange vertretene Verteidigungsthese der Justiz, sie sei wegen des erlernten Rechtspositivismus gewissermaßen Opfer des NS-Gesetzgebers geworden, entkräftet, fehlt in den Niederlanden.[11] Die Überle-

De Hoge Raad en de Duitse bezetting', in: *Recht en Kritiek. Kwartaalschrift*, 9. Jg., Nr. 4, Dez. 1983, S. 437-468.

7 C.F. Rüter, *Justiz und NS-Verbrechen: Sammlung deutscher Strafurteile wegen nationalsozialistischer Tötungsverbrechen* (Amsterdam 1968-heute). Die Sammlung umfaßt gegenwärtig über 20 Bände.

8 P. Gerbenzon und N.E. Algra, *Voortgangh des rechtes. De ontwikkeling van het Nederlandse recht tegen de achtergrond van de Westeuropese cultuur* (Alphen am Rhein 1987).

9 Loe de Jong, *Het Koninkrijk der Nederlanden in de Tweede Wereldoorlog*, 14 Bände (Den Haag 1969-1991).

10 J.H.P. Bellefroid, *Beknopt overzicht der Staatsinrichting van Nederland tijdens de bezetting* (Nimwegen/Utrecht 1941); A.N. Molenaar, *Staatkundige Perspectieven* (Leiden1945); B.M. Telders, *Verzamelde geschriften*, Bd. IV (Den Haag 1947) behandelt die Rechtsetzung auf S. 291-299 und 306-310; A.M. van de Wiel widmet der Rechtsetzung genau zwei Seiten in 'Rechtspleging onder bijzondere omstandigheden', S. 437-468.

11 Michael Stolleis, *Recht im Unrecht. Studien zur Rechtsgeschichte des Nationalsozialismus* (Frankfurt/Main 1994) S. 11. Vgl. dazu Ingeborg Maus, ''Gesetzesbindung' der Justiz und die Struktur der nationalsozialistischen Rechtsnormen'; in: Ralf Dreier und

gung, die Peter Kop in seinem Buch *Opfer der deutschen Gewalt* noch im Jahre 1995 äußert, daß so eine Untersuchung möglicherweise für die Niederlande gar nicht nötig sei, soll dann auch durch die vorliegende Studie gründlich bestritten werden.[12] Schon die Tatsache, daß das Archiv der *Abteilung Rechtsetzung*, das die Verordnungen für das *Verordnungsblatt* erstellt hat, bis zu dem Zeitpunkt der vorliegenden Untersuchung nicht oder nur kaum genutzt worden ist, verlangt Aufmerksamkeit und systematische Bearbeitung. Fragen über die deutsche Rechtsetzung während der Besatzungszeit werden auch von Professor E.J.H. Schrage aufgeworfen, in dem er aus gutem Grund darauf hinweist, daß bei oberflächlicher Lesung der Hintergrund des sogenannten 'völkischen' Rechtsdenkens, wohl kaum aus dem publizierten Text der so wichtigen Verordnung Nr. 3/1940, zu erkennen ist.[13] Diese Verordnung ist nur ein Beispiel für die Methode, Rechtsetzung zu erstellen, die die wirklichen Absichten der Besatzungsmacht vertuschen. Die vorliegende Studie hat sich dann auch die Aufgabe gestellt, solche Mechanismen der Verheimlichung in der deutschen Rechtsetzung aufzudecken, sowie die Hintergründe zu erläutern, die es dem Gesetzgeber ermöglicht haben, eine solche Rechtsetzung im besetzten Gebiet nicht nur durchzusetzen, sondern es auch zu erreichen, daß sie in dieser Form von den niederländischen Juristen akzeptiert wurde.

Auch in Deutschland wird das Thema des nationalsozialistischen Rechtsdenkens, bis auf einige Ausnahmen, richtig erst ungefähr mit dem Generationswechsel um 1965 aufgegriffen, da in den ersten zwanzig Jahren nach dem Kriege, aus offensichtlichen Gründen, nur wenige juristische Autoren geneigt waren, sich mit dieser Materie zu beschäftigen.[14] Eine Ausnahme besteht aus Ernst Fraenkel (1898-1975), ab 1927 bis zu seiner Emigration in die Vereinigten Staaten 1938 als Rechtsanwalt in Berlin tätig, der als einer der Ersten in *Der Doppelstaat* (1941) beschrieben hat, wie das Recht und die Justiz im Dritten Reich funktionierten. Es ist einer der frühsten Versuche, die nationalsozialistische Rechtsauffassung kritisch darzustellen. In diesem Unternehmen, die 'bürokratisierte Rechtlosigkeit' zu enthüllen, teilt er den NS-Rechtsstaat in einen Maßnahmen- und einen Normen-

Wolfgang Sellert (Hg.), *Recht und Justiz im 'Dritten Reich'* (Frankfurt/Main 1989) S. 81ff.

12 Der Titel ist frei übersetzt vom Verfasser (I.G.); siehe P. C. Kop, *Slachtoffers van het Duitsche geweld. De gedenkplaten van het Paleis van Justitie*, Prinsengrachtreeks 1995/1 (Amsterdam 1995) S. 22 (Anm. 3).

13 E.J.H. Schrage, 'In naam van het Recht. Over de geschiedenis van de rechtspraak in en rond de Tweede Wereldoorlog', in: M. Berman, J.C.H. Blom (Red.), *Het belang van de Tweede Wereldoorlog* (Amsterdam 1997) S. 37. Schrage schildert mehrere juristische und rechtshistorische Probleme und liefert auch eine gründliche Übersicht zum gegenwärtigen Stand der rechtshistorischen Literatur, mit weiteren Literaturhinweisen.

14 Bernd Rüthers, *Ideologie und Recht im Systemwechsel. Ein Beitrag zur Ideologieanfälligkeit geistiger Berufe* (München 1992) S. 91ff.; siehe auch Michael Stolleis, *Recht im Unrecht*, S. 57ff.

staat ein, mit verschieden festgelegten Zuständigkeitsbereichen, die jedoch nicht eindeutig gesetzlich abgegrenzt sind und dadurch unkontrollierbar werden.[15] Für Fraenkel besteht ein Strukturprinzip des NS-Systems gerade aus dieser Parallelität von 'Normalität' und Terror. Der Begriff des Doppelstaates, oder Maßnahmen- und Normenstaates, ist seitdem in der Literatur, zumindest im Ansatz, allgemein übernommen worden.[16] Seitdem haben Bernd Rüthers selber, Dr. Lothar Gruchmann und Dr. Michael Stolleis, Direktor des Max-Planck-Instituts für europäische Rechtsgeschichte in Frankfurt am Main, um nur einige große zeitgenössische Wissenschaftler in Deutschland zu nennen, sich ausgiebig mit der rechtshistorischen Forschung im Nationalsozialismus befaßt. Rüthers hat die Grundlage geschaffen für ein neues Verstehen der Rechtsauffassung in der Periode des Dritten Reichs, wobei er die 'unbegrenzte Auslegung' der Gesetze als Mittel definiert, den bisherigen Rechtszustand den neuen Ansprüchen gemäß zu verändern. Gruchmann konzentriert sich auf die rechtsprechende Gewalt und definiert die Justiz zum Vollzugsorgan des NS-Herrschaftssystems, da die eingeführten, neuen institutionellen Mittel jederzeit eine Einwirkung ermöglichen, um das von der politischen Führung gewünschte Ergebnis zu erzielen.[17] Die irrational konzipierte nationalsozialistische Weltanschauung wird dabei unter der Dynamik des 'ewigen Lebenskampfes' ständig neu interpretiert und erhält erst durch das 'Medium Hitler' Realität und Bestimmtheit.[18] Stolleis argumentiert, daß das Verhältnis zwischen Norm und Maßnahme, in seinen eigenen Worten 'Recht' und 'Unrecht', wahrscheinlich nicht stabil geblieben wäre, sondern sich in die eine oder andere Richtung weiter verschoben hätte, und zwar nicht unbedingt in eine selbstzerstörerische Richtung.[19] Nach seiner Auffassung entwickelte sich der 'Doppelstaat' (E. Fraenkel) während der Kriegszeit stufenweise hin in die Richtung eines reinen Terror- oder SS-Staates (E. Kogon).[20]

In den Niederlanden wird das Gebiet der Rechtsgeschichte nun ebenfalls allmählich immer weiter aufgearbeitet. Die *trias politica* unter der nationalsozialistischen Besatzung, das heißt die drei staatlichen Gewalten der Legislative

15 Die Bezeichnung der 'bürokratisierten Rechtlosigkeit' findet man in der Widmung des Buches für seine Frau, "in Erinnerung an die gemeinsam erlebten, schweren Jahre der bürokratisierten Rechtlosigkeit" (Ausgabe Februar 1984, Frankfurt/Main).

16 Vgl. Lothar Gruchmann, 'Die 'rechtsprechende Gewalt' im nationalsozialistischen Herrschaftssystem. Eine rechtspolitisch-historische Betrachtung', in: Wolfgang Benz, Hans Buchheim, Hans Mommsen, *Der Nationalsozialismus. Studien zur Ideologie und Herrschaft* (Frankfurt/Main 1993) S. 85.

17 Lothar Gruchmann, 'Die 'rechtsprechende Gewalt' im nationalsozialistischen Herrschaftssystem, S. 101. Dieser Aufsatz beruht im wesentlichen auf die Forschungsergebnisse die Gruchmann in seinem Buch *Justiz im Dritten Reich 1933-1940. Anpassung und Unterwerfung in der Ära Gürtner* (2. Aufl. München 1990) veröffentlicht hat.

18 Gruchmann, *Justiz im Dritten Reich 1933-1940* (München 1988) S. 1139.

19 Michael Stolleis, *Recht im Unrecht*, S. 11.

20 *Ebenda*, S. 20.

(Rechtsetzung), Exekutive (ausführende Gewalt) und Judikative (Rechtsprechung), werden in drei Einzelstudien systematisch untersucht.[21] Dr. P. Romijn, Leiter der Forschungsabteilung des *Niederländischen Instituts für Kriegsdokumentation* in Amsterdam, untersucht dafür den Verwaltungsapparat, während eine Studie von G. von Freitag Drabbe Künzel, über die Rechtsprechung während der Besatzungszeit, gleichfalls in Bearbeitung ist.

Die vorliegende Untersuchung besteht aus dem dritten Teil dieses Projektes und beabsichtigt, die Lücke für die niederländische Situation in Hinsicht auf die legislative Gewalt, die Rechtsetzung, zu füllen. Im Mittelpunkt dieser Studie steht das Verhältnis zwischen Rechtsetzung und Machtsetzung, das heißt zwischen der deutschen, nationalsozialistischen Rechtsetzung und der Gewalt der Besatzungsmacht, in der Periode der deutschen Besatzung in den Niederlanden von Mai 1940 bis Mai 1945.

Zur zentralen Fragestellung gehört die Hypothese, die schon aus dem Titel *Rechtsetzung ist Machtsetzung*, ersichtlich ist: Derjenige, der sich die Macht aneignet, besitzt damit das Recht und vice versa. Diese Hypothese ist nicht neu. Thomas Hobbes schreibt schon im 17. Jahrhundert in seinem *Leviathan* die klassisch gewordene Formulierung: "Auctoritas, non veritas facit legem", das heißt, die Autorität, nicht die Wahrheit, bestimmt das Recht.[22] Hobbes' Nachdruck bei dieser Formulierung liegt auf dem Gegensatz zwischen Autorität und Wahrheit. Wenn man die Wahrheit mit der Rechtsidee identifiziert, die dem Recht zugrunde liegt und beispielsweise aus den Werten der Freiheit und Gerechtigkeit besteht, dann wird diese in den Hintergrund geschoben zugunsten der Autorität, das heißt der Macht. Die Formulierung eignet sich daher besonders als historische Berufung auf einen berühmten, alten Denker, und wird - vollkommen aus ihrem eigentlichen Kontext gezogen - hinterher zur quasi Legitimierung eines diktatorialen Staates benutzt. Carl Schmitt, als einer der wichtigsten Vertreter der Ideologie des NS-Regimes, hat diesen Denkschritt oftmals vollzogen und es ist vom Prinzip her genau diese Denkweise, die auch Adolf Hitler durch sein Führerprinzip vertritt, wie sie aus vielen Äußerungen und Aufzeichnungen seiner Reden und Gespräche ersichtlich ist, und die somit auch vom Reichskommissar Seyß-Inquart in den Niederlanden vertreten wird. Der Führer, Hitler selber, entscheidet schließlich als oberste Autorität was Recht ist, nämlich reine Macht, zu bestimmen wie er es für richtig hält. Mit Wahrheit hat diese Rechtsauffassung nichts mehr zu tun.

Die Analyse der deutschen Rechtsetzung in den Niederlanden wirft viele Fragen auf. Kurz nach Einmarsch der deutschen Truppen wird schließlich die niederländische Verfassung verabschiedet und für die nächsten fünf Jahre entsteht

21 Siehe zum Verhältnis der drei Gewalten Lothar Gruchmann, 'Die 'rechtsprechende Gewalt' im nationalsozialistischen Herrschaftssystem', S. 78ff.

22 Vgl. Joseph W. Bendersky, *Carl Schmitt. Theorist for the Reich* (Princeton/New Jersey 1983) S. 228.

eine komplett neue Situation auf dem Gebiet des Rechts. Nicht nur der Gegensatz zwischen Normen und Maßnahmen, wenn man vom Konzept Fraenkels' als Ansatzpunkt ausgeht, spielt dabei eine Rolle. Denn durch die Besatzung wird nicht nur neues Recht oder Unrecht geschaffen, obendrein wird innerhalb dieses Rechts auch noch *fremdes* Recht eingeführt, nach deutschem Beispiel, das allerdings nicht gleich automatisch in allen Fällen Unrecht sein muß, nur weil es zu diesem Zeitpunkt eingeführt wird. Diese Problematik wird verdeutlicht durch die Listen zur Wiederherstellung des Rechts, der sogenannten 'Herstelwetgeving'. Diese Listen werden während des Krieges im Exil, also noch in London, von der Regierung (Königin Wilhelmina und ihren Ministern) aufgestellt, und beabsichtigen den Wiederaufbau des Rechts nach Kriegsende nach demokratischem Prinzip. In diesen Listen wird keineswegs die ganze deutsche Rechtsetzung für unbrauchbar erklärt. Nur ungefähr ein Drittel aller Verordnungen verfällt direkt bei Kriegsende, während ein weiteres Drittel vorläufig provisorisch intakt bleiben soll und der Rest gültig bleibt.[23] Dieses Gebiet der 'Herstelwetgeving' ist übrigens noch so ein Thema der Rechtsgeschichte und speziell der Rechtsetzung, das in den Niederlanden noch nicht ausreichend systematisch untersucht worden ist.

Die Besatzungsmacht gewinnt also extra Interpretationsfreiheit bei der Rechtsetzung, indem sie ursprüngliche niederländische Gesetze nach eigenem Gutdünken auslegt, oder aber niederländischen Begriffen einen neuen Inhalt gibt. Wie man bei der Bewertung der Rechtsetzung in der vorliegenden Untersuchung erkennen wird, nutzt die Besatzungsmacht auch diesen zusätzlichen Spielraum bei der Terminologie der Verordnungen aus.

Wie schon erwähnt hat die vorliegende Studie die Zielsetzung, das Verhältnis zwischen Rechtsetzung und Machtsetzung in den Niederlanden während des Zweiten Weltkriegs zu analysieren. Dafür ist eine Arbeitsweise ausgewählt worden, die aus zwei aneinander anschließenden, zusammenhängenden Teilen besteht. Im ersten Teil soll das Verhältnis zwischen Rechtsetzung und Machtsetzung im theoretischen Ansatz geklärt und der politisch-historische Kontext der Machtsetzung dargestellt werden. Im zweiten Teil wird danach die deutsche Rechtsetzung der veröffentlichten Verordnungen analysiert und bewertet. Diese Bewertung der Verordnungen geschieht nach den Ansätzen, die im ersten Teil der Untersuchung definiert worden sind.

Im ersten Kapitel wird dafür eine mögliche rechtsphilosophische Diskussion über das Verhältnis der Rechtsetzung zur Machtsetzung dargestellt. Diesem Problem entsprechend ist dafür ein vergleichender, rechtsphilosophischer Ansatz gewählt worden, wobei der Nachdruck auf folgende Aspekte des Verhältnisses zwischen Recht- und Machtsetzung gelegt wird: erstens die Rechtsetzung als

23 Beschluß E 93 der *Herstelwetgeving* vom 17. September 1944, in: *Herstelwetgeving. Tekstuitgave van de wettelijke Regelingen, uitgevaardigd met het oog op de bevrijding van Nederland*, I, September 1943 bis Januar 1945. Hg. vom Militair Gezag.

Begriff, zweitens ihre Beziehung zur Gewalt, drittens das Problem der Souveränität und der Dezision in einer Rechtsordnung, sowie viertens der Anspruch auf Legitimität des Rechts. Die Diskussion soll theoretisch den krassen Kontrast zwischen der Moral, der in den Niederlanden vorhandenen, ursprünglich demokratischen Rechtsetzung, mit der Gesetzgebung der neuen, nationalsozialistischen Verordnungen darstellen.

Daraufhin folgt im zweiten Kapitel eine kurze Synthese der wichtigsten, damals gängigen Rechtsauslegungen. Diese Synthese soll aufweisen, wie die Nationalsozialisten ihre Handlungen anfangs theoretisch fundieren konnten, mit Unterstützung der herrschenden rechtlichen Institutionen. Die Instrumente zu der Rechtsumdeutung wurden nämlich im Dritten Reich der Justizpraxis im wesentlichen von den Universitäten, das heißt der Rechtswissenschaft, angeliefert. Die juristischen Waffen der Rechtserneuerung werden sozusagen von der Rechtstheorie geschmiedet, von der Rechtspraxis aufgegriffen und dadurch in die Wirklichkeit des totalen Staates (und des totalen Krieges) umgesetzt.[24] Die Rechtsperversion im Nationalsozialismus hat dementsprechend naturgemäß auch für die besetzten - nicht nur die niederländischen - Gebiete weitgehende Konsequenzen gehabt. Wie ersichtlich wird, beherrschen dabei zwei Kerngehalte die nationalsozialistischen Rechtslehren: die Normativität der nationalsozialistischen Weltanschauung als oberste Rechtsidee und -quelle, sowie die absolute Interpretationsmacht der politischen Führung über das Recht. Die wichtigsten theoretischen Konzepte für diese Rechtsumdeutung werden vom 'kritischen Ordnungs- und Gestaltungsdenken' Carl Schmitts und vom 'konkret-allgemeinen Begriff' Karl Larenz' (1903-1993) vertreten. Daneben sind noch der 'Freund-Feind-Begriff' zu nennen, im politischen Sinne, und die nationalsozialistische 'Großraumordnung', die beide ihren Einfluß, in oben angeführter Bedeutung, auf die nationalsozialistische Besatzungspolitik und somit auch auf die Niederlande gehabt haben. Beide oben angeführten Schlagwörter stammen, wie so viele in den nationalsozialistischen Rechtstheorien, übrigens ursprünglich von Carl Schmitt. Knapp formuliert soll dieses Kapitel klarmachen, was für eine radikale Veränderung oder Konfrontation auf dem Gebiet der Rechtsetzung, im Moment des Einmarsches 1940 in den Niederlanden, stattfindet.

Der historische Rahmen und der politische Kontext der neuen Machtsetzung wird im dritten Kapitel dargestellt. Zu diesem Zweck werden das Funktionieren des NS-Machtapparates in den Niederlanden, sowie die offiziellen und inoffiziellen Zielsetzungen der Besatzungsmacht beschrieben. Die Rechtsetzung bildet dabei das legal verkündete Ausdrucksmittel der Machthaber für ihre offiziellen Intentionen, während die inoffiziellen Absichten selbstverständlich nicht unbedingt im *Verordnungsblatt* verkündet werden. Die Hauptzielsetzungen der

24 Bernd Rüthers, *Carl Schmitt im Dritten Reich. Wissenschaft als Zeitgeistverstärkung?* (München 1988) S. 41.

Besatzungspolitik bestehen erstens aus dem Wahren der öffentlichen Ordnung, zweitens aus der wirtschaftlichen 'Anknüpfung ans Reich', drittens aus der politischen Willensbildung des niederländischen Volkes, sowie viertens aus der inoffiziellen Zielsetzung der Judenpolitik. Dementsprechend werden die Verordnungen thematisch nach den Inhalten der Zielsetzungen analysiert.

Der zweite Teil der vorliegenden Studie besteht aus der Entschließung und Verwertung des Archives Rechtsetzung des *Reichskommissariats für die besetzten niederländischen Gebiete*, das sich jetzt im *Niederländischen Institut für Kriegsdokumentation* in Amsterdam befindet und 1946 in Ibbenbüren (Deutschland) gefunden wurde. In diesem Archiv befinden sich die - von den Deutschen aufgestellten - Konzepte der Verordnungen, Druckfahnen, Korrespondenzen, Zeitungsartikel und dergleichen, die sich stets auf das betreffende Thema der bezüglichen Verordnung beziehen. Das Archivmaterial erlaubt einem einen tieferen Einblick in das juristische Entstehen, sowie in die bezweckten Absichten oder aber in die Verheimlichung der Verordnungen und somit der Rechtsetzung. Das Archiv Rechtsetzung ist bis zu dem Zeitpunkt der vorliegenden Untersuchung von anderen Personen noch gar nicht - oder kaum - beachtet und genutzt worden. Daher bestand die erste Arbeitsphase für diese Studie darin, das Archiv Rechtsetzung zu inventarisieren.[25] Durch dieses systematische Inventar ist es gegenwärtig möglich, auf einen Blick schon zu ersehen, ob eine Verordnung relevantes Material enthält. Es erwies sich alsbald, während dieser Inventarisation, daß dieses Archiv nicht vollständig ist, da nicht für jede Verordnung Archivmaterial vorhanden ist und auch eventuelles Material manchmal nur aus Druckfahnen besteht. Von dem gesamten Jahr 1940 beispielsweise ist aus bisher unbekannten Gründen nur von 8 Verordnungen der insgesamten 246 Archivmaterial vorhanden.[26] Vorhandene Dokumente jedoch bieten oftmals interessante Zufügungen, die es ermöglichen, das bekannte Bild der Geschichte der Niederlande während der Besatzung, das hauptsächlich und tonangebend durch die monumentale Studie De Jongs' gebildet worden ist, weiter zu nuancieren. Es sind Nachweise über die von der Besatzungsmacht benutzte Rechtsauffassung im Archiv vorhanden und Beweise für die

25 Isabel Gallin, *Inventaris archief 21: I. Duitse instellingen en personen in bezet Nederland: B Reichskommissar für die besetzten niederländischen Gebiete, Abteilung Rechtsetzung und Staatsrecht*, Nederlands Instituut voor Oorlogsdocumentatie intern (Amsterdam 1994).

26 Es handelt sich hier um Verordnungen Nr. 3, 229, 230, 235, 236, 237, 238 und 245 des Jahres 1940. Von den Verordnungen des Jahres 1941 ist von 166 der gesamten 231 Verordnungen Material vorhanden und für 1942 fehlen nur zehn Verordnungen: von 143 der 153 Verordnungen besteht Archivmaterial. Für das Jahr 1943 gibt es von 95 Verordnungen der gesamten 122 Material und im Jahr 1944 ist von 32 der 52 Verordnungen Material vorhanden. Von den letzten acht Verordnungen des Jahres 1945 fehlt nur die vorletzte. Es ist bis jetzt nicht deutlich geworden, warum das betreffende Archivmaterial fehlt, da keine Logik - beispielsweise dem Thema nach - im fehlenden Archivmaterial entdeckt werden konnte. Siehe auch Isabel Gallin, *Inventaris archief 21*, S. 1.

geführte Besatzungspolitik, zum Beispiel hinsichtlich der Judenpolitik. Da De Jong auf die juristische Entstehung der Rechtsetzung aber kaum eingeht, entgehen ihm solche Angelegenheiten. Auch die im NS-Staat üblichen und oft dokumentierten Kompetenzstreitereien und Machtkämpfe, der deutschen und niederländischen Beamten, sind häufig dem Material zu entnehmen. Interessant sind daher die unterschiedlichen Absichten, die mit den Rechtsvorschriften bezweckt werden und die den Unterlagen zuweilen sogar durch direkte, schriftliche Kommentare zu entnehmen sind. Diese Nachweise ermöglichen es, das historische Bild der Kriegszeit nuancierter darzustellen, als es bisher in der auf die Rechtsetzung bezogene Literatur geschehen ist.

Zusätzlich zu diesem Archiv ist das Archiv des Justizministeriums in Den Haag genutzt worden, das jedoch hauptsächlich aus niederländischem Vor- oder Nachkriegsmaterial zur Rechtsetzung des Zweiten Weltkriegs besteht. Fernere Informationen über Besatzungspolitik sind dem reichen Bestand der unterschiedlichen Archiven des *Niederländischen Instituts für Kriegsdokumentation* (NIOD) in Amsterdam, entnommen worden.[27]

Diese Bewertung der Verordnungen geschieht mittels einer Methode, die analytisch-deskriptiv genannt werden kann. Der Ansatz ist in erster Linie thematisch, während innerhalb des Themas die Chronologie der Geschehnisse verfolgt wird. Die Wahl der Themenkreise der bewerteten Verordnungen beruht auf dem folgenden Kriterium. Die definierten Zielsetzungen der Besatzungspolitik bestimmen die Themenkreise, also Wahrung der öffentlichen Ordnung, Wirtschaft, Judenpolitik und politische Willensbildung. Das vierte Kapitel bildet in diesem Zusammenhang insofern eine Ausnahme, daß kaum Archivmaterial des Jahres 1940 zur Rechtsetzung vorhanden ist. Daher wird die Rechtsetzung für dieses erste sehr produktive Jahr der *Abteilung Rechtsetzung* hauptsächlich auf das Jahr 1940 beschränkt, wobei das *Verordnungsblatt 1940* als Richtschnur genommen wird. Die Verordnungen werden im vierten Kapitel verwertet nach den Maßstäben der oben definierten, wichtigsten Zielsetzungen der Besatzungsmacht, mit dem Nachdruck auf die wirtschaftliche 'Anknüpfung ans Reich'.

In den nächsten drei Kapiteln wird untersucht, inwiefern das Gedankengut der NS-Weltanschauung in der Rechtsetzung für die besetzten niederländischen Gebiete wiederzufinden ist. Da der Führerwille den aktuellen Inhalt der nationalsozialistischen Weltanschauung bestimmt, wird im fünften Kapitel untersucht, ob und wie dieses Führerprinzip sich in der Rechtsetzung ausdrückt. Das im NS-Staat grenzenlos vertretene Führerprinzip kann schließlich als eine der wichtigsten Komponenten der nationalsozialistischen Weltanschauung definiert werden. Nach einer präzisen Begriffsbestimmung des Führerprinzips wird studiert, ob es einen Unterschied macht, wenn die Verordnungen als Führererlasse, beziehungsweise

27 Deutsche Archive in Koblenz oder München sind nicht gebraucht worden, da diese für den Kontext der Rechtsetzung in den Niederlanden kein relevantes Material enthalten.

Erlasse des Reichskommissars erscheinen, und welche inhaltlichen Schlußfolgerungen möglicherweise daraus zu ziehen sind. Weiterhin wird untersucht, wie das Führerprinzip in den übrigen Verordnungen ausgedrückt wird, und ob es der Besatzungsmacht gelingt, diese Struktur des delegierenden Führerprinzips auch den niederländischen Institutionen zu vermitteln.

Die zweite wichtige Hauptkomponente der nationalsozialistischen Weltanschauung ist die der Rassenideologie. Demzufolge wird im sechsten Kapitel die Judenpolitik der Besatzungsmacht dargestellt, so wie diese in der Rechtsetzung der Verordnungen ausgedrückt wird. Es ist eines der deutlichsten Beispiele für die Diskrepanz des Normen- und Maßnahmenstaates, da den veröffentlichten rassenpolitischen Verordnungen kaum die tragischen und weitführenden Folgen der Rassenpolitik zu entnehmen sind.

Im siebten Kapitel schließlich wird der Versuch der nationalsozialistischen Machthaber dargestellt, die niederländische Gesellschaft gemäß der nationalsozialistischen Weltanschauung umzuformen. Diese 'kulturelle Gleichschaltung' der Besatzungsmacht in der Rechtsetzung wird verwertet, wobei auf die eigens dafür errichteten kulturellen Institutionen geachtet wird. Im selben Rahmen wird die Politik der Gleichschaltung hinsichtlich der Propagandamedien Film, Presse und Rundfunk in der Rechtsetzung dargestellt.

Im letzten, achten Kapitel wird die Bilanz aus der vorliegenden Untersuchung gezogen. Die Resultate der gesamten Studie werden präsentiert und die Schlußfolgerungen, hinsichtlich des Verhältnisses der nationalsozialistischen Rechtsetzung und Machtsetzung, für die geographisch und zeitlich abgegrenzte Periode der Niederlande zwischen 1940 und 1945, dargestellt.

1. Das Verhältnis zwischen Rechtsetzung und Gewalt

Durch das Recht hat der Mensch sich die Möglichkeit geschaffen, Probleme oder Konflikte die in der Gesellschaft entstanden sind, behandeln oder lösen zu können. Daß Hitler keine große Meinung von dem Recht an sich gehabt hat, ist bekannt. Beispielsweise in einer geheimgehaltenen Rede vor dem Führernachwuchs, formuliert Hitler am 23. November 1937 seine persönliche Meinung über das Recht folgendermaßen: “Es ist nun so, daß das letzte Recht immer in der Macht liegt.”[1] Die Problematik einer solchen Rechtsvorstellung, aus der Sicht einer positiven Einschätzung der Ideen der parlamentarischen Demokratie, da während des Einmarsches der deutschen Truppen in den Niederlanden 1940 ja eine parlamentarische Demokratie anwesend war - wenn auch offiziell eine Monarchie genannt - soll in diesem Kapitel erläutert werden.

Die rechtsphilosophische Literatur beschäftigt sich auf unterschiedliche Arten mit der Problematik zwischen dem Recht, den Gesetzen und der Gewalt oder Autorität. Recht und Gesetz können auf viele Weisen studiert werden. Eine wichtige Denkfigur dabei, die Jahrzehnte nach dem Zweitem Weltkrieg eingehend diskutiert und dokumentiert wird, ist das Konzept der sogenannten “Rule of Law”, von unter anderen Joseph Raz dargestellt, nach welchem die Menschen in einer Gesellschaft dem Gesetz gehorchen, sowie von ihm regiert werden sollen.[2] Regierungen können diesem Ansatz nach auch nur dann legale Handlungen verrichten, wenn sie Gesetze besitzen, und diese nicht nachträglich ändern, falls es ihren Zielen besser entsprechen sollte. Die dazugehörige Moralität der Gesetze wird auch von Lon Fuller auf ähnliche Weise wie von Raz behandelt.[3]

Für den folgenden rechtsphilosophischen Vergleich, der das obenangeführte Problem näher explizieren soll, jedoch eine andere mögliche Diskussion darstellen möchte, sind vier andere, interessante Denker gewählt worden, die zu diesem Thema unterschiedliche Positionen vertreten. Aus wissenschaftlicher Perspektive, obwohl er in seinem Denken sicherlich auch von Dichtern beeinflußt ist, versucht der von Golo Mann ‘bedeutende Essayist’ genannte Walter Benjamin (1892-1940) das Verhältnis der Gewalt zu Recht und Gerechtigkeit zu umschreiben.[4] Er schreibt schon im Jahr 1921 den Aufsatz *Zur Kritik der Gewalt* darüber,

1 Geheimgehaltene Rede Hitlers vor dem politischen Führernachwuchs auf der Ordensburg Sonthofen (Allgäu) am 23. November 1937 über die deutsche Geschichte und das deutsche Schicksal, in: Henry Picker, *Hitlers Tischgespräche im Führerhauptquartier 1941-42.* Hg. von Gerhard Ritter (Bonn 1951) S. 447.

2 Joseph Raz, *The Authority of Law. Essays on Law and Morality* (Oxford 1979) S. 212ff.; sowie ders., *The Concept of a Legal System. An Introduction to the Theory of Legal System* (Oxford 1980; 2. Ausgabe)

3 Lon Fuller, *The Morality of Law* (Yale 1969, 2. Ausg.)

4 Hannah Arendt, *Benjamin, Brecht. Zwei Essays* (München 1971) S. 17. Nach Arendt ist das so schwer verständliche an Benjamin, daß er “ohne ein Dichter zu sein, *dichterisch*

in welchem er das Grundverhältnis einer jeden Rechtsordnung als dasjenige von Mittel und Zweck definiert.[5] In dem politischen Spektrum der Periode des Interbellums ist Benjamin links zu situieren. Die Aktualität der Benjamin'schen Ideen für diese Untersuchung soll unterstrichen werden durch die Einbeziehung einiger Aspekte der Studie Jacques Derridas (geb. 1930), *Force de loi. Le "Fondement mystique de l'autorité"* (1994).[6] In diesem Buch liest Derrida *Zur Kritik der Gewalt* auf eigensinnige und interessante Weise nochmals und interpretiert den Text neu.

Gleichfalls aus wissenschaftlicher, jedoch eher aus konservativer Perspektive betrachtet, ist Carl Schmitt (1888-1985) in den Jahren zwischen den Weltkriegen ein hochangesehener politischer Staatsrechtler, mit bewährtem Ruf und einer großen Anzahl von Veröffentlichungen, der seine Talente später dazu gebrauchen wird, dem Nationalsozialismus seine politische Rechtsphilosophie zu verleihen. Trotz seiner Kaltstellung um 1936 durch die nationalsozialistischen Machthaber hat er auch danach noch theoretische Konzepte abgeliefert. Er ist bis nach seinem Tode umstritten geblieben und wird weiterhin in vielen Ländern studiert.[7] Der

dachte"; *ebenda*, S. 22. Für die "hohe Bedeutung des Essayisten Benjamins" siehe Golo Mann, *Erinnerungen und Gedanken. Lehrjahre in Frankreich* (Frankfurt/Main 1999) S. 80 und Joachim Perels, *Wider die 'Normalisierung' des Nationalsozialismus. Interventionen gegen die Verdrängung* (2., verb. Aufl., Hannover 1996) S. 77.

5 Walter Benjamin, *Zur Kritik der Gewalt und andere Aufsätze* (Frankfurt/Main, 2. Aufl. 1971; urspr. 1921) S. 29.

6 Die Studie *Force de loi. Le "Fondement mystique de l'autorité"* enthält zwei Texte: erstens *Du droit à la justice* (1989) und zweitens *Prénom de Benjamin* (1990). Im ersten Text geht Derrida hauptsächlich auf den Unterschied zwischen Recht und Gerechtigkeit ein, im zweiten ganz speziell auf Benjamins *Zur Kritik der Gewalt*. Obwohl es in der Literatur üblich ist, bei Derrida den Titel *Force de loi* für eventuelle Verweisungen zu gebrauchen, wird in dieser Arbeit, zur näheren Präzisierung, auf die unterschiedlichen Texte getrennt verwiesen.

7 Die Literatur zu Schmitt ist sehr vielfältig. Eine kleine Auswahl: Peter Schneider, *Ausnahmezustand und Norm. Eine Studie zur Rechtslehre von Carl Schmitt* (Stuttgart 1957); Christian Graf von Krockow, *Die Entscheidung. Eine Untersuchung über Ernst Jünger, Carl Schmitt, Martin Heidegger* (Stuttgart 1958); Hasso Hoffmann, *Legitimität und Legalität. Der Weg der politischen Philosophie Carl Schmitts* (Neuwied/Berlin 1964); Ingeborg Maus, *Bürgerliche Rechtstheorie und Faschismus. Zur sozialen Funktion und aktuellen Wirkung der Theorie Carl Schmitts* (München 1976); Volker Neumann, *Der Staat im Bürgerkrieg. Kontinuität und Wandlung des Staatsbegriffs in der politischen Theorie Carl Schmitts* (Frankfurt/New York 1980) und Heinrich Stemeseder, *Der politische Mythos des Antichristen. Eine prinzipielle Untersuchung zum Widerstandsrecht und Carl Schmitt* (Berlin 1997). Daß das Interesse an Carl Schmitt nicht nachläßt, zeigen auch die Ausgabe der *Briefe an Carl Schmitt* von Werner Beck, hg. und mit Anm. versehen von Piet Tomissen (Berlin 1998); Carl Schmitt, *Staat, Großraum, Nomos: Arbeiten aus den Jahren 1916-1969*. Hg., mit einem Vorwort und Anm. versehen von Günter Maschke (Berlin 1995) und inzwischen die sechste Auflage der *Politischen Romantik* von Schmitt bei Duncker und Humblot (Berlin 1998). Zur Rezeption Carl Schmitts: *Complexio Oppo-*

nächste Abschnitt geht hauptsächlich auf die Souveränitätslehre und den Dezisionsbegriff von Schmitt ein, so wie er diese in seiner *Politischen Theologie* (1922) formuliert hat. Anschließend wird zum Vergleich hierzu Jacques Derridas *Du droit à la justice* kurz besprochen, da er gewisse Argumente Carl Schmitts, die Entscheidung betreffend, anders interpretiert.

Schließlich wird dargelegt, wie Jürgen Habermas (geb. 1929), als einer der wichtigsten und kritischen Vertreter der deutschen zeitgenössischen Philosophie, den Rechtsbegriff, sowie sein Verhältnis zur Gewalt, formuliert, und den dazugehörigen Anspruch auf Legitimität des Rechts definiert. Habermas beschäftigt sich schon seit den Anfängen der sechziger Jahre umfassend mit dem modernen Recht und der Legitimität der Gesetzgebung. Dazu werden einige Beiträge aus seiner Arbeit *Faktizität und Geltung. Beiträge zur Diskurstheorie des Rechts und des demokratischen Rechtsstaats* (1992) analysiert.

Zusammenfassend werden dann noch einmal die Positionen von Benjamin, Schmitt und Habermas, sowie die betreffenden Kommentare Derridas, nebeneinander dargestellt und kurz verglichen, denn einer Interpretation des Verhältnisses zwischen Rechtsetzung und Gewalt liegen grenzenlos viele Möglichkeiten vor, von denen die folgende ein mögliches Beispiel sein soll.

1.1 Walter Benjamins *Zur Kritik der Gewalt*

Im Jahre 1921 hält Walter Benjamin in seinem Schaffen ein System der Philosophie der Geschichte als Theorie der Erfahrung noch für möglich. Die *Kritik der Gewalt* ist für ihn die Philosophie ihrer Geschichte.[8] Benjamins Intention ist dabei - im größeren Rahmen - Aufklärung und Mystik miteinander zu vereinigen. Diesen Anspruch hat er Jürgen Habermas Meinung nach nicht einlösen können, da "der Theologe in ihm sich nicht dazu verstehen konnte, die messianische Theorie der Erfahrung für den historischen Materialismus dienstbar zu machen."[9] Als eine weitere Grundlage für die Niederschrift der *Kritik der Gewalt* dient Benjamin jedoch noch die kaum anfechtbare Überzeugung, zu beweisen, daß eine wissenschaftliche Beschreibung eines Vorganges dessen Erklärung voraussetzt.[10] Er reagiert mit seiner Kritik dabei unter anderem auf folgende, ihm dazu wesentlich

sitorum. Über Carl Schmitt. Hg. von Helmut Quaritsch, Schriftenreihe der Hochschule Speyer Bd. 102 (Berlin 1988), über Schmitts Stellung in den Rechts- und Geisteswissenschaften des 20. Jahrhunderts; sowie Ilse Staff, *Staatsdenken im Italien des 20. Jahrhunderts. Ein Beitrag zur Carl Schmitt-Rezeption* (Baden-Baden 1991).

8 Walter Benjamin, *Zur Kritik der Gewalt und andere Aufsätze* (Frankfurt/Main, 2. Aufl. 1971; urspr. 1921) S. 63.

9 Jürgen Habermas, *Bewußtmachende oder rettende Kritik - die Aktualität Walter Benjamins;* in: S. Unseld (Hg.), *Zur Aktualität Walter Benjamins* (Frankfurt/Main 1972) S. 207.

10 Benjamin, *Zur Kritik der Gewalt*, S. 28.

erscheinende, Studien: erstens George Sorels *Réflexions sur la violence* (1919), dessen Theorie des Generalstreiks er ins Zentrum seines Aufsatzes *Zur Kritik der Gewalt* heranzieht. Außerdem beruft er sich auf Erich Ungers *Politik und Metaphysik* (1921), sowie Hermann Cohens *Ethik des reinen Willens* (1907).[11]

Benjamin versucht in seinem Aufsatz das Verhältnis der Gewalt zu Recht und Gerechtigkeit zu umschreiben. Zu dieser Erklärung definiert er zuerst das elementarste Grundverhältnis einer jeden Rechtsordnung als dasjenige von Mittel und Zweck, wobei die Gewalt zunächst nur im Bereich der Mittel, nicht aber der Zwecke aufgesucht werden kann (*Zur Kritik der Gewalt*, S. 29). Gewalt als Naturprodukt gehört dem Naturrecht an, dessen Verwendung keiner Problematik unterliegt, außer zu ungerechten Zwecken (S. 30). Demgegenüber steht das positive Recht, bei welchem Gewalt eine historische Gewordenheit ist. Wenn jedoch die Gewalt überhaupt als Prinzip, als Mittel zu gerechten Zwecken sittlich ist, dann müssen seiner Meinung nach die Kriterien der Unterscheidung der Mittel untersucht werden, erstmals ohne die Zwecke zu beachten, denen diese Mittel dienen sollen (S. 29-30). Das positive Recht strebt ja im Prinzip danach, durch die Berechtigung der Mittel, die Gerechtigkeit der Zwecke garantieren zu können, während das Naturrecht durch Gerechtigkeit der Zwecke die Mittel zu rechtfertigen sucht (S. 31). Das positive Recht beansprucht obendrein, das Interesse der Menschheit in der Person jedes einzelnen anzuerkennen und zu fördern (S. 41). Benjamin akzeptiert in seiner Kritik die hypothetische Grundlage der positiven Rechtstheorie, die eine grundsätzliche Unterscheidung der sanktionierten und nicht sanktionierten Gewalt vornimmt, unabhängig von den Fällen ihrer Anwendung (S. 32). Die Unterscheidung in rechtmäßige und unrechtmäßige Gewalt ist für Benjamins Kritik sinnvoll, denn sie erlaubt ihm, die Gewalten durch das Bestehen oder den Mangel einer allgemeinen historischen Anerkennung ihrer Zwecke zu definieren. Zwecke, die diese Anerkennung nicht besitzen, nennt er dementsprechend 'Natur-' und 'Rechtszwecke' (S. 33). Er ist kategorisch gegen das 'naturrechtliche Mißverständnis', den Sinn der Unterscheidung in der Gewalt zu gerechten oder ungerechten Zwecken zu sehen.[12] Für die europäische Gesetzgebung des zweiten Jahrzehnts dieses Jahrhunderts formuliert Benjamin die Maxime, daß alle Naturzwecke einzelner Personen mit Rechtszwecken in Kollision geraten müssen, wenn sie mit mehr oder minder großer Gewalt verfolgt wer-

11 Aus den wenigen Anmerkungen von Benjamins Text ist dies ersichtlich. Siehe auch die *Anmerkungen zu Walter Benjamins gesammelten Schriften*, hg. von Rolf Tiedemann und Hermann Schweppenhäuser, unter Mitwirkung von Th.W. Adorno und Gershom Scholem (Frankfurt/Main 1977) II.3, S. 944. Vgl. dazu ebenfalls Günter Figal, *Recht und Moral bei Kant, Cohen und Benjamin*, in: H.L. Ollig (Hg.), *Materialien zur Neukantionismus-Diskussion* (Darmstadt 1987) S. 171-181.

12 *Ebenda*, S. 33. Diese Unterscheidung in 'gerechte' und 'ungerechte' Zwecke könnte man vergleichen mit der Einteilung Fraenkels des Staates in einen Normen- und Maßnahmenstaat.

den. Aus dieser Maxime zieht er daraufhin die Schlußfolgerung, "daß das Recht die Gewalt in den Händen der einzelnen Personen als eine Gefahr ansieht, die Rechtsordnung zu untergraben." (S. 34) In diesem Teil seines Textes verfolgt Benjamin eine Argumentation, bei welcher er nicht nur seine, Jacques Derridas Auffassung nach, merkwürdige Beschränkung auf die europäische Rechtsgeschichte mit Carl Schmitt gemein hat, sondern auch inhaltlich analoge Folgerungen zieht.[13] Denn in dem weiterzuverfolgenden Argument der Rechtsordnung findet sich ein wichtiger Anhaltspunkt für Benjamins anti-parlamentarische, schlechthin anti-demokratische, Haltung, die er mit Schmitt teilt. Benjamin schlägt nämlich in seinem Text (S. 35) vor,

> "die überraschende Möglichkeit in Betracht zu ziehen (...), daß das Interesse des Rechts an der Monopolisierung der Gewalt gegenüber der Einzelperson sich nicht durch die Absicht erkläre, die Rechtszwecke, sondern vielmehr durch die, das Recht selbst zu wahren."

Mit anderen Worten weist er auf eine monopolisierte Gewalt, die den Zweck hat, das Recht selbst, eigentlich vor sich selber, zu wahren. Das Recht nämlich muß beschützt werden gegen andere Rechte und Gewalten - die unter Umständen auch außerhalb der bestehenden existieren können. Die Gefahren für die Rechtsordnung lokalisiert er in diesem Bestehen von anderen Gewalten. Als Beispiele für solche andere Rechte und Gewalten nennt er unter anderen die passive Gewalt des Streikrechts und die Kriegsgewalt, die sich ganz unmittelbar als raubende Gewalt auf ihre Zwecke richtet (S. 38). Auf den Staat bezogen werden diese Gewalten als rechtsetzend gefürchtet, da dieser sie als solche anerkennen muß, wenn auswärtige Mächte ihn dazu zwingen, dem Volk das Recht zur Kriegführung oder zum Streik, zugestehen zu müssen (S. 39).

In dieser Passage ist eine weitere Ähnlichkeit mit Carl Schmitts Denken zu erkennen, und zwar in dem schon eher genannten "Dezisionismus" Schmitts, hinsichtlich des Elements der Entscheidung, das nicht aus dem Inhalt der direkt geltenden Norm abgeleitet werden kann. Die Bedrohung der Rechtsordnung durch auswärtige Mächte kann eine eher indirekte Norm der Gewalt genannt werden, wobei die Gewalt nicht nur rechtsetzend, sondern auch rechtserhaltend funktionieren muß. Die Gewalt, das heißt der Staat, muß schließlich ihre innerliche Ordnung und Struktur nicht nur bestimmen, sondern auch garantieren können.[14]

Anscheinend hat Schmitt, und da müssen gewisse Ähnlichkeiten in ihrer Denkweise mitgespielt haben, Benjamin zu seiner Arbeit der *Kritik der Gewalt* gratuliert.[15] Das muß für Benjamin eine willkommene Anerkennung gewesen sein,

13 Jacques Derrida, *Prénom de Benjamin*, in: *Force de loi. Le "Fondement mystique de l'autorité"* (Paris 1994), S. 82.

14 Vgl. Kapitel 3, § 3.3 dieser Studie.

15 Derrida, *Prénom de Benjamin*, S. 69.

denn zu diesem Zeitpunkt bewundert er Schmitt nicht nur wegen seiner *Politischen Theologie* (1922) und dessen dort dargestellter Souveränitätslehre, die er in seinem eigenen Werk *Ursprung des deutschen Trauerspiels* (1928) mehrfach zitiert und benutzt.[16] Benjamin ist nicht nur an Schmitt interessiert wegen ihrer schon erwähnten gemeinsamen Ablehnung des Parlamentarismus, sondern auch durch ihre gleichartige interdisziplinäre Arbeitsweise.[17] Schmitt ist Staatsrechtler, Kulturkritiker, Geschichtsphilosoph, gelegentlich Theologe - auf jeden Fall nicht nur Rechtswissenschaftler.[18] Diese Art interdisziplinär zu arbeiten ist für einen sogenannten 'homme de lettres', für den Benjamin sich offensichtlich hält und was ein passender Ausdruck seiner verschiedenen Betätigungen ist, essentiell.[19] Er hat selber drei Lebensläufe aufgestellt, aus denen diese Einstellung ersichtlich ist.[20] Abgesehen von gewissen Übereinstimmungen zwischen Benjamins und Schmitts Denken bleibt die Frage offen, inwiefern für Benjamin im Jahre 1930 Schmitts Antisemitismus und sein späteres Bekenntnis 1933 zum Nationalsozialismus, absehbar sind.[21] Auf die grundsätzlichen Unterschiede in Benjamins und Schmitts Denken wird, nachdem Schmitts Souveränitätslehre kurz dargestellt worden ist, näher eingegangen.

Um auf den oben angeführten Aspekt der doppelten Funktion der Gewalt zurückzukommen, definiert Benjamin diese rechtsetzende und rechtserhaltende Gewalt in seiner *Kritik* folgendermaßen: die erstgenannte hat die Funktion der Anwendung von Naturzwecken, die zweitgenannte als Mittel zu Rechtzwecken (S. 40). Somit ist der Geltungsanspruch der Gewalt als Mittel auf ihre rechtsetzende oder rechtserhaltende Funktion beschränkt. Die rechtserhaltende Gewalt ist dabei eine drohende, wie man aus dem Bereich der Strafen, vor allem der Todesstrafe, ersehen kann (S. 42). Der Einsatz von Gewalt, um Recht erhalten zu können, ist eine direkte Manifestation der Gewalt, somit der Macht. Zur Regelung menschlicher Interessen und Konflikte gibt es anscheinend nur gewaltsame Mittel. Dieses Problem der Rechtsgewalt ist für Benjamin ein ungelöstes Problem des Naturrechts, als auch des positiven Rechts (S. 45 und 54).

Benjamins löst dieses Problem folgendermaßen: nach seiner Überzeugung entscheidet über die Berechtigung von Mitteln und Gerechtigkeit von Zwecken

16 W. Fuld, *Walter Benjamin. Zwischen den Stühlen. Eine Biographie* (München/Wien 1979; überarb. Aufl.; Frankfurt/Main 1981) S. 155; sowie Benjamins eigene Aussagen in seinem Lebenslauf, S. 46. Siehe auch Joseph W. Bendersky, *Carl Schmitt. Theorist for the Reich* (Princeton/New Jersey 1983) S. 61-62.

17 Fuld, *Walter Benjamin*, S. 156.

18 H. Quaritsch, *Positionen und Begriffe Carl Schmitts* (Berlin 1991, 2. erw. Aufl.) S. 9.

19 Arendt, *Benjamin*, S. 36

20 Unseld (Hg.), *Zur Aktualität Walter Benjamins*, S. 45-55; insbes. S 46.

21 Die Literaturforscher sind sich in diesem Punkt, nach Fuld, nicht ganz einig wie die anscheinende Indifferenz Benjamins, da er sich niemals öffentlich von Schmitt distanziert hat, gegen politische Theorien zu werten ist. Fuld, *Walter Benjamin*, S. 155-159.

niemals die Vernunft, sondern ausschließlich Gott.[22] Die göttliche Gewalt ist, so schreibt Benjamin, rechtsvernichtend, niemals Mittel heiliger Vollstreckung und eigentlich die waltende. Demgegenüber stehen die zu verschmähenden rechtsetzenden und rechtserhaltenden Gewalten. Die rechtsetzende Gewalt nennt Benjamin die 'mythische' Gewalt. Auf diese Weise definiert er mit einem gewissen Gefühl für die Sprache, drei Gewalten: erstens die göttliche, *waltende*, zweitens die rechtserhaltende, *verwaltende* und drittens die mythische, rechtsetzende, *schaltende* Gewalt (S. 64). Die göttliche Gewalt steht dabei über den anderen beiden zu verschmähenden Gewalten, wobei obendrein die rechtserhaltende der rechtsetzenden dient.

Mit dieser Dreiteilung der Gewalten in göttliche, rechtserhaltende und rechtsetzende - oder, wenn man will, eigentlichen Zweiteilung der Gewalten in göttliche und mythische, da die rechtserhaltende der rechtsetzenden Gewalt dient - ist jedoch das Verhältnis zwischen Gewalt und Rechtsetzung noch nicht ausreichend und befriedigend für den Rahmen dieser Untersuchung geklärt. Welche Funktion hat die Gewalt in der Rechtsetzung? In Benjamins Darlegung besteht diese aus zwei Aspekten: in ihrer ersten Funktion ist die Gewalt rechtsetzend, in der zweiten rechtserhaltend (S. 56-57). Das Interessante an dieser Formulierung ist aber nicht nur die Einsicht Benjamins, daß Gewalt in der Rechtsetzung sowohl Mittel, als auch Zweck ist. Durch diese konzeptuelle Zweiteilung der Funktionen der Gewalt in der Rechtsetzung hat Benjamin nämlich nebenbei gleichfalls das Prinzip der rechtsetzenden Gewalt entblößt: die Macht als treibende Kraft hinter aller mythischen Gewalt. Bei der rechtsetzenden Gewalt wird die Gewalt erst als Mittel für das Recht, dann als Zweck an sich eingesetzt, wobei dieser Zweck die Macht ist, wenn auch unter dem Namen des Rechts: "Rechtsetzung ist Machtsetzung und insofern ein Akt von unmittelbarer Manifestation der Gewalt" (S. 57). Zusammenfassend kann die mythische Gewalt also definiert werden als diejenige, die rechtsetzend sowie rechtserhaltend ist und außerdem das Prinzip der Macht in sich birgt. Daher kann man bei Benjamin auch von einer Zweiteilung der Gewalten sprechen: die göttliche versus der mythischen Gewalt, da diese sowohl rechtsetzend, als auch rechtserhaltend ist. Sie ist auf gewisse Weise eigentlich die wirkliche Gewalt der Welt, von den Menschen eingesetzt. Die Gewalt der Menschen ist somit aber immer unzulänglich und nicht ausreichend, die wirklichen Verhältnisse der Welt, das heißt der Gerechtigkeit, zu lösen, da die Vernunft nicht imstande oder berechtigt ist, über die Berechtigung von Mitteln und Gerechtigkeit von Zwecken zu urteilen. Denn im Gegensatz zur Zwecksetzung der mythischen Gewalt steht die der göttlichen Gewalt: die Gerechtigkeit (S. 57). Weil die Ver-

22 Benjamin, *Zur Kritik der* Gewalt, S. 54. Dieses 'Primat Gottes' findet man auch in der Politischen Theologie Schmitts formuliert, siehe H. Meier, *Die Lehre Carl Schmitts. Vier Kapitel zur Unterscheidung Politischer Theologie und Politischer Philosophie* (Stuttgart 1994) S. 120-125.

nunft nicht über die Gerechtigkeit urteilen kann und Benjamin das Machtprinzip dahinter ebensowenig akzeptieren möchte, ist die rechtsetzende Gewalt zu verschmähen und zählt für ihn eigentlich nur die göttliche Gewalt, die der Gerechtigkeit.

Wenn man den Text *Zur Kritik der Gewalt* mit dem Hintergedanken liest, zu verstehen, wie sich Benjamins Überzeugung nach die Rechtsetzung zur Gewalt verhält, dann sind die oben angeführten Argumente wichtige Schlußfolgerungen. Das bedeutende dabei ist die zweifache, das heißt gleichzeitig rechtsetzende und rechtserhaltende, Funktion der Gewalt, sowie das Prinzip der Macht, das dahinter steckt. In der folgenden Darstellung über Schmitts Souveränitätslehre soll weiter auf diesen Aspekt eines Machtprinzips eingegangen werden. Wie soll man jedoch mit dem anderen Ansatz, den man Benjamins Text entnehmen kann, umgehen? Wie kann die Zweiteilung der Gewalt in mythische und göttliche eventuell noch interpretiert werden? Einen möglichen Ansatz dafür stellt Jacques Derrida in seinem Text *Prénom de Benjamin* dar. Das spannende bei Derridas Interpretation ist das Resultat, das er dadurch erreicht, daß er den Text eigentlich recht buchstäblich liest und nur kombiniert mit seinen Kenntnissen des Verlaufs der weiteren Geschichte.

1.2 Jacques Derrida versus Walter Benjamin

Jacques Derrida problematisiert in seinem Text *Prénom de Benjamin* (1990) insgesamt drei Themenkreise Benjamins (S. 79): (1) erstens den konzeptuellen Unterschied zwischen rechtsetzender und rechtserhaltender Gewalt und (2) zweitens den zwischen der rechtsetzenden Gewalt, die 'mythische' genannt wird, gegenüber der rechtsvernichtenden Gewalt, die 'göttliche' heißen soll. Nach Derrida soll man die erste Gewalt in der griechischen und die zweite in der jüdischen Tradition verstehen. (3) Der dritte Punkt schließlich betrifft die Gerechtigkeit als Prinzip aller göttlichen Zwecksetzung und die Macht aller mythischen Rechtsetzung.

Zu (1) und (2): Derrida bemüht sich darzustellen, daß der konzeptuelle Unterschied Benjamins, der rechtsetzende und rechtserhaltende Gewalten von einander unterscheidet, nicht so einfach zu machen ist. Nach Derrida muß die rechtschaffende oder rechtsetzende Gewalt die rechtserhaltende immer in sich einschließen, und kann - ja darf - gerade die eine nicht von der anderen getrennt werden (S. 93-94). Das Recht ist seiner Meinung nach viel komplizierter und komplexer als es von Benjamin dargestellt wird. Derrida widmet diesem Punkt viel Aufmerksamkeit. Nach ihm gilt diese Unterscheidung in rechtsetzende und rechtserhaltende Gewalt weder für das Entstehen des Rechts überhaupt, noch für das Funktionieren der Gewalten in der Gesellschaft des frühen 20. Jahrhunderts. Obgleich Benjamin sich dieser Problematik sehr wohl bewußt ist, wie aus seiner

Analyse der Polizei, in welcher Instanz er diesen Unterschied gänzlich aufgehoben sieht, ersichtlich ist, löst er das prinzipielle Problem nach Derrida damit nicht.[23] Nach Derrida ist nämlich schon der Ansatz Benjamins "die mythische Gewalt in ihrer urbildlichen Form ist bloße Manifestation der Götter", wobei diese "Gewalt vielmehr ein Recht [auf]richtet, als für Übertretung eines bestehenden zu strafen", nicht haltbar.[24] Er sieht in diesem Konzept eine Zweideutigkeit, die Benjamin seines Erachtens nicht löst, da auch die mythische Gewalt ein rechtschaffendes Moment, eine Entscheidung, besitzt. Diese kann jedoch, nach Benjamin, vom Menschen nicht getroffen werden.[25] Benjamin benutzt dieses Konzept hauptsächlich als Gegensatz, das heißt um die göttliche Gewalt definieren zu können. Wie kann man jedoch eine prinzipielle 'Unentscheidbarkeit' des Menschen als Grundlage für das Recht akzeptieren? Derrida weist in seiner Darstellung auf dieses Problem, das im nächsten Paragraphen noch näher erläutert wird, ohne es direkt bei Benjamin lösen zu wollen.[26]

Zu (3): Abgesehen von der obenangeführten Kritik Derridas, schlägt er in seinem Text schließlich noch folgende Lesart des Aufsatzes von Benjamin vor, der den dritten Themenkreis angeht. Obwohl dieser Exkurs eigentlich nicht direkt in die Problemstellung der vorliegenden Untersuchung gehört, soll er der Aktualität wegen, sowie der Vollständigkeit halber, aufgenommen werden, da er ein hoch interessantes Thema berührt.

Derrida stellt sich die hypothetische Frage, wie ein benjamin'scher Diskurs über die 'Endlösung' der Judenfrage aussehen könnte.[27] Von der 'Endlösung', zu welcher sich die Nationalsozialisten bei der Konferenz am Wannsee 1942 entschlossen, kann Benjamin, der jüdischer Abstammung war, nichts gewußt haben.[28] Benjamin nimmt sich schließlich im Jahre 1940, um der Gestapo zu entkommen, von der er verfolgt wird, das Leben. Um Derridas Argument oder Denkfigur zu verstehen, muß man sich auf zwei Hauptpunkte aus Benjamins Text besinnen, in welchen er die göttliche und die mythische Gewalt definiert. Die mythische Gewalt ist in diesem Fall für Derrida die weniger problematische, denn ihr Inhalt, wenn sie eine 'Endlösung' ermöglichen soll, ist im Grunde eine Radikalisierung ihrer Definition. Die mythische Gewalt ist ja nach Benjamin die rechtsetzende und rechtserhaltende Gewalt und eine Radikalisierung kann, so argumentiert Derrida,

23 Benjamin, *Zur Kritik der Gewalt*, S. 43 und 44.

24 *Ebenda*, S. 55.

25 Derrida, *Prénom de Benjamin*, S. 127-128.

26 *Ebenda*, S. 132. Siehe für eine präzise Darstellung der Argumentation Derridas versus Benjamin, in welcher auch die Gegensätze der jüdischen und griechischen Denktraditionen näher erläutert werden Hent de Vries, *Anti-Babel: The 'Mystical Postulate' in Benjamin, de Certeau and Derrida*; in: *MLN*, Volume 107, Nr. 3 (1992) S. 463-477.

27 Derrida, *Prénom de Benjamin*, S. 70-71.

28 Vgl. Saul Friedlander, *Memory, History and the Extermination of the Jews of Europe* (Bloomington/Indianapolis 1993) S. 102-103.

stattfinden auf den Niveaus der Kommunikation, Repräsentation, Information, Staatslogik und Korruption eines totalitären Regimes.[29] Weiterhin haben die Nazis mit Hilfe der rechtsetzenden und rechtserhaltenden Funktionen der Gewalt keine Mittel gescheut, ihre Macht auf legalem Wege zu konsolidieren. Eine Möglichkeit, wie dieses Machtprinzip dessen Ansatz Benjamin formuliert, in einer Souveränitätslehre, die den nationalsozialistischen Staat und also auch die 'Endlösung' möglich gemacht haben, weiter ausgearbeitet werden kann, soll ersichtlich werden aus der Darstellung des Souveränitätsbegriffes Schmitts im folgenden Paragraphen.

Derrida ist jedoch in seinem Gedankenexperiment viel mehr an der göttlichen Gewalt, wie Benjamin diese definiert, interessiert. Die göttliche Gewalt ist ja, wie schon eher erwähnt wurde, die rechts- und grenzenvernichtende, entsühnende, schlagende und auf unblutige Weise letale Gewalt, wobei auch noch Gerechtigkeit das Prinzip aller göttlichen Zwecksetzung ist.[30] Obendrein ist es, durch ihre Zwecksetzung, die göttliche Gewalt, die Benjamin der verwerflichen mythischen vorzieht. Wie soll man sich jetzt mit dieser Definition den Holocaust erklären? Dazu weist Derrida auf eine, seiner Meinung nach in Benjamins Text dargereichte, Versuchung hin. Die Versuchung für den Leser besteht darin, sich den Holocaust zu erklären als eine uninterpretierbare Manifestation der göttlichen Gewalt (*Prénom de Benjamin*, S. 145). War nicht auch der Holocaust grenzenlos vernichtend im Sinne eines Volkes sowie in Bezug auf die Menschenrechte? Kann man den Holocaust nicht auch als entsühnend betrachten, weil er auf unblutige Weise stattgefunden hat, wenn man an die Gaskammern denkt und diese buchstäblich nimmt? Ist dadurch nicht auch das mythische Recht vernichtet worden, so daß nur noch die göttliche Gewalt zählt? Es ist wegen dieser möglichen Deutung, daß Derrida letztendlich Benjamins Text trotz dessen anderen Qualitäten, abweist (S. 145-146). Die Qualitäten erkennt Derrida in den vielschichtigen Bedeutungen der Bilder und Quellen die Benjamin in seinem Aufsatz benutzt. Das Unverzeihliche ist seiner Meinung nach jedoch die Verantwortung, die sich durch eine mögliche Deutung der 'Endlösung' ergibt. Derrida bezichtigt Benjamin also eigentlich, den Holocaust erklärbar oder verständlich zu machen, und weigert sich, dies zu akzeptieren. Er ist nämlich nicht der Meinung, daß man aus der 'Endlösung' irgendeine sinnvolle Lehre ziehen kann. Man kann höchstens die Mitschuld eines Textes erkennen, der dem Schlimmsten - wenn auch nur theoretisch - einen Platz gibt, das heißt, es ermöglicht (S. 146). Er geht dabei sogar noch einen Schritt weiter und argumentiert, daß die einzige Lehre, die man aus dem Schlimmsten, in diesem Falle dem Holocaust, ziehen kann, ist, daß man mögliche Deutungen oder Begründungen bekämpfen und verurteilen muß. Hier kämpft eigentlich ein Ungläubiger gegen den Schicksalsbegriff eines Gläubigen an. Derrida nimmt den

29 Derrida, *Prénom de Benjamin*, S. 139-140.
30 Benjamin, *Zur Kritik der Gewalt*, S. 59 und 57.

Holocaust nicht mit Ergebenheit als eine nicht zu interpretierende Manifestation der göttlichen Gewalt hin, sondern er weigert sich schlechthin, auch nur die Verantwortung einer möglichen Deutung zu übernehmen. Dadurch ist jedoch diskutabel ob er nicht auch einen, wenn nicht direkt traditionellen, göttlichen, Schicksalsbegriff für das Unermeßliche gebraucht. Die Frage, wie dieser Begriff bei Derrida aussieht, wird jedoch nicht in dem besprochenen Text *Prénom de Benjamin* beantwortet und muß somit, in dem Kontext dieser Studie, offen bleiben.

1.3 Carl Schmitts *Politische Theologie*

Anläßlich der ersten englischen Übersetzung von Carl Schmitts *Politischer Theologie* (1922) im Jahre 1986, veröffentlicht Jürgen Habermas eine Rezension über diesen Text.[31] Carl Schmitt, ein Jahr vorher im Alter von 97 Jahren verstorben, ist nach Habermas' Auffassung ganz ein Produkt der deutschen Tradition, sowohl im geistigen Sinne, als auch durch sein politisches Schicksal.[32] Mit dem politischen Schicksal zielt Habermas auf die umstrittene Position Carl Schmitts, der sich 1933 zum Nationalsozialismus bekannte, jedoch von dessen Vertretern schon ab 1936 erst angegriffen und schließlich 1939 vom Amt Rosenberg ausgestoßen wurde.[33] Schmitt teilt somit das Schicksal so vieler anderer deutscher Dichter, Denker und Intellektueller, seine Arbeit in einer Position als Außenseiter weiter verrichten zu müssen. Mit den Nationalsozialisten hat er es sich verdorben durch seinen radikalen römischen Katholizismus, mit den Nachkriegsgenerationen wegen seiner offensichtlichen, überzeugten Unterstützung der Nationalsozialisten und in Schmitts eigenen Worten hat er sich 'fest-geschriftstellert.'[34]

Was Habermas mit einem Schicksal der deutschen Tradition in geistigem Sinne meint, bezieht sich auf die allgemeine unpolitische Haltung der damaligen deutschen Intelligenz, mit dem Nachdruck auf innere Moral und intellektuelle Entwicklung, statt politischem Engagement - bekannt dafür sind die umstrittenen *Betrachtungen eines Unpolitischen* (1918) von Thomas Mann.[35] In Deutschland ist erstmals nach dem Ersten Weltkrieg ein parlamentarischer Gesetzgebungsstaat entstanden, unter den Bedingungen des organisierten Kapitalismus und in den

31 *The Times Literary Supplement*, 26. September 1986. In dieser Rezension äußert Habermas sich besorgt über das erneute Interesse an Schmitt in der angelsächsischen Welt. Vgl. die gleichartige Äußerungen Golo Manns in: *Erinnerungen und Gedanken*, S. 121ff. und Joachim Perels, *Wider die 'Normalisierung' des Nationalsozialismus*, S. 81ff.

32 Habermas, *Die Schrecken der Autonomie. Carl Schmitt auf englisch*, in: Habermas, *Eine Art Schadensabwicklung. Kleine politische Schriften VI* (Frankfurt/Main 1987) S. 103.

33 Quaritsch, *Positionen und Begriffe Carl Schmitts*, S. 13-16.

34 Carl Schmitt, *Glossarium, Aufzeichnungen der Jahre 1947-1951*. Hg. von E. Frhr. von Medem (Berlin 1991) 8. Oktober 1947, S. 28.

35 Auch Bendersky weist auf diese Haltung hin. Bendersky, *Carl Schmitt*, S. 23-24.

Formen einer sozialstaatlichen Massendemokratie.[36] Schmitt ist dabei in den Jahren zwischen den beiden Weltkriegen bekanntlich nicht der einzige, der aus Unzufriedenheit mit dem herrschenden politischen System nach einer anderen Rechtsform oder -verfassung als die der Weimarer Republik sucht. Aus seiner Problematisierung der Souveränität, sowie seinem Dezisionsbegriff, die er beide zum ersten Mal in der *Politischen Theologie* formuliert, wird ersichtlich, warum und auf welche Weise er gegen die parlamentarische Demokratie agiert.[37] Schmitts Darlegungen, die sich im allgemeinen heutzutage noch durch einen fesselnden Stil und eine konsequente, geistreich-assoziative Argumentationsweise kennzeichnen, kritisieren das vernunftrechtlich begründete politische Denken. Er propagiert eine dezisionistische Staatslehre, in welcher er den Souverän über den Ausnahmezustand entscheiden läßt. Das große Vorbild für sein Denken dabei ist Thomas Hobbes, den er als seinen Bruder betrachtet - wenn er ihn auch teilweise kritisiert, so wie es in einer Familie üblich ist - und sich dabei vor allem auf sein Hauptwerk, den *Leviathan* (1651), beruft.[38]

In der *Politischen Theologie* problematisiert und definiert Schmitt erst den Begriff der Souveränität.[39] Die in der Rechtsliteratur ständig vorkommende Wiederholung der alten Definition "Souveränität ist höchste, rechtlich unabhängige, nicht abgeleitete Macht" ist nach Schmitt nicht der adäquate Ausdruck einer Realität, sondern eher eine Formel. Der Superlativ "höchste Macht" wird nämlich hierbei als Bezeichnung einer realen Größe gebraucht, die es jedoch in der politischen Wirklichkeit seiner Meinung nach nicht gibt.[40] Seine Definition der Souveränität besteht daraus, daß souverän ist, wer über den Ausnahmezustand entscheidet (*Politische Theologie*, S. 11). Obwohl er direkt danach bemerkt, daß dies jedoch immer nur ein Grenzbegriff sein kann, ein Begriff der äußersten Sphäre, ist er der Meinung, daß aus systematischen, rechtslogischen Gründen der Ausnahmezustand im eminenten Sinne für die juristische Definition der Souveränität geeignet ist, denn "in der Ausnahme durchbricht die Kraft des wirklichen Lebens die

36 Habermas, *Die Schrecken der Autonomie*, S. 106.

37 Dazu John P. McCormick, *Carl Scmitt's Critique of Liberalism Against Politics as Technology* (New York 1997).

38 Schmitt, *Glossarium*, Aufzeichnung vom 12. Januar 1948, S. 81. Dem *Leviathan* widmet er sogar eine eigene Studie: *Der Leviathan in der Staatslehre des Thomas Hobbes: Sinn und Fehlschlag eines politischen Symbols* (Hamburg 1938). Siehe zu Schmitts Beziehung zu Hobbes auch Helmut Rumpf, *Carl Schmitt und Thomas Hobbes. Ideelle Beziehungen und aktuelle Bedeutung. Mit einer Abhandlung über die Frühschriften Carl Schmitts* (Berlin 1972).

39 Dazu Michael Hebeisen, *Souveränität in Frage gestellt. Die Souveränitätslehren von Hans Kelsen, Carl Schmitt und Hermann Heller im Vergleich* (Baden-Baden 1995).

40 Schmitt, *Politische Theologie. Vier Kapitel zur Lehre von der Souveränität* (München/Leipzig 1922; 2. Ausg. 1934) S. 26.

Kruste einer in Wiederholung erstarrten Mechanik."[41] Damit kommt Schmitt eigentlich gleich zur Sache, denn die Entscheidung über die Ausnahme ist, für ihn, im eminenten Sinne Entscheidung (S. 11). Es ist der Ausnahmezustand, der die Frage nach der Souveränität aktuell macht, da nie direkt deutlich ist wann ein Notfall vorliegt und was in einem solchen Fall geschehen soll (S. 12). Mit anderen Worten ist sowohl die Voraussetzung, als auch der Inhalt der Kompetenz im Notfall notwendigerweise unbegrenzt, da im rechtsstaatlichen Sinne dann nämlich überhaupt keine Kompetenz vorliegt. Der wirkliche Souverän allerdings, der außerhalb der normal geltenden Rechtsordnung steht und trotzdem zu ihr gehört, ist zuständig für die Entscheidung, ob die Verfassung ganz und gar suspendiert werden kann (S. 13). Nach Schmitt jedoch gehen alle Tendenzen der modernen, rechtsstaatlichen Entwicklung dahin, den Souverän in diesem Sinne zu beseitigen - und dies bedauert er, denn eine Teilung der Zuständigkeiten und gegenseitige Kontrolle schiebt die Frage der Souveränität möglichst weit hinaus, statt sie zu beantworten und dadurch zu entfernen (S. 17-18).

Mit diesem Nachdruck auf die Klärung der Souveränitätsfrage weist Schmitt gleichzeitig auf den moralischen Gehalt einer Ordnung - und zwar in seinen Augen auf den der Rechtssicherheit. Die Rechtssicherheit wird dabei nicht nur der oberste, sondern auch der einzige moralische Gehalt der Rechtsordnung, der einzige Grund durch den sich ein Rechtssystem legitimieren läßt. Diese Position, von Schmitt als auch von Hobbes vertreten, wird von Jürgen Habermas problematisiert. Habermas' Meinung nach ist dieses Selbstverständnis des ethischen Mindestmaßes der Rechtssicherheit für eine rechtsstaatliche Demokratie nicht ausreichend, da man als Bürger gerne wissen möchte, unter welchen Bedingungen und wozu der Rechtsfriede aufrechterhalten wird.[42] Für Schmitt jedoch ist das Argument des Bürgers, das heißt, das der demokratischen Prinzipien der Partizipation und Diskussion, nicht maßgebend, denn gerade diese Verhältnisse möchte er von seinem Begriff der Souveränität abtrennen und loswerden. Hier soll erst einmal nur der Begriff der Souveränität geklärt werden, bevor später näher auf Schmitts Konzept des totalitären Staates eingegangen wird. Diesen totalitären Staat stellt Schmitt unter anderem dar in *Die Diktatur* (1928) und in seinem *Der Hüter der Verfassung* (1931), wo er die "demokratische Grundlage der Stellung des Reichspräsidenten" umschreibt, in dem der Souverän, in diesem Falle der Reichspräsident - ganz im Sinne Hobbes - einen einseitig geltenden Kontrakt mit dem Volk abschließt.[43] Bei so einem einseitigen Kontrakt ist das Volk dem Souve-

41 *Ebenda*, S. 22. Die Wichtigkeit des Ausnahmezustandes für Schmitts Denken wird auch von Bendersky betont. Siehe auch Bendersky, *Carl Schmitt*, S. 37-39.

42 Habermas, *Über Moral, Recht, zivilen Ungehorsam und Moderne*, Interview mit Helmut Hein, April 1986, in: *Eine Art Schadensabwicklung*, S. 66.

43 Schmitt, *Die Diktatur. Von den Anfängen des modernen Souveränitätsgedankens bis zum proletarischen Klassenkampf* (Berlin 1928; 3. Aufl. 1964) und Schmitt, *Der Hüter der*

rän verpflichtet, der Souverän jedoch nicht genötigt, dem Volk gegenüber Rechenschaft abzulegen.

Die Souveränität ist jedoch gerade so wichtig in Schmitts Argumentation der *Politischen Theologie*, da sie mit der Entscheidung verknüpft ist, und jede Ordnung, also auch die Rechtsordnung, beruht auf einer Entscheidung - und nicht auf einer Norm (S. 16). Schmitt weist in diesem Zusammenhang auf die Tatsache, daß die Rechtsidee, also die Norm, sich nicht aus sich selbst umsetzen kann, da sie nichts darüber aussagt, wer sie anwenden soll (S. 42). Dadurch bekommt die Entscheidung einen selbständigen Wert. Denn diese Entscheidung, auf welcher nach Schmitt die Rechtsordnung beruht, mit der Zielsetzung der Rechtssicherheit, formuliert er dem Wesen nach folgendermaßen:

> "Denn jeder Rechtsgedanke überführt die niemals in ihrer Reinheit Wirklichkeit werdende Rechtsidee in einen anderen Aggregatzustand und fügt ein Moment hinzu, das sich weder aus dem Inhalt der Rechtsidee noch, bei der Anwendung irgendeiner generellen positiven Rechtsnorm, aus deren Inhalt entnehmen läßt" (S. 41).

Schmitt ist bei dieser Präzisierung nicht so sehr an der kausalen und psychologischen Entstehung einer solchen Entscheidung interessiert, sondern daran, die Bestimmung des rechtlichen Wertes zu ermessen. In der Definition seines sogenannten Dezisionismus hat er nämlich auch schon seinen Souveränitätsbegriff eingeführt. Denn wenn das Moment, daß eine Entscheidung notwendig ist, zu determinieren ist, dann ist der Moment des Souverän gekommen, einzugreifen, so daß die Rechtssicherheit nicht länger gefährdet wird:

> "Jede konkrete juristische Entscheidung enthält ein Moment inhaltlicher Indifferenz, weil der juristische Schluß nicht bis zum letzten Rest aus seinen Prämissen ableitbar ist, und der Umstand, daß eine Entscheidung notwendig ist, ein selbständiges determinierendes Moment bleibt" (S. 41).

Außerdem steht in der Wirklichkeit des Rechtslebens, so formuliert Schmitt, neben der Frage der inhaltlichen Richtigkeit die Frage nach der Zuständigkeit, so daß es darauf ankommt und sogar eigentlich bestimmend ist, wer entscheidet (S. 46).

Durch eine kurze ideengeschichtliche Übersicht illustriert Schmitt die Entwicklungen hinsichtlich der verschiedenen Ideen in bezug auf den Souveränitätsbegriff. Er ist der Meinung, daß jede Epoche danach trachtet, die historisch-politische Wirklichkeit durch juristische Gestaltung unter einen Begriff zu bekommen (S. 59). Dafür wird in der Staatslehre des 17. Jahrhunderts die Analogie mit dem Gottesbegriff eingesetzt, wenn der Monarch mit Gott identifiziert wird. Der

Verfassung. Beiträge zum öffentlichen Recht der Gegenwart 1 (Tübingen, 1931) S. 156-159.

Souverän ist dabei die legitimierende Autorität, gleichzeitig Urheber und Gesetzgeber (S. 61). Erst durch Jean-Jacques Rousseaus Einfluß wird dieser Souverän vom Willen des Volkes beherrscht, das heißt, wird die 'volonté générale' identisch mit dem Willen des Souveräns. Dadurch aber wird das Volk zum Souverän und geht das dezisionistische und personalistische Element des vorherigen Souveränitätsbegriffes verloren (S. 62). Im demokratischen Denken schwebt das Volk sozusagen, und hier zitiert Schmitt Tocqueville, "über dem ganzen staatlichen Leben wie Gott über der Welt, als Ursache und Ende aller Dinge, von dem alles ausgeht und zu dem alles zurückkehrt" (S. 63). Der monarchistische Legitimitätsgedanke wird somit ersetzt durch den demokratischen und die Staatslehre wird schließlich, im 19. Jahrhundert, positiv. Die Verfassungswirklichkeit der Zeit der Weimarer Republik, die Epoche in welcher Schmitt auf dem Höhepunkt seiner beruflichen Tätigkeiten ist, verlangt jedoch seiner Meinung nach dringend eine andere Lösung.[44] Da die Periode des Royalismus zu Ende ist, weil es keine Könige mehr gibt und ebenfalls keine Legitimität mehr existiert, im überlieferten Sinne, gibt es nach Schmitts *Politischer Theologie* nur noch eine Möglichkeit: die Diktatur (S. 66). Es ist die Zeit, die seines Erachtens jemanden braucht, der fähig ist zu entscheiden, ohne aufgehalten und gehemmt zu werden von ewigen Gesprächen. Diktatur ist nämlich der Gegensatz zu Diskussion (S. 80). Die diskutierende Klasse der Bourgeoisie, die alle politische Aktivität ins Reden verlegt, ist einer Zeit der sozialen Kämpfe nicht gewachsen, denn sie will der Entscheidung ausweichen (S. 75). Wie sehr Schmitt auch aus innerlicher Überzeugung gegen die moderne Demokratie ist, wird aus seinen privaten Aufzeichnungen während seiner Haft in Nürnberg aus dem Jahr 1947, ebenfalls ersichtlich:

> "Die Elite der Fahrer (der Chauffeure), der Kraftwagenfahrer; Fahrer nicht Führer; Ernst Jüngers Arbeiter, Augen zu und Gas. Der Mann von der Straße ist heute der Chauffeur. Die anderen gehen auf den Bürgersteigen, soweit es solche noch gibt als verkehrspolizeiliche Konzessionen. Der Mann von der Straße ist der Herr der Straße; das ist moderne Demokratie."[45]

Im Vergleich zur Gewaltenteilung Walter Benjamins scheint hier bei Carl Schmitt die anti-demokratische Einstellung eine ganz andere Rolle zu spielen. Bei Benjamin ist der Mensch nicht berechtigt über Gerechtigkeit der Zwecke und Mittel zu entscheiden, so daß nur die göttliche Gewalt die waltende heißen darf, weil die menschliche Vernunft nicht über solche Dinge urteilen kann. Eigentlich wird Benjamins Konzeption durch seine theologische Auffassung vor einer vollständi-

44 Dazu Jürgen Fijalkowski, *Die Wendung zum Führerstaat. Ideologische Komponenten in der politischen Philosophie Carl Schmitts*, Schriften des Instituts für Politische Wissenschaft, Bd. 12 (Köln/Opladen 1958) S. 35-65.

45 Schmitt, *Glossarium*, Aufzeichnung vom 30. September 1947, S. 21.

gen Verstrickung in den Dezisionismus gerettet.[46] Schmitt jedoch scheint den gewöhnlichen Menschen abzuweisen, weil er nicht imstande ist, zu entscheiden - nicht aber weil er es etwa nicht darf aus ethischen Gründen, sondern weil der gewöhnliche Mensch den Kern der politischen Idee umgeht: die anspruchsvolle moralische Entscheidung (S. 83). Als Lösung für dieses Problem setzt Schmitt seinen Souverän ein, der Recht setzen kann, wann und wie dieser es für richtig hält. Souverän ist, wer die Macht hat, Recht zu setzen. Damit geht gleichzeitig die ursprüngliche Rechtsidee vollkommen verloren, außer man akzeptiert das Urteil des Souverän. Diskussion wird höchstens auf das Parlament beschränkt, gewiß aber nicht dem Volk gestattet. Was aber, wenn man beispielsweise an Hitler denkt, unterscheidet denn den Souverän von dem Mann von der Straße, und berechtigt ihn, die richtige, anspruchsvolle, moralische Entscheidung zu treffen?

Was jedoch gleichfalls geschehen kann und ermöglicht wird, wenn man das Moment der rechtlichen Entscheidung dazu nutzt, menschliche Ideale wie zum Beispiel Gerechtigkeit zu verwirklichen, das heißt die Rechtsidee nicht vergißt, das soll mit Hilfe von Derridas Text *Du droit à la justice* im nächsten Paragraphen genauer erläutert werden.

1.4 Jacques Derrida versus Carl Schmitt

Jacques Derridas Darlegung *Du droit à la justice* bemüht sich, den Unterschied zwischen dem Recht und der Gerechtigkeit zu verdeutlichen: "Le droit n'est pas la justice."[47] Warum das Recht nicht identisch mit der Gerechtigkeit sein kann, erklärt er sich durch das Moment der Entscheidung und der dazugehörigen logischen Begründung. Das Recht - hier übernimmt Derrida einen Begriff den schon Montaigne und Pascal eingeführt haben - hat dadurch einen 'mythischen Grund der Autorität' (S. 33). Wie auch schon bei den vorherigen Autoren Benjamin und Schmitt Nachdruck gelegt wurde auf das dem Recht inhärenten, unbestimmbaren Moment der Dezision, konzentriert Derrida sich gleichfalls auf diesen Aspekt um seinen Unterschied zwischen Recht und Gerechtigkeit zu verdeutlichen. Dies ist der 'mythische' Grund der Autorität, mit dem Moment der nicht logisch bestimmbaren Entscheidung. Seines Erachtens befindet sich zwischen Begründung des Rechts und Entscheidung der Gerechtigkeit ein Abgrund, der gekennzeichnet wird durch die Möglichkeit oder Unmöglichkeit einer logischen, rationellen Begründung. Das Recht ist berechenbar und nachvollziehbar, da es auf allgemein anerkannten und akzeptierten Bestimmungen, Regeln und Gesetze basiert, die auch noch änderbar sind. Die strikte Befolgung der Gesetze jedoch gibt keinem Gesetzgeber, Richter oder Menschen die Sicherheit, die Grundsätze der Gerechtigkeit

46 Figal, *Recht und Moral bei Kant, Cohen und Benjamin*, S. 182.
47 Derrida, *Du droit à la justice*, S. 38.

gleichzeitig auch eingehalten zu haben. Nach Derrida ist gerade diese Sicherheit der Aussage "Ich weiß, daß ich gerecht bin" grundsätzlich unmöglich (S. 39). Das Problematische bei der Gerechtigkeit ist nämlich das Fehlen von universellen Richtlinien. Die Gerechtigkeit ist, im Gegensatz zum Recht, nicht an Traditionen gebunden, historisch determinierbar, oder - in Derridas Jargon - dekonstruktierbar ('déconstructible'; S. 44-45).

Bei der Rechtsetzung also, und dies gilt gleichermaßen für die Rechtsprechung, besteht ein Moment der Entscheidung, das jedoch keineswegs die Richtigkeit dieser Entscheidung unbestreitbar zu garantieren vermag (S. 50). Diese Dezision, das Moment einer Entscheidung, setzt also immer eine gewisse Willkürlichkeit voraus, ein entscheidender Augenblick der Instabilität, der dem Recht zugrunde liegt. Nach Derrida wiederholt sich dieses Moment der Willkür immer wieder, bei jeder politischen oder rechtlichen Entscheidung. Er illustriert dies am Beispiel der Richter, die durch die Ausübung ihres Amtes dazu gezwungen sind, tagtäglich zu entscheiden, wie auch die Rechtsetzung immer wieder ein Moment der Entscheidung in sich birgt. Durch diesen logisch unbegründbaren Augenblick verbindet sich die Rechtsetzung, und natürlich auch die Rechtsprechung, mit der Machtsetzung. Die Macht tritt sozusagen stets wieder hervor, sobald eine politische, rechtliche oder ethische Entscheidung getroffen werden muß. Die Rechtsetzung kann somit nicht von der Rechtserhaltung getrennt werden und hat auch immer mit Machtaspekten zu tun, wenn auch die Grundsätze im Idealfall, nach Derrida, auf Prinzipien der Gerechtigkeit basieren sollten. Genau dieser Argumentation zufolge wendet sich Derrida prinzipiell gegen die konzeptuelle Trennung der rechtsetzenden und rechtserhaltenden Gewalten, wie Benjamin diese vollzogen hat.

Für dieses Problem setzt Derrida, im Gegensatz zu Schmitt und auch Benjamin, jedoch eine ganz andere Lösung ein. Schmitt setzt den 'Hüter der Verfassung' ein, das heißt den Reichspräsidenten oder später den Führer, als bevollmächtigte Autorität, die richtige politische Entscheidung zu treffen. Dafür muß die staatsrechtliche Stellung des Reichspräsidenten präzise umschrieben werden, da die politische Entscheidung eigentlich Sache des Gesetzgebers ist.[48] Die diskursive Meinungs- und Willensbildung wird dabei, wie schon im vorigen Paragraphen konstatiert wurde, auf das Parlament beschränkt, da das Volk nach Schmitt selbst nicht diskutieren kann.[49] Derrida jedoch befürwortet einen unendlichen Argumentationsprozeß und ein demokratisches Verfahren auf der Seite der Gesetzgebung. Das berechenbare Recht ('droit'), und die unberechenbare Gerechtigkeit ('justice'), müssen ständig mittels Unterhandlungen miteinander in Kontakt bleiben, wenn sie auch grundsätzlich als Einheiten unvereinbar bleiben (S. 62-63).

48 Schmitt, *Der Hüter der Verfassung*, S. 37.

49 Siehe auch Habermas, *Faktizität und Geltung*, S. 226-228 sowie seine zu diesem Standpunkt geäußerte Kritik an Schmitt; in: *Die Schrecken der Autonomie*, S. 113.

Nur so können Lernprozesse ausreichend vollzogen werden. Nach Albrecht Wellmer ist dieses der Verdienst Derridas, die Argumentation Schmitts, die Entscheidungen betreffend, auf andere Grundsätze gerichtet zu haben.[50] Nur wenn Entscheidungen nämlich auf zum Beispiel Gerechtigkeit, das heißt auf die angemessene Verwirklichung liberaler, demokratischer und sozialer Grundrechte abgezielt werden, können die Möglichkeiten einer diskursiven Klärung ausgeschöpft werden.[51] Nur in einem solchen Falle wird noch der ursprünglichen Rechtsidee in der Rechtsetzung Rechnung getragen.

Dieser Ansatz Derridas der immerwährenden Kommunikation wird von Jürgen Habermas ebenfalls dafür eingesetzt zu beweisen, daß der vollständig säkularisierte Rechtsstaat ohne radikale Demokratie weder zu haben, noch zu erhalten ist. Im folgenden Paragraphen soll auf diesen Aspekt näher eingegangen werden, um somit auch einen demokratischen Anspruch zwischen dem Verhältnis Rechtsetzung ist Machtsetzung zu erörtern.

1.5 Jürgen Habermas' Faktizität und Geltung

In seiner umfangreichen Studie *Faktizität und Geltung* (1992) setzt Habermas sich das Ziel, zu beweisen, daß im Zeichen einer vollständig säkularisierten Politik der Rechtsstaat ohne radikale Demokratie nicht zu haben und nicht zu erhalten ist.[52] Im Rahmen der vorliegenden Studie soll jedoch nur auf die Aspekte eingegangen werden, die das Verhältnis Rechtsetzung ist Machtsetzung näher klären können. Dafür werden seine Auffassungen in Zusammenhang mit dem Recht, das heißt der Rechtsetzung, der Legitimität des Rechts und dem Verhältnis zur Macht, kurz dargestellt.

Nach Habermas hat sich die moderne Gesellschaft des 20. Jahrhunderts in mehr als nur einer Hinsicht geändert. Darum sucht er in seiner Theorie nach anderen Begriffen, die diese Änderungen auch in sich aufnehmen. Er introduziert in seiner Arbeit zuerst seine schon eher ausgearbeitete Theorie des kommunikativen Handelns, wobei an Stelle der praktischen Vernunft die kommunikative tritt (S. 17). Diesen Wechsel erklärt er sich durch den geänderten Zusammenhang zwischen praktischer Vernunft und gesellschaftlicher Praxis, der in den alteuropäischen Denktraditionen vorher noch unangefochten herrschte. Durch die dazugehörigen normativen Fragestellungen orientiert die praktische Vernunft dabei den Einzelnen in seinem Handeln und bestimmt somit die gesellschaftliche Ordnung, wie auch das Naturrecht die einzig richtige politische und gesellschaftliche Ordnung auszeichnete. Das kommunikative Vernunftkonzept jedoch entlastet diese ausschließliche Bindung ans Moralische und verlegt die Theoriebildung ins

50 Albrecht Wellmer, *Menschenrechte und Demokratie*, Vorlesung Amsterdam 1995, S. 9.
51 *Ebenda*, S. 10.
52 Habermas, *Faktizität und Geltung*, S. 13.

sprachliche Medium der Kommunikation.[53] Dieser Schritt ist essentiell für das Denken von Habermas, denn das kommunikative Konzept der Vernunft kann den deskriptiven Zwecken der Rekonstruktion vorgefundener Kompetenz- und Bewußtseinsstrukturen dienen, sowie Anschluß finden an funktionale Betrachtungsweisen und empirische Erklärungen (S. 17). Somit ermöglicht die kommunikative Vernunft eine Orientierung an Geltungsansprüchen, ohne selber eine inhaltliche Orientierung für die Bewältigung von praktischen Aufgaben zu geben - denn sie ist weder informativ, noch unmittelbar praktisch (S. 19). Dies ist übrigens genau die im vorigen Paragraphen dargestellte Funktion der Unterhandlungen, die Derrida im Zusammenhang mit dem demokratischen Verfahren der Gesetzgebung meint, wenn er sich für die immerwährende Kommunikation zwischen den Konzepten des Rechts und der Gerechtigkeit ausspricht. Die kommunikative Vernunft, so kontinuiert Habermas seine Argumentation,

> "erstreckt sich einerseits auf das ganze Spektrum von Geltungsansprüchen der propositionalen Wahrheit, der subjektiven Wahrhaftigkeit und der normativen Richtigkeit und reicht insofern über den Bereich moralisch-praktischer Fragen hinaus. Andererseits bezieht sie sich nur auf Einsichten - auf kritisierbare Äußerungen, die grundsätzlich argumentativer Klärung zugänglich sind - und bleibt insofern hinter einer praktischen Vernunft zurück, die auf Motivierung, die Lenkung des Willens abzieht. Normativität im Sinne der verbindlichen Orientierung des Handelns fällt nicht mit der Rationalität verständigungsorientierten Handelns im ganzen zusammen" (S. 19).

Statt einer unmittelbaren, normativen Theorie des Rechts und der Moral bietet Habermas also einen Leitfaden an für die Rekonstruktion der meinungsbildenden und entscheidungsvorbereitenden Diskurse der demokratischen Rechtsgesellschaft.

Für den Begriff des Rechts bedeutet dies, daß er darunter das moderne Recht versteht, das mit dem Anspruch auf systematische Begründung, sowie auf verbindliche Interpretation und Durchsetzung auftritt. Das Recht ist bei Habermas also gleichzeitig ein Wissens-, als auch ein Handlungssystem (S. 106). Das positive Recht, auf welches sich die vorliegende Studie beschränkt, muß dabei vor allem den Anspruch auf Legitimität realisieren (S. 49). Diese Bedingung muß von dem politischen Gesetzgeber erfüllt werden, wobei der Prozeß der Gesetzgebung im Rechtssystem der eigentliche Ort der sozialen Integration ist (S. 50). In einem andern Zusammenhang definiert Habermas die Legitimität als die Anerkennungs-

53 In einem Interview, das im Sommer 1981 stattfand, meinte Habermas sogar mit kommunikationstheoretischen Begriffen eine Theorie der Moderne entwickeln zu können. Habermas, *Die Neue Unübersichtlichkeit. Kleine Politische Schriften V* (Frankfurt/Main 1987) S. 180.

würdigkeit einer politischen Ordnung.[54] Auf jeden Fall ist deutlich, daß er in *Faktizität und Geltung* im modernen Recht den demokratischen Gedanken grundsätzlich schon angelegt sieht, daß der Legitimitätsanspruch einer "aus subjektiven Rechten konstruierten Rechtsordnung nur durch die sozialintegrative Kraft des 'übereinstimmenden und vereinigten Willen aller' freien und gleichen Staatsbürger eingelöst werden kann" (S. 50). Die ersten Spuren dieses demokratischen Gedankens sind schon in den Freiheitsansprüchen von Rousseaus und Kants Theorien zu finden, die eher erwähnt worden sind. Habermas verbindet den demokratischen Anspruch auch mit der Rechtsetzung, da er in die Positivität des Rechts die Erwartung einbaut, daß das demokratische Verfahren der Rechtsetzung die Vermutung der rationalen Akzeptabilität des gesatzten Normen begründen kann (S. 51). Habermas formuliert sogar noch präziser, daß er von dem Umstand ausgeht, daß das Demokratieprinzip ein Verfahren legitimer Rechtsetzung festlegen soll (S. 141). Die Legitimität des Rechts, sowie der Rechtsetzung, stützt sich also eigentlich auf ein kommunikatives Arrangement. Bei diesem kommunikativen Arrangement müssen alle Teilnehmer, das heißt die Rechtsgenossen, an rationalen Diskursen imstande sein, prüfen zu können, ob eine strittige Norm die Zustimmung aller möglicherweise Betroffenen findet oder finden könnte (S. 134). In diesem Zusammenhang könnte man den 'demokratischen Anspruch', gekennzeichnet durch Verfahrensrationalität, als die Rechtsidee formulieren, die Habermas zu bewahren sucht, wenn er die Rechtsetzung zu legitimieren trachtet. Man kann sich allerdings mit Figal zusammen fragen, inwiefern ein kommunikationstheoretischer Ansatz für das Recht noch ein ethisch relevanter Begriff ist.[55]

Zusammenfassend also soll, nach Habermas, der Rechtsstaat die private Autonomie und die rechtliche Gleichheit der Bürger gewährleisten können. Den vollen normativen Sinn erhält das Recht dabei nicht nur durch die Form, weder durch einen a priori gegebenen moralischen Inhalt, sondern durch ein Verfahren der Rechtsetzung, das Legitimität erzeugt (S. 169). Es ist dabei nicht die Rechtsform als solche, die Ausübung politischer Herrschaft legitimiert, sondern nur die Bindung an das legitim gesetzte Recht. Schließlich gilt auf dem posttraditionalen Rechtfertigungsniveau nur jenes Recht als legitim, das in einer diskursiven Meinungs- und Willensbildung von allen Rechtsgenossen rational akzeptiert werden könnte (S. 169). Im demokratischen Rechtsstaat differenziert sich somit die politische Macht in eine kommunikative und eine administrative Macht aus (S. 170).

Wie erklärt sich Habermas mit diesen Ausgangspunkten jedoch das Verhältnis zwischen dem Recht und der Gewalt, das heißt zwischen dem Recht und der Macht? Die rechtsförmig organisierte staatliche Gewalt setzt sich, seines Erachtens, aus politischer Macht und staatlich sanktioniertem Recht zusammen (S.

54 Habermas, *Zur Rekonstruktion des Historischen Materialismus* (Frankfurt/Main 1976) S. 271.

55 Figal, *Recht und Moral bei Kant, Cohen und Benjamin*, S. 182.

177). Den Begriff der kommunikativen Macht erläutert er durch eine Differenzierung des Begriffes der politischen Macht. Politik ist hierbei nicht nur die Praxis derer, die miteinander reden, um politisch autonom handeln zu können, sondern bedeutet die diskursive Bildung eines gemeinsamen Willens, jedoch noch nicht die Implementierung der aus ihm vorgehenden Gesetze (S. 186). Das Politische bezieht sich somit ebenfalls auf die Verwendung administrativer Macht im, sowie auf die Konkurrenz um den Zugang zum politischen System. Dabei betrachtet Habermas das Recht als Medium, über das sich die kommunikative Macht in administrative umsetzt (S. 187). Dann hat die Verwandlung von kommunikativer Macht in administrative den Sinn einer Ermächtigung im Rahmen gesetzlicher Lizenzen. Die Idee des Rechtsstaates interpretiert er dann als Forderung, "das über den Machtkode gesteuerte administrative System an die rechtsetzende kommunikative Macht zu binden und von den Einwirkungen sozialer Macht (...) freizuhalten" (S. 187). Das Recht soll in diesem Zusammenhang also nicht bloß faktisch Mittel der Organisation von Herrschaft sein, sondern eine normative Quelle der Legitimation, wobei die administrative Macht an kommunikativ erzeugte Macht zurückgebunden bleiben muß (S. 231). Anders formuliert wird legitimes Recht aus kommunikativer Macht hervorgebracht, und diese wiederum über legitim gesetztes Recht in administrative Macht umgesetzt (S. 209).

Das Verhältnis zwischen Rechtsetzung und Machtsetzung erklärt sich somit bei Habermas als eine Wechselwirkung, in der das Recht als Medium für die Macht eingesetzt wird. Das demokratische Verfahren der Gesetzgebung wird dabei als Legitimierung für das Recht, sowie für die Rechtsetzung vorausgesetzt. Macht teilt Habermas auf in kommunikative und administrative Macht, die zusammen das Politische ausmachen. Sein ganzes Denken muß mit kommunikativtheoretischen Begriffen verstanden werden, die sich teilweise auch durch seinen soziologischen Hintergrund erklären lassen. Auch Habermas, wie schon bei Benjamin und Schmitt konstatiert wurde, arbeitet übrigens vorzugsweise interdisziplinär (S. 21). Ganz grundsätzlich wendet sich Habermas jedoch von antidemokratischen Grundsätzen à la Schmitt ab, da er immer wieder den Nachdruck legt auf die demokratischen Verfahrensweisen im modernen, demokratischen Rechtsstaat. Das Recht dient bei Habermas niemals als Instrument der Macht in dem Sinne der Machtvergrößerung oder -erhaltung, wie es bei Schmitt eingesetzt werden kann und darf wenn der Souverän es für richtig oder notwendig hält (S. 296). Eberhard Jäckels Bezeichnung über Habermas als 'einer der vielen linken Eleven Schmitts' scheint demnach durch die vollkommen unterschiedlichen Grundsätze der beiden Denker nicht sehr gerechtfertigt.[56]

56 Eberhard Jäckel, 'Hitler und die Deutschen. Versuch einer geschichtlichen Erklärung', in: Karl Corino (Hg.), *Intellektuelle im Bann de Nationalsozialismus* (Hamburg 1980) S. 216 und Anm. 23.

Eine Lösung für das Entscheidungsproblem in der Rechtsetzung liefert jedoch auch Habermas' kommunikationstheoretischer Ansatz der vollständigen Verfahrensrationalität nicht. Albrecht Wellmer weist zu diesem Thema auf den notwendigen 'vorzeitigen' Abbruch eines rationalen politischen Diskurses im Falle einer Entscheidung, da die Dezision in der Praxis nicht auf den normativen Konsens warten kann.[57] Das Problem nämlich bei der vollständigen Verfahrensrationalität ist, daß sie weder das Zustandekommen einer Entscheidung rechtzeitig garantieren kann, noch die Richtigkeit oder Gerechtigkeit derselben:

> "Hieran ändert sich auch (...) nichts Wesentliches durch die Berufung auf die Legitimität der Entscheidungs*verfahren*; denn erstens kann auch ein legitimes Verfahren zu falschen Entscheidungen führen, zweitens sind auch die Verfahren Teil der Rechtsordnung: auch über sie muß entschieden worden sein."[58]

Somit problematisiert Wellmer eigentlich, wie auch Figal, die Verfahrensrationalität als unzureichende 'Rechtsidee', das heißt als Grundlage für das Recht in philosophischem Sinne. Die Probleme nämlich der Gerechtigkeit des Rechts, sowie der Entscheidung, sind auch durch eine vollständige Verfahrensrationalität noch lange nicht gelöst.

1.6 Das Verhältnis zwischen Rechtsetzung und Machtsetzung

Bei dem Vergleich der Autoren Walter Benjamin, Carl Schmitt und Jürgen Habermas, sowie den Auffassungen Derridas, bezüglich des Verhältnisses zwischen Rechtsetzung und Gewalt, ist auf verschiedene Aspekte geachtet. So wie die Autoren aus verschiedener wissenschaftlicher Perspektive arbeiten, so ist auch ihr Nachdruck auf Faktoren des Verhältnisses zwischen Recht und Macht andersartig. Walter Benjamin studiert das Verhältnis 'Rechtsetzung ist Machtsetzung' in philosophischem Sinne und betont den metaphysischen Faktor einer göttlichen Gewalt. Carl Schmitt ist Rechtswissenschaftler und mehr an einer rechtsstaatlichen, in der Praxis brauchbaren, Lösung interessiert, die er rechtsphilosophisch unterbaut. Jürgen Habermas bewegt sich hauptsächlich auf einem Gebiet zwischen Soziologie und Rechtsphilosophie und setzt sich für eine radikal durchgeführte Demokratie des säkularisierten Rechtsstaates ein. Jacques Derrida sucht nach einer immerfortwährenden Diskussion zwischen dem Recht und der Gerechtigkeit. Die Autoren arbeiten interdisziplinär, nicht nur aus der dem Thema inhärenten Notwendigkeit dazu, sondern auch aus beruflicher Überzeugung. Historische und rechtshistorische Aspekte und Darstellungen fehlen bei keinem, sowie sie auch stets auf rechtswissenschaftliche Theorien zurückgreifen. Noch eine interessante

57 Wellmer, *Menschenrechte und Demokratie*, S. 8.
58 *Ebenda*, S. 8 (Kursivschrift von Wellmer).

Feststellung bei einem Vergleich der unterschiedlichen Denkfiguren der obenangeführten Autoren, die jedoch in dem Kontext der vorliegenden Arbeit nicht weiter untersucht worden ist, ist daß sowohl Benjamin, als auch Schmitt, sowie Derrida in seinen Dekonstruktionen, in ihren Darstellungen gewisse theologische Figuren gebrauchen, während Habermas sich von Anfang an auf gänzlich säkularisierte Prämissen des demokratischen Rechtsstaats bezieht. Es könnte für eine weitere Diskussion in der Zukunft fruchtbar sein, die Gründe dafür aufzuarbeiten, da diese sich gewiß nicht nur auf interdisziplinäre Arbeitsweisen reduzieren lassen.

Walter Benjamin, bei dessen Arbeit *Zur Kritik der Gewalt* (1921) vor allem auf die Beziehung zwischen Recht, beziehungsweise Rechtsetzung und die Gewalt, das heißt Gewaltenteilung, geachtet wurde, formuliert das Verhältnis auf folgende Weise. Er teilt die Gewalt der rechtsetzenden Gewalt ein in Mittel für das Recht, sowie als Zweck an sich. Dieser Zweck an sich der rechtsetzenden Gewalt ist dann die Macht. Diese rechtsetzende Gewalt nennt er mythische Gewalt, die also gleichzeitig rechtsetzend und rechtserhaltend ist. Die rechtsetzende Gewalt des Menschen wird von der Vernunft geleitet, die jedoch nicht imstande ist, über Gerechtigkeit zu urteilen. Dazu im Gegensatz nämlich steht die göttliche Gewalt, die einzige die nach Benjamin befugt ist über die Berechtigung von Mitteln und Gerechtigkeit von Zwecken zu urteilen. Daß diese Lösung jedoch Probleme wie zum Beispiel den Holocaust nicht recht lösen kann, oder sogar zu erklären scheint, erläutert Jacques Derrida in seinem Artikel *Prénom de Benjamin* (1990), der den Text von Benjamin analysiert und die konzeptuelle Unterscheidung in rechtsetzende und rechtserhaltende Gewalt problematisiert.

Carl Schmitts *Politische Theologie* (1922) beschäftigt sich mit Problemen der Souveränität und der Entscheidung. Wie auch Benjamin ist Schmitt antidemokratisch eingestellt, jedoch aus anderen Grundsätzen. Während Benjamin den Menschen, das heißt die Vernunft, nicht für berechtigt hält, über die Berechtigung von Mitteln und Gerechtigkeit von Zwecken zu urteilen, so hält Schmitt den gewöhnlichen Menschen nicht dazu imstande, wohl aber den auserwählten Souverän. Dieses Konzept von Schmitt ist auf gewisse Weise eine Bearbeitung und Interpretation des *Leviathan* von Thomas Hobbes. Es geht ihm um die Tatsache, daß es in der Wirklichkeit des Rechtslebens darauf ankommt und sogar bestimmend ist, daß jemand entscheidet, so daß die Rechtssicherheit garantiert werden kann. Für ihn ist nur eine Diktatur die richtige Lösung. Die ursprüngliche Rechtsidee wird in diesem Konzept vollständig aufgegeben zugunsten des Dezisionismus. Gegen diese Argumentation richtet sich Derrida, der statt einer Diktatur einen immerfortwährenden Diskurs wünscht zur Verwirklichung liberaler, demokratischer und sozialer Grundrechte des Menschen. Obwohl es in diesem Diskurs um das Recht versus die Gerechtigkeit geht, deren Inkompabilität sich Derrida sehr wohl bewußt ist, hält er Lernprozesse nur für möglich, solange noch diskutiert wird.

Im Gegensatz zu Schmitt, ähnlich wie auch der erwähnte Kommentar von Jacques Derrida, steht Jürgen Habermas. Er setzt sich in *Faktizität und Geltung* (1992) das Ziel, aus der Ahnung eine Einsicht zu machen, daß der vollständig säkularisierte Rechtsstaat ohne radikale Demokratie weder zu haben, noch zu erhalten ist. Er setzt dazu die Theorie der kommunikativen Vernunft ein, die praktische Vernunft ersetzt. Für das Recht hat dies die Konsequenz, daß es sich weniger um Form und gegebenen Inhalt des Rechts handelt, sondern um das Verfahren der Rechtsetzung, das Legitimität erzeugt. Nur die Bindung an das legitim gesetzte Recht legitimiert die Ausübung politischer Herrschaft. Bei Habermas ist das Recht das Medium, über das sich die kommunikative Macht des Politischen in administrative umsetzt. Das Recht ist also nicht nur ein Mittel der Herrschaftsorganisation, sondern auch eine normative Quelle der Legitimation. Es ist dabei eine Frage der Interpretation, inwiefern man eine vollständige Verfahrensrationalität als Rechtsidee akzeptieren möchte.

Bei allen besprochenen Autoren jedoch bleibt eine praktische, allgemeingültige Lösung für das Recht, das heißt für die Rechtsetzung, problematisch. Als Atheist hilft einem die Lösung Benjamins wenig, an eine Gerechtigkeit der göttliche Gewalt zu glauben, da er das Problem damit eigentlich bloß auf eine andere Ebene hebt. Schmitt kümmert sich wenig mehr um traditionelle Rechtsideen, sondern ist hauptsächlich am Dezisionismus interessiert und Habermas beschränkt sich auf die Verfahrensrationalität. Es ist Derrida, der probiert, die Gerechtigkeit auf verantwortliche Weise wieder in das Recht zurückzuleiten - dies ist ihm wichtiger als göttliche Verantwortlichkeiten, Rechtssicherheit, Dezisionismus oder eine vollständige, kontrollierbare Verfahrensrationalität - obwohl auch er das Problem konstatiert und auf Diskussion besteht, ohne es lösen zu können.

Zusammenfassend werden bei Benjamin Rechtsetzung und Machtsetzung gleichgestellt, dient bei Schmitt das Recht der Macht und funktioniert das Recht bei Habermas als Medium für die Macht, wobei das demokratische Verfahren der Gesetzgebung als Legitimierung für das Recht, sowie die Rechtsetzung, vorausgesetzt wird. Bei Derrida schließlich gibt es keine Rechtsetzung ohne gleichzeitige Machtsetzung, wie auch eigentlich kein Recht ohne Anspruch auf Gerechtigkeit existieren sollte - und wer kann diesem widersprechen?

Es ist allerdings Benjamins Gleichstellung von Rechtsetzung an Machtsetzung, die für die vorliegende Untersuchung von so großer Bedeutung ist. Kombiniert mit der Auffassung Schmitts, nach welcher das Recht der Macht dient, bestimmen diese Auffassungen den begrifflichen Kontext, den Ausgangspunkt für die Analyse der Rechtsgeschichte der nationalsozialistischen Verordnungen in den Niederlanden im Zweiten Weltkrieg. Der für die Demokratie (und Derrida) so natürlich geltende Anspruch auf Gerechtigkeit, nach Benjamin die göttliche Gewalt, oder etwa Habermas' Verfahrensrationalität wird hierbei aufgegeben. Die von Benjamin definierte mythische Gewalt, die rechtsetzend sowie rechtserhaltend ist und das Prinzip der Macht in sich birgt - von den Menschen auf dieser Welt eingesetzt - ist die Gewalt des NS-Staates, wobei das Prinzip der Macht nach Schmitt zu denken ist: Rechtsetzung als Instrument der Macht.

2. "Wir denken die Rechtsbegriffe um": Nationalsozialistische Rechtslehren

Nun, Carl Schmitt auf jeden Fall trachtet nicht danach, Derridas Rechtsanspruch auf Gerechtigkeit zu widersprechen. "Der nationalsozialistische Staat ist ein gerechter Staat" lautet der fünfte und letzte Leitsatz für die (neue) Rechtspraxis, 1933 von ihm formuliert.[1] Nach der Machtübernahme der Nationalsozialisten durch Hitlers Ernennung zum Reichskanzler am 30. Januar 1933, beeilt Schmitt sich, seine Rechtstheorien der neuen Situation anzupassen.[2] Bei einem derartig formulierten Leitsatz nämlich wird die Frage nach dem Existieren einer absoluten Gerechtigkeit für beantwortet gehalten. Diese Gerechtigkeit ist, nach Schmitt, vorhanden und sie offenbart sich in der Machtpraxis der Nationalsozialisten, der Gewalthaber, da ein gerechter Staat naturgemäß ja nur gerecht handeln kann. Somit ist die geistige Grundlage der Machtsetzung für den totalitären nationalsozialistischen Staat gelegt, da staatlicher Machtmißbrauch zur juristischen Unmöglichkeit erklärt wird. Diese Art von Argumentation ist kennzeichnend für das Entstehen und Funktionieren der nationalsozialistischen Rechtslehren. Die Diskussion über die Gerechtigkeit als Begriff an sich wird übergangen zugunsten der Normativität der nationalsozialistischen Weltanschauung, die fortan als oberste und einzige Rechtsidee gilt.

In der folgenden kurzen Darstellung der wichtigsten Prinzipien der nationalsozialistischen Rechtslehren sollen Carl Schmitt, der bis heute nicht aufhört die Gemüter zu beschäftigen, Karl Larenz (1903-1993) und einige weniger prominente Rechtstheoretiker vorgestellt werden, um das Verhältnis zwischen Rechtsetzung und Machtsetzung im NS-Staat zu erläutern.[3] Dazu sollen hier die wichtigsten Komponenten nationalsozialistischer Rechtslehren vorgestellt werden, nicht aber das Verhältnis zwischen Nationalsozialismus und deutscher Rechtsgeschichte, auf welches nur eingegangen wird, wenn es strikt notwendig ist.[4] Ferner

1 Schmitt, *Neue Leitsätze für die Rechtspraxis*, 1933. Zitiert in Bernd Rüthers, *Entartetes Recht. Rechtslehren und Kronjuristen im Dritten Reich* (München 1988) S. 112. Vgl. Rüthers, *Die unbegrenzte Auslegung*, S. 125.

2 Zu Schmitts Stellungnahme bezüglich Hitlers Machtergreifung siehe auch Bendersky, *Carl Schmitt*, S. 172-191; Paul Noack, *Carl Schmitt. Eine Biographie* (Berlin/Frankfurt/Main 1993) S. 155-163.

3 Neben den schon zitierten Biographien über Carl Schmitt siehe auch Andreas Koenen, *Der Fall Carl Schmitt. Sein Aufstieg zum 'Kronjuristen des Dritten Reiches'* (Darmstadt 1995); M.H. Wiegandt, *"Ich bin Theoretiker, reiner Wissenschaftler und nichts als Gelehrter" - Ein Lebensbild Carl Schmitts*; in: JuS 1996, Heft 9, Seite 778-781.

4 Das Verhältnis der nationalsozialistischen Rechtslehren zur deutschen Rechtsgeschichte wird von Willoweit "wenigstens bruchstückhaft aufgehellt". Siehe Dietmar Willoweit, 'Deutsche Rechtsgeschichte und 'nationalsozialistische Weltanschauung' das Beispiel Hans Frank', S. 25. In: *Rechtsgeschichte im Nationalsozialismus. Beiträge zur Geschichte*

wird auf Werner Best (1903-1989) eingegangen, der Schmitts Ansatz einer 'völkerrechtlichen Großraumordnung' weiter ausarbeitet. Die von Best entwikkelte 'völkische Großraumordnung' gründet sich auf die Auffassung, daß die Grundlage einer jeden Großraumordnung Gewalt ist. Infolgedessen muß das stärkste Volk sich auch mit Gewalt den anderen Völkern gegenüber durchsetzen und behaupten. Diese Schlußfolgerung führt ihn dazu, eine komplette Systematik aller möglichen Herrschafts-, Besatzungs- und Verwaltungsformen aufzustellen, die sich auch auf die Niederlande bezieht.

2.1 Rechtstheoretische Grundlagen der nationalsozialistischen Rechtsetzung

Wenn von Ideologie des Nationalsozialismus bezüglich des Rechts gesprochen wird, entsteht gleich das erste Problem: eine Rechtsphilosophie und eine Methodenlehre des Nationalsozialismus gibt es nicht.[5] Ganz im Gegenteil, es bestehen mehrere, von einander zu unterscheidende und sogar konkurrierende Rechtslehren und Methodenkonzepte für das Ziel der 'völkischen Rechtserneuerung.'[6] Das Gemeinsame der nationalsozialistischen Rechtslehren ist höchstens der Versuch ein theoretisches Konzept definieren zu wollen für diese angestrebte völkische Rechtserneuerung. Der Anspruch auf alte, bewertete Begriffe, wie das obenangeführte Beispiel der Gerechtigkeit, bleibt bestehen, jedoch in einer anderen Weise und mit einem anderen Begriffsinhalt. Die (Rechts-)Begriffe werden ganz einfach anders definiert, oder, in Schmitts Jargon 'umgedacht.'[7] Das Denken in "konkreten Ordnungen" von Carl Schmitt oder etwa Karl Larenz' "konkret-allgemeine Begriffe" sind somit nichts anderes als neue Bezeichnungen für alte, institutionelle und begriffsjuristische Denkformen, die jetzt geeignet scheinen zur Proklamierung der rassisch-völkischen Rechtserneuerung. Das Umwerten von Rechtsbe-

einer Disziplin, Michael Stolleis und Dieter Simon (Hg.), (Tübingen 1989) S. 25-43. *Ebenda* ist auch der Aufsatz von Michael Stolleis ''Fortschritte der Rechtsgeschichte' in der Zeit des Nationalsozialismus?', S. 177-197, mit zahlreichen Literaturhinweisen, bedeutsam, sowie Manfred Walthers Untersuchung 'Hat der juristische Positivismus die deutschen Juristen im 'Dritten Reich' wehrlos gemacht?'; in welcher er erklärt wie es möglich war, daß sich Juristen wie Karl Larenz (S. 349 Anm. 42) und Carl Schmitt (S. 349) nach Kriegsende hinter Gustav Radbruchs These des Gesetzes- oder Geltungspositivismus (S. 324) verstecken konnten; in: *Recht und Justiz im "Dritten Reich"*, Hg. von Ralf Dreier und Wolfgang Sellert (Frankfurt/Main 1989) S. 323-355. Zur Position Schmitts in diesem Kontext siehe auch Ian Ward, *Law, Philosophy and National-Socialism. Heidegger, Schmitt and Radbruch in Context* (Bern 1992).

5 Rüthers, *Entartetes Recht*, S. 20.

6 *Ebenda*, S. 20; siehe auch Hubert Rottleuthner, 'Rechtsphilosphie und Rechtssoziologie im Nationalsozialismus', S. 297-301; in: *Recht und Justiz im "Dritten Reich"*, Hg. von Ralf Dreier und Wolfgang Sellert (Frankfurt/Main 1989) S. 295-323.

7 Carl Schmitt, *Nationalsozialistisches Rechtsdenken*, DR 1934, S. 225 (229); zitiert in Rüthers, *Entartetes Recht*, S. 158.

griffen besteht somit aus einer inhaltlichen Neubestimmung von unbestimmten juristischen Begriffen. Einem ähnlichen Prinzip folgt die Umbildung der ursprünglich amerikanischen Monroe-Doktrin aus 1823, die für den Nationalsozialismus umgedacht wird zur 'völkischen Großraumrordnung'. Durch Begriffserneuerung entsteht so eine Rechtserneuerung, wobei die nationalsozialistische Weltanschauung als Auslegungsprinzip dient.[8] Die nationalsozialistischen Rechtslehren besitzen als gemeinsamen Faktor nämlich eine grundsätzliche, vollkommene Verankerung der Rechtsauslegung in der nationalsozialistischen Weltanschauung.[9]

Das Fehlen einer einheitlichen nationalsozialistischen Rechtsideologie, abgesehen von der wiederholt proklamierten nationalsozialistischen Weltanschauung, erklärt sich größtenteils aus der Person und dem Charakter der Gewaltherrschaft Adolf Hitlers. Für das Recht ist dabei kaum Platz, denn dies ist für Hitler höchstens ein zweitrangiges Kampfinstrument, das den nationalsozialistischen Führern zur Durchsetzung der Weltanschauung der totalen Gewaltherrschaft dient. Diese spezifische Herrschaftsstruktur erlaubt dem Führer und seinen von ihm persönlich berufenen Unterführern und Angestellten die Gewalt - in allen Hinsichten - nach Belieben einzusetzen. Das wichtigstes Merkmal dieser Weltanschauung ist ihr uneingeschränkter Herrschaftsanspruch über alle Lebensbereiche, das heißt, ihre Totalität.[10] Schon in *Mein Kampf*, in den zwanziger Jahren geschrieben, stellt Hitler seine Überzeugungen nach dem Prinzip der großen, aber vage gehaltenen, verschwommenen Begriffe dar. Die nationalsozialistische Weltanschauung wird dabei folgendermaßen von ihm umschrieben:

> "Denn die Weltanschauung ist unduldsam und kann sich mit der Rolle einer 'Partei neben anderen' nicht begnügen, sondern fordert gebieterisch ihre eigene, ausschließliche und restlose Anerkennung sowie die vollkommene Umstellung des gesamten öffentlichen Lebens nach ihren Anschauungen."[11]

Für andere politische Parteien, Denkarten oder Auffassungen ist daneben überhaupt kein Platz: "Sie [= die Weltanschauung] kann also das gleichzeitige Weiterbestehen einer Vertretung des früheren Zustandes nicht dulden" (S. 506), und

> "Da eine Weltanschauung niemals bereit ist, mit einer zweiten zu teilen, so kann sie auch nicht bereit sein, an einen bestehenden Zustand, den sie verurteilt, mitzuarbeiten, sondern fühlt sie die Verpflichtung, diesen Zustand und die gesamte gegnerische Ideenwelt mit allen Mitteln zu bekämpfen, d.h. deren Einsturz vorzubereiten" (S. 508).

8 Vgl. auch H. Schlosser, *Grundzüge der Neueren Privatrechtsgeschichte. Ein Studienbuch* (Heidelberg 1996) S. 253.

9 Rüthers, *Entartetes Recht*, S. 40-41.

10 Siehe auch Rüthers, *Die unbegrenzte Auslegung*, S. 101.

11 Hitler, *Mein Kampf* (15. Aufl., München 1932) S. 506.

"Weltanschauungen proklamieren ihre Unfehlbarkeit" (S. 507), Hitler hingegen proklamiert recht wenig Konkretes über den Inhalt dieser Weltanschauung, denn diese bleibt verschwommen und unklar. Es sind nur die Rassenideologie der arisch-nordischen Überlegenheit, der ungezügelte Judenhaß sowie die Vergötzung des biologischen Auslesekampfes mit der Absage an alle humanen Gesichtspunkte, neben dem grenzenlos vertretenen Führerprinzip, die als gesicherte nationalsozialistische Dogmen gelten können.[12] Im weiteren hält Hitler von ideologischer und programmatischer Festlegung gar nichts, denn "jede und auch die beste Idee wird zur Gefahr, wenn sie sich einbildet, Selbstzweck zu sein, in Wirklichkeit jedoch nur ein Mittel zu einem solchen darstellt" (S. 234).

Die nationalsozialistische Weltanschauung findet demnach ihre Bedeutung in ihrer instrumentalen Anwendung, das heißt als Auslegungsprinzip. Angewendet wird sie ebenfalls als Mittel zum Zweck im Kampf um die politische Macht, mit anderen Worten: als Propagandamittel. Um erfolgreich als Propaganda eingesetzt werden zu können, muß jedoch eine nationalsozialistische Ideologie den Bedürfnissen nach gestaltet und mit Begriffen eingefüllt werden. Dabei ist das absolute Führerprinzip, wobei der Führerwille den aktuellen Inhalt der nationalsozialistischen Weltanschauung bestimmt, die entscheidende und wichtigste Proklamation.[13] Hitlers Abneigung gegen jegliches Rechtswesen ist bekannt und oftmals dokumentiert worden.[14] Es ist einzig nur der uneingeschränkte Führerwille, mit seinem totalen Herrschaftsanspruch zur Durchsetzung der nationalsozialistischen Weltanschauung, der als Hitlers oberstes Gesetz gilt.[15] Seine Geringschätzung, ja sogar Verachtung der Justiz und dem Recht gegenüber läßt sich schon aus seinen Äußerungen in *Mein Kampf* folgern.[16] Beinahe zwanzig Jahre später werden gleichartige Aussagen von ihm in den sogenannten Tischgesprächen im Führerhauptquartier 1941-1942 aufgezeichnet. Rechtslehren beispielsweise werden darin 'Krebsschaden für das deutsche Volk' genannt oder etwa 'jeder Jurist sei entweder von Natur aus defekt oder müsse es mit der Zeit werden.'[17]

Der von der Vorsehung auserwählte Führerwille jedoch, der kann, nach Hitler, die nationalsozialistische Weltanschauung durchsetzen und sie dem deutschen Volk, sowie der Welt, vermitteln.[18] Das Dritte Reich erhebt ja schließlich

12 Mit ausgiebigen Literaturhinweisen; siehe Rüthers, *Die unbegrenzte Auslegung*, S. 102.

13 *Ebenda*, S. 104.

14 Henry Picker, *Hitlers Tischgespräche im Führerhauptquartier 1941-1942* (Bonn 1951). Vgl. S. 211, 212, 213, 240, 241, 259, 260, die alle Äußerungen im geringschätzenden, wenn nicht sogar beleidigenden, Ton an die Juristen, die Justiz und das Recht enthalten. Vgl. auch Ian Kershaw, *Hitler. Profiles in Power* (London/New York 1991) S. 78-79.

15 Siehe auch Schlosser, *Grundzüge der Neueren Privatrechtsgeschichte*, S. 254.

16 Der 1. Band von Hitlers *Mein Kampf* erschien 1925 in München; der 2. Band 1927.

17 Picker, *Hitlers Tischgespräche*, S. 213.

18 Vgl. Walther, 'Hat der juristische Positivismus die deutschen Juristen im 'Dritten Reich' wehrlos gemacht?', S. 338-339.

den Anspruch tausend Jahre währen zu wollen. Es ist dieser megalomane Anspruch des Führerwillens, als höchste und unanfechtbare Verfassungstatsache, der mit der nationalsozialistischen Weltanschauung zusammen die deutsche Rechtsetzung während des Dritten Reiches - und somit auch in den Niederlanden - geprägt hat.

Es folgt eine Revision der Rechtsordnung, die verschiedene deutsche Rechtsgelehrte - mit unterschiedlichen rechtstheoretischen und rechtsphilosophischen Ausgangspunkten und Hintergründen - in den dreißiger Jahren anstreben, um das Recht den Ansprüchen des tausendjährigen Dritten Reiches gerecht werden zu können. Der Radbruch'sche Gesetzpositivismus ermöglicht und rechtfertigt dabei scheinbar die Durchsetzung einer neuen Gerechtigkeitsvorstellung mit legislativen Mitteln. Dieser Gesetzpositivismus jedoch kann damit nicht als die theoretische Grundlage nationalsozialistischer Rechtsauffassung bezeichnet werden.[19] Zwar besteht der Grundgedanke des juristischen Positivismus aus den zwei Bedingungen der Satzung und Geltung alles Rechtes im Sinne tatsächlicher und sozialer Gestaltungsmacht, so daß derjenige, der die Macht besitzt, Normen zu setzen und durchzusetzen, nach positivistischer Ansicht Recht schaffen kann. Hierdurch kommt es auf den Inhalt der Norm nicht an und besitzt das Recht nach dieser positivistischen Einsicht eine rein instrumentale Funktion: wer die Macht hat, hat sie auch über das Recht.[20] Dem Nationalsozialismus aber ist eine theoretisch durchdachte und praktisch konsequent angewendete Rechtsvorstellung schon nach seinen ideologischen Prämissen wider die Natur.[21] Das Recht kann somit für den Nationalsozialismus niemals Selbstzweck sein, sondern immer nur Instrument, ganz im Sinne von Hitlers Überzeugungen.

Aus demselben Grunde - dem der Art und des Charakters des Nationalsozialismus - ist eine Einteilung des NS-Staates in einen sogenannten *Doppelstaat*, den der Maßnahmen und den der Normen, wie Ernst Fraenkel in seiner Studie schon 1940 ausarbeitete, im Rückblick nicht mehr ganz ausreichend.[22] Fraenkels Verteilung und Abgrenzung der Zuständigkeiten in der Rechtsordnung des Maßnahmenstaates beispielsweise, als Gegenstück zum Normenstaat, ist nicht konsequent durchzuführen, da die NS-Machthaber je nach Fall und Belieben das Recht auslegen konnten. Diese Willkürlichkeit des Handelns beschränkte sich dabei nicht auf den Maßnahmenstaat. Fraenkel selber konstatiert im *Doppelstaat*,

19 Vgl. Rüthers, *Die unbegrenzte Auslegung*, S. 98-99.

20 *Ebenda*, S. 92-93.

21 *Ebenda*, S. 99.

22 Ernst Fraenkel, *Der Doppelstaat. Recht und Justiz im Dritten Reich* (Frankfurt/Main 1974; urspr. *The Dual State*, New York 1941); vgl. dazu Walther, 'Hat der juristische Positivismus die deutschen Juristen im "Dritten Reich" wehrlos gemacht?', S. 337, Anm. 21; sowie Ingeborg Maus, ''Gesetzesbindung' der Justiz und die Struktur der nationalsozialistischen Rechtsnormen', S. 86.

> "daß jede Angelegenheit aus dem Bereich des Normenstaates in den Bereich des Maßnahmenstaates überführt werden kann, sobald sie zur politischen Frage erklärt worden ist" (S. 94).

Aber wer definiert, was eine 'politische Frage' ist und auf welche Weise wird dies getan? Für die nationalsozialistischen Machthaber ist politisch relevant, was zur Verwirklichung der NS-Weltanschauung positiv oder negativ in Bezug steht.[23] Der Begriff des Politischen wird somit eine ideologisch bestimmte, variable Kategorie. Mit dieser Auffassung wird die sogenannte 'Freund-Feind-Formel' Carl Schmitts, die das Wesen des Politischen ausmacht und 1928 erstmals von ihm definiert wird, übernommen.[24] Für Schmitt gehören Probleme der Moralität und Immoralität ins Privatleben und können also keine Basis für politische Analyse bilden - ein Einblick in seine pessimistische Grundeinstellung zum Menschen.[25] In Fraenkels Denken hat der politische Begriff eine andere Konsequenz:

> "Im Hintergrund des Normenstaates lauert ständig ein Vorbehalt: Die Erwägung der politischen Zweckmäßigkeit. Dieser politische Vorbehalt gilt für das gesamte deutsche Recht"(S. 98).

Für Fraenkel ist die 'politische Zweckmäßigkeit' ein bedrohendes Element des ursprünglichen Rechtsstaates. Daher erklärt sich die Zweiteilung in Normen- und Maßnahmenstaat aber eigentlich als ein theoretischer Kunstgriff, der nicht länger haltbar ist. Werner Best, zu dem Zeitpunkt im Jahr 1937 Justitiar der Gestapo, äußert sich noch viel eindeutiger, wenn er für den nationalsozialistischen Staat eine von jeglichen rechtlichen Beschränkungen befreite Polizeigewalt für notwendig hält.[26] Das entscheidende Problem aber, wann der Maßnahmenstaat dann vor dem Normenstaat zurückzuweichen hat, wird auch von Best nicht gelöst - selbstverständlich nicht, denn dies würde eine Selbstbeschränkung der herrschenden Gewalt bedeuten.

Obgleich der nationalsozialistische Rechtsbegriff kaum in ein anwendbares System juristischer Verhaltensregeln umzudenken ist, da die Proklamation des grenzenlosen Führerprinzips in prinzipiellem Widerspruch mit normativer Festlegung steht, gibt es wohl einige Anhaltspunkte. Das Problematische bei jedem

23 Vgl. Rüthers, *Die unbegrenzte Auslegung*, S. 113; Rüthers, *Das entartete Recht*, S. 51.

24 Carl Schmitt, *Der Begriff des Politischen* (Berlin 1928); Bendersky, *Carl Schmitt*, S. 88; Th.W.A. de Wit, *De onontkoombaarheid van de Politiek. De soevereine vijand in de politieke filosofie van Carl Schmitt*, Dissertation (Utrecht 1992), im ersten Kapitel wird auch die *Politische Theologie* behandelt, S. 27ff.; Wolfgang Palaver, *Die mythischen Quellen des Politischen: Carl Schmitts Freund-Feind-Theorie*, Beiträge zur Friedensethik Bd. 27 (Stuttgart/Berlin/Köln 1998).

25 Bendersky, *Carl Schmitt*, S. 87.

26 Werner Best, *Neubegründung des Polizeirechts*, Jahrbuch der Akademie für deutsches Recht 1937, S. 133. Zitiert in Fraenkel, *Der Doppelstaat*, S. 93.

Versuch, die nationalsozialistische Rechtsordnung zu verstehen ist ja der Gegensatz zwischen einer jeden Rechtsordnung und der Lebenswirklichkeit, daß heißt zwischen Recht und Realität. Anders formuliert wird, nach Arnulf Rapsch,

> "die Funktionsfähigkeit eines jeden Staates nicht zuletzt dadurch bedingt, ob es der politischen Führung gelingt, ihre Leitvorstellungen in Form von Gesetzen zu verbindlichen Regeln für das gesellschaftliche Zusammenleben zu machen."[27]

Fraenkel trachtet dieses Problem zu lösen, indem er ein unklares System, das bewußt vage und verschwommen gehalten wird, auf einen Nenner bringt. Es ist ja aber gerade die Auslegungsfreiheit, dieses Umdeuten der traditionellen Werte und Rechtsbegriffe, das Fehlen einer jeglichen konsequenten theoretischen Grundlage, kombiniert mit der Interpretationskunst der nationalsozialistischen Rechtsanwender, die eine Untersuchung der nationalsozialistischen Rechtsetzung so komplex macht. Eine Einteilung in zwei Kategorien des NS-Staates à la Fraenkel dient somit eher der Darstellung der Problematik der nationalsozialistischen Rechtsetzung und -vorstellung, ohne aber das Prinzip bloßzulegen, nach welchem das Recht auf scheinbar vollkommen legale Weise Maßnahmen von illegalster Art durchsetzen, sowie quasi verantworten kann. Die Basis nämlich der nationalsozialistischen Rechtsvorstellungen ist eine totale Dysfunktion im Sinne der Machtideologie.[28]

In diesem Zusammenhang bildet der von Carl Schmitt so treffend formulierte Slogan "Wir denken die Rechtsbegriffe um" einen geeigneten Ansatz zum besseren Verständnis der nationalsozialistischen Rechtslehren. Die Umwertung der Rechtsbegriffe bedarf allerdings der Instrumente, die dem Zwecke dienen sollten, die erwünschte völkisch-rassische Rechtserneuerung auf Basis der überkommenen gesetzlichen Rechtsordnung, mit minimalen Neuregelungen des nationalsozialistischen Gesetzgebers, zu ermöglichen. Diese Rechtsanwendungs-, Rechtsergänzungs- und Rechtsumdeutungsmethoden, die Rechtserneuerung zu leisten hatten, bedienten sich dafür einiger gleichartiger Prinzipien oder Instrumente. Es soll in diesem Zusammenhang übrigens darauf hingewiesen werden, daß eine Untersuchung nach dem Gebrauch der Umdeutungsinstrumente für das Recht nicht nur aus historischem Interesse für eine spezifische Periode wichtig ist.[29] Der obenzitierte Slogan von Carl Schmitt ist ja in diesem Kontext nicht umsonst so angebracht. Das 'alte' Recht neuen Sachverhalten anzupassen ist schließlich eine Praxis die regelmäßig nach Veränderung politischer Systeme auftritt, wenn die überkommene Gesetzesordnung den neuen, etablierten Wertvorstellungen und Weltanschauungsgrundsätzen angepaßt werden soll. Im zwanzig-

27 Arnulf Rapsch, *Gesetzgebung unter nationalsozialistischer Gewaltherrschaft*, in: Peter Salje (Hg.), *Recht und Unrecht im Nationalsozialismus* (Münster 1985) S. 138.
28 Rüthers, *Die unbegrenzte Auslegung*, S. 111.
29 *Ebenda*, S. 23.

sten Jahrhundert alleine bietet die Rechtsprechung in Deutschland nach 1918 und 1945 Beispiele dieser Art. In den Niederlanden gilt dies zwar kaum für die hier untersuchte Situation im Mai 1940, da neues Recht von der besetzenden Macht geschaffen und dem niederländischen Volk aufgezwungen wurde, aber schon für die im Jahre 1945, nach der Befreiung der Niederlande durch die Alliierten Mächte. Die sogenannte 'Herstelwetgeving', die den Wiederaufbau der ehemaligen niederländischen Rechtsetzung nach demokratischem Prinzip beabsichtigte und in England von der Regierung schon während des Krieges vorbereitet wurde, hat nach Kriegsende keineswegs die ganze deutsche Rechtsetzung des Krieges in einem Male für ungültig erklärt. Statt dessen wurden drei Listen aufgestellt, aus welchen ersichtlich wurde, welche Gesetze unverändert intakt, welche provisorisch gültig bleiben und welche direkt bei Kriegsende verfallen sollten.[30] Gut ein Drittel, um genau zu sein 285 der im Kriege erstellten 812 Verordnungen, blieb nach diesen Richtlinien bis lange Zeit nach dem Kriege intakt. Es würde sich lohnen, dieses Thema der 'Herstelwetgeving', in einem eigenen Rahmen der Nachkriegszeit, näher zu untersuchen.

Das Instrumentarium der Rechtsanwendung als Gesetzgebungsersatz für die Nationalsozialisten in Deutschland um 1933 ist, zusammenfassend, auf folgende Prinzipien zurückzubringen.[31] Erstens muß die Rechtsidee neu definiert werden, und zwar vollkommen im Sinne der nationalsozialistischen Weltanschauung. Zweitens müssen hierzu entsprechende Rechtsquellen definiert und drittens die Auslegungslehren des Rechts auf die Bedürfnisse der neuen Machthaber zugeschnitten werden. Schließlich werden neue Rechts-, Begriffs- und Methodenlehren für wünschenswert gehalten, die Umbildung des Rechts mit einem Minimum von Neuregelungen ermöglichen.

Dem 30. Januar 1933, dem Tage der nationalsozialistischen Machtergreifung, folgt in Deutschland dementsprechend eine Flut von rechtswissenschaftlicher Literatur, dem rechtspolitischen Ziel der Durchsetzung der neuen Rechtsidee

30 Beschluß E 93 der *Herstelwetgeving* vom 17. September 1944, in: *Herstelwetgeving. Tekstuitgave van de wettelijke Regelingen, uitgevaardigd met het oog op de bevrijding van Nederland*, I, September 1943 bis Januar 1945. Hg. vom Militair Gezag.

31 Bernd Rüthers dokumentiert diese Feststellung, unter anderen, sehr detailliert und vollständig in seiner Habilitationsschrift *Die unbegrenzte Auslegung. Zum Wandel der Privatrechtsordnung im Nationalsozialismus* (Tübingen 1968). Auf mehrfacher Einladung des niedersächsischen Justizministeriums bearbeitet er schließlich zwanzig Jahre später dasselbe Thema nochmals in seiner Studie *Entartetes Recht. Rechtslehren und Kronjuristen im Dritten Reich* (München 1988). Das Prinzip der Rechtsanwendung als Gesetzgebungsersatz wird in den Seiten 22 bis 54 des *Entarteten Rechts* kurzgefaßt erläutert. Der vorliegende Absatz stützt sich größtenteils auf Rüthers Schlußfolgerungen. Vgl. ebenfalls Jürgen Habermas, *Faktizität und Geltung*, S. 115-116.

gewidmet.[32] Da jede politische Wertvorstellung zu ihrer Realisierung die Anerkennung des Machthabers braucht, weil dieser die rechtlichen Einrichtungen und Vorschriften als Instrumente zur Verwirklichung der von ihm verkündeten Staatszwecke betrachtet, ist der Einfluß der (Rechts-)Literatur bei so einem Prozeß nicht zu unterschätzen.[33] Dabei ist die Neuformulierung der Rechtsidee ein sehr nützliches Instrument, die nationalsozialistische Weltanschauung durchzusetzen. Um nur ein Beispiel aus der ausgiebigen (Rechts-)Literatur zu nennen, formuliert Karl Larenz die Rechtsidee, wobei schon der Titel seines Buches *Deutsche Rechtserneuerung und Rechtsphilosophie* für sich spricht, folgendermaßen:

> "Die Idee ist in ihrer Konkretheit als wirkliche geistige Macht völkisch und blutsmäßig bedingt [...] Der Nationalsozialismus hat in Deutschland eine neue, die spezifisch deutsche Rechtsidee zur Geltung gebracht. Nicht im mindesten darin liegt seine weltgeschichtliche Bedeutung."[34]

Mit Aussagen solcher Art, wobei Karl Larenz gewiß keine Ausnahme bildet, sondern mit Carl Schmitt zusammen eher noch als einer der wortgewandteren der Rechtswissenschaftler gelten kann, wird die verschwommene Sprache der nationalsozialistischen Ideologie, lies der nationalsozialistischen Weltanschauung, illustriert. Weder das 'neue', noch das spezifisch 'deutsche' der Rechtsidee wird näher definiert, ebensowenig die 'weltgeschichtliche' Bedeutung derselben. Das übergesetzliche Recht der Rechtsidee, bestimmt von der Weltanschauung, beeinflußt und bildet somit das gesetzliche, alltägliche Recht. Auch das Gesetz besitzt in dieser Argumentation eine klare Funktion, denn "das Gesetz aber ist selbst nur ein Ausdrucksmittel für die Darstellung der völkischen Rechtsidee und muß so verstanden und angewandt werden."[35]

Wenn das Gesetz ein Ausdrucksmittel der nationalsozialistischen oder völkischen Rechtsidee ist, dann ist das Recht zum politischen Instrument entartet. Aus der Sicht der neuen Machthaber bietet sich auf diese Weise eine sehr willkommene Möglichkeit, ihre Anschauungen auch in der Rechtspraxis durchsetzen zu können. Die Freiheit der Interpretation des Gesetzes wird auf das Verständnis desselben projektiert:

32 Rüthers, *Die unbegrenzte Auslegung*, S. 117ff., mit umfangreichen Quellennachweisen; vgl. dazu auch Walther, 'Hat der juristische Positivismus die deutschen Juristen im "Dritten Reich" wehrlos gemacht?', S. 333-334.

33 Karl Larenz formuliert diesen Anspruch der 'politischen Führung' ganz eindeutig: "Die Aufgabe der Konkretion des völkischen Rechtsgeistes ist als eine Aufgabe der Gestaltung des Gemeinschaftslebens in erster Linie Sache der politischen Führung"; in: Karl Larenz, *Rechts- und Staatsphilosophie der Gegenwart*, 2. Aufl. (Berlin 1935) S. 155.

34 Karl Larenz, *Deutsche Rechtserneuerung und Rechtsphilosophie* (Tübingen 1934) S. 38.

35 Karl Larenz, *Rechts- und Staatsphilosophie der Gegenwart*, S. 155.

> "Der Richter ist frei nicht vom Gesetz, aber zum Verständnis des Gesetzes als eine Erscheinungsform des Volksgeistes; diese dem Richter zukommende Freiheit bedeutet seine Verantwortung vor der Volksgemeinschaft."[36]

Die Idee der rassisch-völkischen Weltanschauung aber, in dem Zitat 'eine Erscheinungsform des Volksgeistes', wie diffus auch immer definiert, bestimmt alle Rechtsideale und kreiert somit die Möglichkeit, durch Interpretationsfreiheit des Richters, politisch unerwünschte alte Gesetze für unanwendbar zu erklären, weil sie nicht im Sinne der neuen Rechtsidee sind, ihr also widersprechen.

Zu dieser neuen Rechtsidee, die knapp zusammengefaßt aus völkisch-rassischen Motiven, das heißt der nationalsozialistischen Weltanschauung besteht, gehören auch neue Rechtsquellen. Die neuen Rechtsquellen dienen demselben Zweck wie die Rechtsidee: Gesetze negieren zu können, die der neuen Rechtsidee widersprechen. Die radikale Absage an den bürgerlich-liberalen Rechtsstaat bedeutet eine Ablehnung des juristischen Positivismus, sowie Normativismus, also an das ganze juristische Denken in Regeln und Gesetzen. Beispielhaft und richtungsweisend für die revolutionäre Umgestaltung der gesamten Rechtsordnung, mit höherer Legitimation als die der herkömmlichen positiven Satzung, ist Carl Schmitts Programmschrift *Über die drei Arten des rechtswissenschaftlichen Denkens*, 1934 erschienen in Hamburg.[37] Durch die neu definierte Rechtsidee gilt ja nicht mehr das Gesetz als oberste Rechtsquelle, sondern kann das Recht sich jetzt auf ein ungeschriebenes, übergesetzliches Recht von neuem Typ berufen. Die wichtigsten Prinzipien der neuen Rechtsquellen bestehen dabei aus dem rassisch bestimmten Volkstum, sowie aus dem durch die Vorsehung bestimmten Führertum, das heißt: aus dem Führerprinzip.[38] Diesem Gedankengang schließen sich das Parteiprogramm der NSDAP, die nationalsozialistische Weltanschauung und das 'gesunde Volksempfinden' als neue Rechtsquellen an.[39] Der sogenannte Führerwille genoß unter diesen Rechtsquellen den absoluten Vorrang, gerade hinsichtlich der Rechtsetzungsabsichten.[40] Mittels dieser juristischen Theorie der neuen Rechtsquellenlehre wird ein Instrument zur Legalisierung totalitärer Willkür geschaffen.[41]

36 *Ebenda*, S. 156.

37 Diese Abhandlung berief sich auf Vorträge, die Schmitt am 21. Februar 1934 vor der Kaiser-Wilhelm-Gesellschaft zur Förderung der Wissenschaften und am 10. März 1934 auf der Tagung des Reichsgruppenrates im Bund Nationalsozialistischer Juristen in Berlin gehalten hatte. Vgl. Rüthers, *Die unbegrenzte Auslegung*, S. 121-125.

38 Vgl. Rüthers, *Die unbegrenzte Auslegung*, S. 127.

39 Rüthers, *Entartetes Recht*, S. 28.

40 Ebenda, S. 28; Rüthers, *Die unbegrenzte Auslegung*, S. 127-131.

41 Vgl. *Ebenda*, S. 129. Ein prägnantes Beispiel liefert die erste von Hitler befohlene große Mordaktion, die sogenannte "Nacht der Langen Messer". Dabei werden ungefähr 85 Menschen innerhalb von drei Tagen aus ihren Betten geholt und ohne weiteren Prozeß umgebracht. Dazu gehören Teile der SA-Führung, Stabschef Röhm und sein Anhang,

Im Artikel mit dem bezeichnenden Titel *Der Führer schützt das Recht*, nach den Ereignissen am 30. Juni 1934 als Verteidigung und Rechtfertigung von Carl Schmitt für die von Hitler beauftragte Mordaktion verfaßt und am 1. August 1934 erschienen - unter den Opfern befanden sich persönliche Freunde Schmitts (von Schleicher) und Bekannte (Jung, Klausener) - beruft er sich auf das Führertum als Rechtsquelle:

> "Der Führer schützt das Recht vor dem schlimmsten Mißbrauch, wenn er im Augenblick der Gefahr kraft seines Führertums als oberster Gerichtsherr unmittelbar Recht schafft. (...) Der wahre Führer ist immer auch Richter. Aus dem Führertum fließt das Richtertum. (...) Sie [= die Tat des Führers] untersteht nicht der Justiz, sondern war selbst höchste Justiz."[42]

Die Möglichkeit, die so ein uneingeschränkter Führerwille als gerechtfertigte Rechtsquelle bietet, ist die offizielle Legalisierung einer Diktatur, die nun auch öffentlich praktiziert wird.[43] Die Justiz, die Reichswehr und die akademische Rechtswissenschaft nahmen die Mordaktion und ihre Folgen nämlich schweigend hin.[44]

Carl Schmitt hat durch diese Rechtfertigung übrigens nebenbei mit dem Führertum seinen Dezisionismus der neuen politischen Situation angepaßt, indem er jetzt nachdrücklich den Führer als oberste, entscheidende Macht propagiert und noch über die Entscheidung selber hebt. Der Führerbefehl als Rechtsquelle erhält somit eine rechtschaffende Funktion. Statt der Justiz als Hüter der Verfassung, wie er in einer seiner Schriften im Jahre 1931 noch darlegte, ist es jetzt der Führer, der das Recht schützt und schaffen kann, also über dem Recht selber steht, statt ihm zu dienen.[45] Sogar der Staat wird hierdurch letztendlich zum Mittel der Verwirklichung der nationalsozialistischen Weltanschauung gemacht.[46]

aber auch potentielle Vertreter einer von Hitler gefürchteten konservativen Opposition (Kurt von Schleicher, General von Bredow, Edgar Jung, Erich Klausener) sowie persönliche Begleichungen (Gustav Kahr, Gregor Strasser). Allein die Opfer der Nacht der Langen Messer widersprechen schon der von der nationalsozialistischen Propaganda verbreiteten Version der 'Niederschlagung eines 'Röhm-Putsches"; siehe auch: Gordon A. Craig, *Germany 1866-1945* (Oxford University Press 1986) S. 588-589; Rüthers, *Carl Schmitt im Dritten Reich*, S. 53-58; Golo Mann, *Gedanken und Erinnerungen*, S. 118ff.

42 Carl Schmitt, *Der Führer schützt das Recht*, Deutsche Juristenzeitung 1934, S. 945 (946). Zitiert in Rüthers, *Die unbegrenzte Auslegung*, S. 129. Zur Diskussion über Schmitts Rechtfertigung der Aktion Hitlers: Bendersky, *Carl Schmitt*, S. 216 und Noack, *Carl Schmitt*, S. 195-196.

43 Siehe zum Führerprinzip auch Dietmut Majer, *Grundlagen des nationalsozialistischen Rechtssystems. Führerprinzip, Sonderrecht, Einheitspartei* (Stuttgart/Berlin/Köln/Mainz 1987) S. 77-117 (insbes. S. 85-87).

44 Rüthers, *Carl Schmitt im Dritten Reich*, S. 56.

45 Carl Schmitt, *Der Hüter der Verfassung* (Tübingen 1931).

46 Rüthers, *Carl Schmitt im Dritten Reich*, S. 73.

In der Praxis der Besetzungspolitik, für die besetzten niederländischen Gebiete, wird dieses Führerprinzip als Rechtsquelle in der Rechtsetzung auf jeden Fall ganz eindeutig praktiziert: schon im ersten Paragraphen des ersten Führererlasses, am 18. Mai 1940 von Hitler persönlich unterzeichnet, steht über die Regierungsgewalt des Reichskommissars: "Er untersteht mir unmittelbar und erhält von mir Richtlinien und Weisungen."[47] Reichskommissar Seyß-Inquarts Machtposition und -bereich in den Niederlanden ist auf diese Weise, zumindest formal, unmißverständlich definiert.

Die neuen Auslegungslehren, sowie Rechts-, Begriffs- und Methodenlehren im Nationalsozialismus folgten grundsätzlich dem Prinzip, die 'Einlegung' der nationalsozialistischen Weltanschauung an Stelle der Auslegung der geltenden Gesetze treten zu lassen.[48] Auf welche Weise diese Auslegungsmethode der Einlegung der Ziele des Nationalsozialismus am besten gewährleistet werden konnte, fachte den schon lange existierenden Methodenstreit in der Rechtswissenschaft neu an.[49] Da dieser Methodenstreit in Deutschland eine weitgehend akademische Angelegenheit in seiner Wirkung blieb, soll im Zusammenhang dieser Studie nur die wesentliche, alles prägende und gemeinsame Grundvoraussetzung der Forderung genannt werden, wiederum treffend von Carl Schmitt formuliert: Jede Auslegung muß eine Auslegung im nationalsozialistischen Sinne sein.[50] Schmitts Rolle bei der Wendung zum Führerstaat, in der Phase der Machtergreifung und -stabilisierung der Nationalsozialisten bis etwa 1936, ist auf dem Gebiet der Rechts- und Ideengeschichte für die weitere Rechtsentwicklung von einschneidender Bedeutung gewesen.[51] Abgesehen von der intensiven Wirkung seiner Schriften rechtfertigt übrigens auch deren intellektueller Rang eine ausgiebige Auseinandersetzung.

2.2 Das 'konkrete Ordnungsdenken'

Das konkrete Ordnungs- und Gestaltungsdenken wird von Carl Schmitt erstmals 1934 in einer Darlegung *Über die drei Arten des rechtswissenschaftlichen Denkens* formuliert, die für die nationalsozialistische Bewegung als Programmschrift gelten kann. Der Text muß verstanden werden als Versuch, eine theoretische Rechtfertigung und Grundlage, lies Legitimierung, für die neuen Machthaber zu gestalten. Schmitt geht es in erster Linie darum, mit dem konkreten Ordnungsdenken eine neue juristische Denkweise durchzusetzen, die nicht als bloßes Korrektiv

47 *Verordnungsblatt*, 1940, S. 2.

48 Rüthers, *Entartetes Recht*, S. 32.

49 *Ebenda*, S. 33ff.

50 *Ebenda*, S. 41.

51 Rüthers, *Die unbegrenzte Auslegung*, S. 100 sowie Anm. 3 für Literaturhinweise zu diesem Problemkreis, über den vielfach publiziert worden ist. Dazu sollte Rüthers eigene Studie *Carl Schmitt im Dritten Reich* genannt werden.

des bisherigen Positivismus gedacht ist, sondern als spezifisches Mittel eines neuen rechtswissenschaftlichen Denktypus (S. 59). Er unterscheidet bei diesen drei juristischen Denkarten zwischen Normativismus, Dezisionismus und dem konkreten Ordnungsdenken. Bei der ersten Art seiner Unterscheidung des rechtswissenschaftlichen Denkens liegt dem Rechtsbegriff eine Regel zugrunde, bei der zweiten eine Entscheidung und bei der dritten wird das Recht als konkrete Ordnung und Gestaltung aufgefaßt (S. 7). In einer kurzen Darstellung der rechtsgeschichtlichen Gesamtentwicklung ordnet Schmitt den Dezisionismus von Hobbes dem 17. Jahrhundert, den Normativismus des Vernunftrechts dem 18. Jahrhundert und seine Verbindung zum juristischen Positivismus dem 19. Jahrhundert zu (S. 40). Den Vorzug der Ordnung über Norm und Entscheidung belegt er mit geistesgeschichtlichen Nachweisen bei respektierlichen Denkern wie Hölderlin, Luther, Fichte, Savigny, Schelling und natürlich Hegel (S. 17, 42, 44ff.). Das konkrete Ordnungsdenken versteht er als Weiterführung des von Maurice Hauriou (1856-1929) in Frankreich entwickelten institutionellen Rechtsdenkens (S. 21, 54ff.).

Der schon eher erwähnte Gegensatz zwischen Recht und Realität wird von Schmitt für das konkrete Ordnungsdenken gelöst, indem vorausgesetzt wird, daß die Realität ihre Ordnung in sich trägt. Somit geht die Ordnung der Rechtsnorm voraus:

> "Die Norm oder Regel schafft nicht die Ordnung; sie hat vielmehr nur auf dem Boden und im Rahmen einer gegebenen Ordnung eine gewisse regulierende Funktion mit einem relativ kleinen Maß in sich selbständigen, von der Lage der Sache unabhängigen Geltens" (S. 13).

Die Ordnung steht dadurch eigentlich vor und über dem Recht. Die Formulierung der 'konkreten Ordnung' als Wortbild mag dabei in erster Instanz vielleicht - nach Larenz - ein 'glücklicher Ausdruck' sein, ist aber, wie auch der Slogan "Wir denken die Rechtsbegriffe um", aus analytischer Sicht betrachtet nur ein quasi scharfes Begriffspaar und außerdem kennzeichnend für Schmitts Ausdrucksweise.[52] Beide Formulierungen, mit ihrer wissenschaftlich gutklingenden Terminologie, gehören zu dem rechtspolitischen Programm der völkischen Rechtserneuerung, die von der nationalsozialistischen Führung gefordert wird.[53] Die Unbestimmtheit des Begriffspaars 'konkrete Ordnung' entstammt der Mehrdeutigkeit seiner Bestandteile.[54] Das 'Konkrete', im Gegensatz zum 'Abstrakten', sowie der Begriff der 'Ordnung' sind mannigfaltig - nicht nur im juristischen Sinne - anwendbare

52 Larenz, *Rechts- und Staatsphilosophie der Gegenwart*, S. 157.
53 Rüthers, *Carl Schmitt im Dritten Reich*, S. 51.
54 Vgl. Rüthers, *Die unbegrenzte Auslegung*, S. 297ff.; Rüthers, *Entartetes Recht*, S. 70 ff; Larenz, *Rechts- und Staatsphilosophie der Gegenwart*, S. 157.

Begriffe.[55] Daher ist es aber recht schwierig das konkrete Ordnungsdenken inhaltlich genau zu bestimmen, weil Schmitt in seiner Darlegung den Begriff eher skizziert als konkretisiert und auch kein materielles Ordnungskonzept mit präzis bestimmbaren Inhalten erkennen läßt.[56]

Zu den konkreten Lebensordnungen und Institutionen der *Drei Arten des rechtswissenschaftlichen Denkens* zählt Schmitt die Ehe, die Familie, den Stand und den Staat, sowie natürlich das Heer (S. 63). Genau zu umschreiben oder festzulegen sind aber auch konkrete Ordnungen nicht: "Die konkrete innere Ordnung, Disziplin und Ehre jeder Institution widersteht, solange die Institution andauert, jedem Versuch restloser Normierung und Regelung" (S. 20). Schmitt ist sich des so gewonnenen Interpretationsspielraums bewußt. Treue, Gefolgschaft, Disziplin und Ehre haben bei Schmitt daher nicht mehr die Funktion 'losgelöster Regeln und Normierungen', sondern werden als 'Wesenselemente' der neuen Gemeinschaft und ihrer 'konkreten Lebensordnung und -gestaltung' aufgefaßt (S. 64). Die Anwendbarkeit dieser Methode der eigentlich recht vage gehaltenen Begriffe, mit dem Ziel der völkischen Rechtserneuerung, soll mit einem kleinen Beispiel der 'Treue' illustriert werden:

> "Auch können wir heute, da die staatstragende Bewegung dem Führer unverbrüchliche Treue schwört, dem rechtlichen Wesen eines Treueids wieder unmittelbar gerecht werden. Ein normativistisches Gesetzesdenken dagegen vermag die Fahnenflucht eines Deserteurs oder den Treubruch eines Verräters nur als "strafbedrohte Handlung", nur als tatbestandsmäßige Voraussetzung eines staatlichen Strafanspruchs, nicht aber in dem wesentlichen Unrecht und in dem eigentlichen Verbrechen der Eidesverletzung und Treulosigkeit zu erfassen" (S. 52).

Wie sehr diese Gedankenführung später im Kriege genutzt wurde, zeigt der Führerbefehl, der durch einen persönlichen Treueid die Soldaten direkt an sich binden konnte. Durch diese Verpflichtung, dem Führer persönlich Treue und Gehorsam zu schwören, wird der bisherige Eid auf Verfassung und Gesetz, also auf Institutionen des Staatsrechts, durch eine Personalisierung abgelöst.[57] Das Prinzip dieser Argumentation besteht daraus, daß Schmitt, wenn er normative Folgerungen aus einer spezifischen konkreten Ordnung ableiten möchte, sich des Wesensargumentes des jeweiligen Lebensgebietes bedient.[58] Das 'Wesen' einer Ordnung selbst aber soll, nach Schmitt, wiederum gleichfalls nicht präzise definierbar sein, sondern hat das Ziel, derselben zu dienen:

55 Allein im ersten Paragraphen der Schmitt'schen Darlegung über das konkrete Ordnungsdenken kommt das Wort 'konkret', auf 17 Seiten, 67 mal vor.

56 Rüthers, *Entartetes Recht*, S. 63.

57 Vgl. Dieter Rebentisch, *Führerstaat und Verwaltung im Zweiten Weltkrieg. Verfassungsentwicklung und Verwaltungspolitik 1939 - 1945* (Wiesbaden/Stuttgart 1989) S. 43.

58 Rüthers, *Entartetes Recht*, S. 71.

> "Die mancherlei Gewohnheiten, Regelmäßigkeiten und Berechenbarkeiten innerhalb solcher Ordnungen können und sollen das Wesen dieser Ordnung nicht erfassen und erschöpfen, sondern ihr nur dienen" (S. 20).

Auf diese Weise können Richter und Gesetzgeber sich zum Beispiel der bestehenden Ordnung des konkreten Gebildes 'Familie' unterwerfen, wenn sie vom 'guten Familienvater' sprechen (S. 21). Weitere konkrete typische Figuren, die nur aus dem Zusammenhang der jeweiligen konkreten Ordnung erkennbar sind, sind nach Schmitt folglich auch der tapfere Soldat, der pflichtbewußte Beamte, der anständige Kamerad usw.:

> "Jede Ordnung, auch die 'Rechtsordnung' ist an konkrete Normalbegriffe gebunden, die nicht aus allgemeinen Normen abgeleitet sind, sondern solche Normen aus ihrer eigenen Ordnung heraus und für ihre eigene Ordnung hervorbringen" (S. 23).

Alle einzelnen konkreten Ordnungen (Ehe, Familie, Sippe, Armee usw.) zusammen aber erhalten ihren Sinn und normativen Gehalt, ihre rechtliche Verbindlichkeit und materielle Struktur nur aus einem übergreifenden Sinnzusammenhang. In Schmitts Denkfigur ist kein Platz für eigenständige konkrete Einzelordnungen eingeräumt.[59] Die bisherige positivistische Auseinanderreißung von Recht und Wirtschaft, Recht und Gesellschaft, Recht und Politik kann dadurch aufgehoben und überwunden werden.[60] Die nächste Frage lautet dann selbstverständlich: welcher ist dieser alles übergreifende Zusammenhang, nach welchem sich die konkreten Ordnungen der Lebenswirklichkeit richten und dem sie zu dienen bestimmt sind? Welchem Zwecke nutzen sie? Und nun kann sich der Schmitt'sche Argumentationszirkel schließen: Nach der ideologisch von völkisch-rassischen Elementen bestimmten, nationalsozialistischen Weltanschauung. In Schmitts Denken ist das Wesen, der Geist des Nationalsozialismus die Leitidee jeder einzelnen konkreten Ordnung. Schmitt beabsichtigt ja, wie schon erwähnt, mit seiner Rechtsfigur eine Rechtserneuerung, eine Umgestaltung des herkömmlichen Rechts im völkischen Sinne zu schaffen, weswegen er sie 'konkretes Ordnungs- und Gestaltungsdenken' nennt. Das konkrete Ordnungs- und Gestaltungsdenken ist als Instrument zur Umgestaltung des (gesetzten) Rechts und des Staates gedacht, nach nationalsozialistischer Weltanschauung. Wenn der 'Geist des Nationalsozialismus' die Leitidee des Rechts und aller konkreten Ordnungen ist, dann wird jede von dieser Ideologie abweichende Gegenposition juristisch undenkbar.[61] Alle anderen Traditionen und Ideologien besitzen auf diese Weise keine Basis mehr im Recht.

59 Rüthers, *Entartetes Recht*, S. 74.
60 Schmitt, *Über die drei Arten des rechtswissenschaftlichen Denkens*, S. 65.
61 Rüthers, *Entartetes Recht*, S. 75.

Zusammenfassend sind die Funktionen des konkreten Ordnungs- und Gestaltungsdenkens folgendermaßen zu formulieren.[62] Es ist gedacht als Instrument zur Umgestaltung des gesetzten Rechts. Dies kann nun geschehen ohne direktes Zutun des Gesetzgebers, da politisch erwünschte Rechtsfolgen, die eventuell keine Grundlage im herkömmlichen Gesetz besitzen, aus ideologischen oder faktischen Vorgegebenheiten ableitbar werden. Die von der nationalsozialistischen Weltanschauung geprägte Wirklichkeit, die keine andere Ideologie neben sich duldet, bekommt dadurch eine rechtsetzende Funktion. Das konkrete Ordnungs- und Gestaltungsdenken liefert der völkischen Rechtserneuerung weiterhin die maßgebliche rechtstheoretische Basis, indem konkrete Ordnungen als eigentliche und wesentliche Rechtsquellen proklamiert werden, die außerdem über und vor dem Recht stehen. Die politische Führung, das heißt Hitler und sein Führerwille, entscheidet dabei, was als Recht zu gelten hat und besitzt somit die absolute Interpretationsmacht über das Recht. Auf diese Weise entstehen neue Rechtsquellen je nach Bedarf und den Wünschen der Staatsführung, die schließlich das Wesen einer jeden konkreten Ordnung zu bestimmen - selbstverständlich im übergreifenden Zusammenhang der völkischen Gesamtordnung - imstande ist. Die normative Kraft des Ideologischen kann auf diese Art in das geltende Recht quasi legitim eingeführt werden. Zu demselben Zweck wurden auch neue Rechtsbegriffe geschaffen, wodurch dieses sogenannte situative Denken mit einer eigenen Terminologie geprägt werden konnte.

2.3 Der 'konkret-allgemeine Begriff'

Die neue Begriffsbildung dient ebenfalls dem Zweck, wie auch das konkrete Ordnungs- und Gestaltungsdenken, die normative Kraft des Ideologischen ins geltende Recht einführen zu können. Der Ansatz dabei ist die Überzeugung der völkisch-rassischen Rechtserneuerer, eine fremde Vorstellungswelt überwunden zu haben, nämlich die der normativistisch denkenden Jurisprudenz. Daher mußten alle bisherigen Grundbegriffe auf ihren Begriffsinhalt geprüft und eventuell ersetzt werden. Neues Denken - in diesem Zusammenhang das situativ zu nennende völkische - fordert gleichsam neue Begriffe. Statt abstrakte, 'inhaltsleere Gattungsbegriffe' sind jetzt 'konkrete, inhaltlich erfüllte' Begriffe verlangt.[63] Karl Larenz, der wichtigste Vertreter des 'konkret-allgemeinen Begriffes' ist darum bemüht, das 'Konkrete' im Rechtsdenken genauer zu erfassen. Dazu trachtet er die Begriffslehre Hegels, insbesondere dessen Staatsphilosophie, für den Nationalsozialismus fruchtbar zu machen - oder, anders formuliert, umzudenken.[64] Die

62 Vgl. *ebenda*, S. 75 - 76.

63 Larenz, *Rechts- und Staatsphilosophie der Gegenwart*, S. 166.

64 Zu Karl Larenz siehe auch Ralf Frasseks Studie: *Von der 'völkischen Lebensordnung' zum Recht. Die Umsetzung weltanschaulicher Programmatik in den schuldrechtlichen*

völkische Rechtserneuerung soll somit nach Larenz aus dem Geist und den Formen der dialektischen Philosophie Hegels neu gestaltet werden.[65] Larenz versucht also mit seinem konkret-allgemeinen Begriff Hegels Staatsphilosophie für den Nationalsozialismus fruchtbar zu machen, indem er die rassische Volksgemeinschaft in dessen Staatsbegriff einschließt.[66]

Der genaue Inhalt des 'konkret-allgemeinen Begriffs' aber ist, wie auch der des 'konkreten Ordnungs- und Gestaltungsdenkens', recht vage formuliert. Dadurch sind auch hier die Merkmale schwer präzise zu definieren, da der konkret-allgemeine Begriff außerdem noch voller Widersprüche und inhaltlicher Ungenauigkeiten steckt. Einerseits wird der Inhalt eines Begriffes beispielsweise, nach Larenz, erhalten durch die bestimmende Lebensordnung:

> "Begriffe wie Freiheit, Gerechtigkeit, Billigkeit, Gemeinwohl, Treue und Ehre erhalten ihren Inhalt immer erst aus der bestimmenden sittlichen Lebensordnung einer Gemeinschaft. Ohne diesen konkreten Hintergrund bleiben sie formal und inhaltsleer."[67]

In diesem Sinne kann man einen Begriff als eine leere Hülse auffassen, der seine Bedeutung und seinen Inhalt erst durch den gegebenen Hintergrund erhält. Anderseits jedoch soll der konkret-allgemeine Begriff nicht nur von der Lebensordnung, lies der Wirklichkeit, geprägt werden und somit seinen Inhalt erhalten. Der konkret-allgemeine Begriff selber bekommt nämlich von Larenz auch den Anspruch zugemessen das soziale und politische Leben, also die Realität, gestalten zu müssen: "Sofern aber der konkret-allgemeine Begriff die Wirklichkeit gestaltet, müssen seine Momente in den Wirklichkeitstypen als Sinnkomponenten wiederkehren."[68] Solche Widersprüche erschweren das Erfassen des spezifischen konkret-allgemeinen Begriffs, haben aber gleichzeitig zu tun mit diesem Anspruch des Begriffes, gerade auch die Wirklichkeit gestalten zu wollen. Dazu eignen sich sogenannte 'offene' und 'dynamische' Begriffe, da diese imstande sind, sich stets

Schriften von Karl Larenz (1903–1993), Fundamenta Juridica, Bd. 29 (1996). In dieser Arbeit beschreibt Frassek erst Larenz' Leben und Werk, und zwar insbesondere seine Tätigkeit im Kontext der 'Kieler Schule' während der Zeit des Dritten Reiches. Der Hauptteil der Arbeit behandelt die Programmatik und Umsetzung der 'Rechtserneuerung' in Larenz' Schuldrecht. Hierbei werden Kontinuitäten zwischen den von Larenz in den 30er und 40er Jahren entwickelten Positionen und seiner nach 1945 im bekannten *Lehrbuch des Schuldrechts* dargelegten Dogmatik aufgezeigt. Abschließend führt die Studie ein umfangreiches, über 200 Titel umfassendes, Verzeichnis von Larenz' Schriften auf.

65 Zur Diskussion über diesen Anspruch und die Reaktionen der Fachgenossen siehe Rüthers, *Entartetes Recht*, S. 82ff.

66 *Ebenda*, S. 79.

67 Larenz, *Rechts- und Staatsphilosophie der Gegenwart*, S. 153.

68 Vgl. Rüthers, *Entartetes Recht*, S. 85; Larenz, *Methodenlehre der Rechtswissenschaft* (Berlin/Göttingen/Heidelberg 1960; 1. Aufl.) S. 362. Vgl. dazu die 3. Aufl. (1975) S. 439ff.

wandelbaren Situationen je nach Bedarf anzupassen. Neben diesem Widerspruch in der Definition, der Larenz nicht unbewußt gewesen sein kann, fällt auch die nebelige Sprache Larenz' in weiteren Definitionsversionen des konkret-allgemeinen Begriffes auf.[69]

Es führt im Kontext dieser Studie, die sich schließlich um Darstellung der nationalsozialistischen Rechtsetzung in den Niederlanden während des Zweiten Weltkrieges bemüht, zu weit, tiefer auf die genaue Problematik des theoretischen Konzepts des konkret-allgemeinen Begriffs einzugehen.[70] Daher sollen nur die Funktionen des konkret-allgemeinen Begriffs für die Rechtslehren des Nationalsozialismus dargestellt werden, die obendrein denen des konkreten Ordnungs- und Gestaltungsdenkens dem Prinzip und den Zielsetzungen nach sehr ähnlich sind, das heißt in ihrer methodischen Funktion, im materiellen Inhalt der Änderungen nach nationalsozialistischer Weltanschauung, sowie in der Unbestimmtheit und Vieldeutigkeit der jeweiligen Ordnungen oder Begriffe.

Der konkret-allgemeine Begriff wird als Instrument geschaffen, die nach völkisch-rassischen Maßstäben von der politischen Führung erwünschte Rechtsänderung durch eine Begriffsänderung zu bewirken. Der Staat wird dabei beispielsweise als rassisch-biologische Einheit des (arischen) Volkes begriffen. Dafür sollen alle Rechtsgrundbegriffe einen neuen Inhalt erhalten, der von der nationalsozialistischen Weltanschauung geprägt wird und in den jeweiligen Zusammenhang der neuen Lebensordnung paßt. Durch die Ableitung von Rechtsnormen aus konkret-allgemeinen Begriffen, die von der nationalsozialistischen Ideologie geprägt sind, kann somit durch Interpretation Recht gesetzt werden. Diesem Zweck ist dienlich, den konkret-allgemeinen Begriff so offen und dynamisch wie möglich zu gestalten. Dementsprechend ist er imstande, geänderte Machtverhältnisse, Normen und Wertvorstellungen in sich aufzunehmen und in geltendes Recht umzuformen. Wenn zum Beispiel die Definition der Rechtsfähigkeit oder der Rechtsperson auf Rassegleichheit zurückgeführt wird, dann ist es ein Leichtes, allen Personen 'undeutschen Blutes' eine weitere Stellung und weiteren Schutz im Recht zu entsagen.

Abschließend soll noch darauf hingewiesen werden, daß sowohl der konkret-allgemeine Begriff, als auch das konkrete Ordnungs- und Gestaltungsdenken

69 Beispielsweise: "*Die Einheit des konkret-allgemeinen Begriffs ist so nicht die formale Diesselbigkeit, sondern die konkrete Einheit des den Unterschied in sich bewahrenden, gegliederten Ganzen. (...) Der konkret-allgemeine Begriff ist nicht, wie der abstrakte, inhaltlich ärmer als der von ihm umfaßte 'besondere' Begriff (Individualbegriff oder weniger allgemeine Begriff), sondern ebenso reich oder reicher. (...) Der konkret-allgemeine Begriff ist die Totalität seiner Momente.*" So von Larenz formuliert in *Zur Logik des konkreten Begriffes - Eine Voruntersuchung der Rechtsphilosophie* DRW V (1940), S. 279 (285) und 290. Zitiert in Rüthers, *Entartetes Recht*, S. 84.

70 Siehe dazu beispielsweise Rüthers, *Die unbegrenzte Auslegung*, S. 302-322; Rüthers, *Entartetes Recht*, S. 76-99.

grundsätzlich in einem anderen Zusammenhang als theoretisches Konzept ebenfalls denkbar ist. Da es sich eigentlich, von einem rechtsethischen Standpunkt her, um inhaltsleere, auswechselbare Begriffshülsen handelt, sind sie für jede andere Doktrin - etwa zum Beispiel die kommunistische - gleichfalls verwendbar.[71] Daß die Begriffe des konkreten Ordnungsdenkens, sowie des konkret-allgemeinen Begriffs vom ideologischen Gehalt des Nationalsozialismus zu abstrahieren sind, erweist auch ihr Weiterexistieren in der rechtstheoretischen Diskussion nach 1945.

2.4 Die 'nationalsozialistische Großraumordnung'

Die nächste, dritte und letzte Rechtslehre die im Zusammenhang dieser Untersuchung kurz dargestellt werden soll, ist die der nationalsozialistischen Großraumordnung. Die Bemühungen der nationalsozialistischen Rechtserneuerung des (Privat-)Rechts entspricht bereits nun, am Ende der dreißiger Jahre, nicht mehr allen Anforderungen. Nach Österreichs 'Anschluß' im März 1938 an das Dritte Reich, dem Einmarsch in die "Rest-Tschechei", der Installation des "Protektorates Böhmen und Mähren", sowie der Gründung des pseudo-souveränen slowakischen Staates im Frühjahr 1939, wird es inzwischen notwendig, auch den Anspruch der nationalsozialistischen Bewegung auf Expansion rechtstheoretisch legitimieren zu können.[72] Es fehlt also eine den Umständen entsprechende Theorie des Völkerrechts.[73]

Der erste staats- und völkerrechtliche Ansatz zu einer derartigen 'Großraumordnung', wie dieser Expansionsanspruch in der nationalsozialistischen Rechtstheorie genannt werden kann, wird wiederum von Carl Schmitt formuliert. Während eines Vortrages am 1. April 1939 auf einer Arbeitstagung des Instituts für Politik und Internationales Recht an der Universität Kiel präsentiert er seine völkerrechtliche Großraumordnung. Er bezieht sich dabei ausdrücklich auf die ursprüngliche, amerikanische Monroe-Doktrin aus dem Jahr 1823.[74] Schmitt

71 Rüthers, *Die unbegrenzte Auslegung*, S. 313ff.

72 Vgl. Ulrich Herbert, *Best. Biographische Studien über Radikalismus, Weltanschauung und Vernunft 1903-1989* (Bonn 1996) S. 271; Rüthers, *Carl Schmitt*, S. 85; sowie Hans Umbreit, *Auf dem Weg zur Kontinentalherrschaft* in: *Das Deutsche Reich und der Zweite Weltkrieg*, hg. vom Militärgeschichtlichen Forschungsamt, Bd. 2 (Stuttgart 1988) S. 3-334.

73 Zur Großraumtheorie siehe die grundlegende Dissertation von M. Schmoeckel, *Die Großraumtheorie. Ein Beitrag zur Geschichte der Völkerrechtswissenschaft im Dritten Reich, insbesondere der Kriegszeit.* Schriften zum Völkerrecht 112 (Berlin 1994).

74 Grundlegend ist auch immer noch Lothar Gruchmanns' *Nationalsozialistische Großraumordnung. Die Konstruktion einer "deutschen Monroe-Doktrin"* (Stuttgart 1962), obwohl er kaum auf die geopolitischen und völkischen Großraumtheorien eingeht, da sie sich nicht auf die ursprüngliche Monroe-Doktrin beziehen.

beabsichtigt nicht, diese Monroe-Doktrin einfach zu übernehmen und auf die neue Zeit zu übertragen. Er möchte vielmehr

> "den in ihr enthaltenen völkerrechtlich brauchbaren Kerngedanken eines völkerrechtlichen Großraumprinzips sichtbar und dadurch auch für andere Lebensräume und andere geschichtliche Situationen fruchtbar zu machen."[75]

Es ist mit anderen Worten auch hier das 'Umdenken' einer ursprünglichen Rechtslehre, in diesem Falle die amerikanische Monroe-Doktrin, um sie für die nationalsozialistische Bewegung brauchbar zu machen.[76] Entscheidend für Schmitt, die ursprüngliche Monroe-Doktrin als eine Art von Präzedenzfall für die Großraumordnung anzusehen, ist, daß diese seiner Meinung nach zum ersten Mal in der Geschichte des modernen Völkerrechts überhaupt von einem Großraum spricht - sich ausdrücklich auf die "westliche Halbkugel" der Erde beziehend - sowie für diesen den Grundsatz der Nichtintervention raumfremder Mächte aufstellt (S. 41). Nach Schmitts Auffassung ist essentiell, daß, von völkerrechtswissenschaftlichem Standpunkt her betrachtet, Raum und politische Idee untrennbar sind, da es "weder raumlose politische Ideen noch umgekehrt ideenlose Raumprinzipen" gibt (S. 41). Dazu sollte man nicht vergessen, daß für Schmitt das Wesen des Politischen in der Freund-Feind-Unterscheidung liegt, so daß er in seiner Darlegung weiter definieren kann:

> "Zu einer bestimmbaren politischen Idee wiederum gehört, daß ein bestimmtes Volk sie trägt und daß sie einen bestimmten Gegner im Auge hat, wodurch sie die Qualität des Politischen erhält" (S. 41-42).

Er verbindet auf diese Weise eine politische Idee mit einem Raumanspruch. Dabei sieht er sich bestätigt und bezieht sich nebenbei auch auf einen Aufsatz aus 1938 von dem 'Rechtswahrer' Kurt O. Rabl, der zukünftige Leiter der Abteilung Rechtsetzung in den besetzten niederländischen Gebieten, der von der Dreiheit 'Boden, Volk und Idee' spricht (S. 42, Anm. 30).

Wie wird aber nun diese bestimmte, politische Idee definiert? Laut Schmitt ist ein echter, völkerrechtlicher Ansatz dafür in einer Erklärung Hitlers vom 20. Februar 1938 im Deutschen Reichstag zu finden, die auf der "Grundlage unseres nationalsozialistischen Volksgedankens ein deutsches Schutzrecht für die deutschen Volksgruppen fremder Staatsangehörigkeit" propagiert (S. 57). Die deutschen Volksgruppen fremder Staatsangehörigkeit zu beschützen ist demnach für

75 Carl Schmitt, *Völkerrechtliche Großraumordnung mit Interventionsverbot für raumfremde Mächte. Ein Beitrag zum Reichsbegriff im Völkerrecht* (Kiel 1939). Die Quellennachweise beziehen sich auf die 2. Ausgabe (Berlin/Leipzig/Wien 1940) S. 36 (10). Die 1941 erschienen 3. und 4. Aufl. sind erweitert und enthalten teilweise Repliken auf gelieferte Kritiken, unter anderen von Werner Best.

76 Dazu Schmoeckel, *Die Großraumtheorie*, S. 64ff.

Schmitt die politische Idee, die dem völkerrechtlichen Großraumprinzip für den mittel- und osteuropäischen Raum entspricht.

Danach führt Schmitt in seiner völkerrechtswissenschaftlichen Darlegung noch den Begriff des Reiches als eine spezifisch völkerrechtliche Größe ein. Er definiert diesen Begriff folgendermaßen:

> "Reiche in diesem Sinne sind die führenden und tragenden Mächte, deren politische Idee in einen bestimmten Großraum ausstrahlt und für diesen Großraum die Intervention fremdräumiger Mächte grundsätzlich ausschließen" (S. 57).

Somit hat jedes Reich nach Schmitt einen Großraum, in den seine politische Idee ausstrahlt und die einer fremden Intervention nicht ausgesetzt werden darf (S. 58). Es besteht also ein grundlegender Zusammenhang zwischen Reich, Großraum und Nichtinterventionsprinzip. Der Begriff Reich, im Gegensatz zu beispielsweise Imperium oder Empire, kennzeichnet den völkerrechtlichen Sachverhalt des Ausgangspunktes am besten, um den es Schmitt geht: nämlich den der Verbindung von Großraum, Volk und politischer Idee (S. 59). Er besteht in diesem Zusammenhang auf den Staat, statt dem Volk, als völkerrechtlichen Grundbegriff. Mit anderen Worten zielt Schmitt auf eine neue Völkerrechtsordnung, die auf völkerrechtlich anerkannten Großräumen mit Interventionsverbot für raumfremde Mächte, sowie auf den innerhalb der Großräume führenden, diese ordnenden und gegeneinander abgrenzenden Reichen beruht.[77] Gleichwohl Schmitt dies nicht direkt buchstäblich so ausdrückt, könnte das deutsche Volk dazu das geeignete Volk sein, die neue Ordnung entsprechend zu gestalten:

> "Zu einer neuen Ordnung der Erde und damit zu der Fähigkeit, heute Völkerrechtssubjekt ersten Ranges zu sein, gehört ein gewaltiges Maß nicht nur "natürlicher", im Sinne naturhaft ohne weiteres gegebener Eigenschaften, dazu gehört auch bewußte Disziplin, gesteigerte Organisation und die Fähigkeit, den nur mit einem großen Aufgebot menschlicher Verstandeskraft zu bewältigenden Apparat eines modernen Gemeinwesens aus eigener Kraft zu schaffen und ihn sicher in der Hand zu haben" (S. 66).

Denn es ist das deutsche 'Herrenvolk', das diesem Anspruch der planetarischen Raumvorstellungen gerecht werden kann, da es von Hitler dafür auserwählt worden ist: "Die Tat des Führers hat dem Gedanken unseres Reiches politische Wirklichkeit, geschichtliche Wahrheit und eine große völkerrechtliche Zukunft verliehen" (S. 69).[78]

Dieses geplante, universalistische Ziel eines Weltreiches unter deutscher, lies nationalsozialistischer, Herrschaft ist somit erstmals ermöglicht worden durch die Person Hitlers und seine - in Schmitts Worten - mächtige Dynamik der außen-

77 Gruchmann, *Nationalsozialistische Großraumordnung*, S. 23.
78 Vgl. *ebenda*, S. 119ff.

politischen Entwicklung (S. 62), die das Deutsche Reich mächtig macht und diese Macht noch zu erweitern bestrebt ist. Daß die Grenzen des zum Deutschen Reiches gehörigen Großraums dabei ziemlich vage definiert sind, paßt in das Vokabular und die Terminologie der Großmacht - die schließlich Unbestimmtheit und Elastizität ihrer Begriffe braucht, da nur diese zur Verwirklichung eines Führungsanspruches taugen, der sich je nachdem auf Nord-, Mittel- und Osteuropa beschränkt, auf ganz Europa erstreckt oder auf die ganze Welt ausdehnen kann.[79]

Schmitts Argumentation hat jedoch aus der Sicht der geopolitsch und völkisch orientierten Großraumtheoretiker, unter anderen vertreten von Schmitts Feind und Konkurrent Reinhard Höhn, sowie Werner Best, von Anfang an einen großen Haken. Best, ehemaliger juristischer Berater Hitlers, zweiter Mann nach Heydrich, Gestapo-Experte und zukünftiger 'Reichsbevollmächtigter' in Dänemark, ist ein einflußreicher Kritiker, der den von Schmitt gelieferten Ansatz selbständig weiter ausarbeiten wird.[80] Die Kritik an Schmitts Großraumtheorie von Höhn und Best richtet sich hauptsächlich auf das Fehlen einer 'natürlichen' Kategorie des Volkes als lebendigen Organismus. Schmitts Denken zentriert und konzentriert sich vielmehr um die Macht statt um das Volk. Wenn Schmitt die Macht des Dritten Reichs ehrt, denunziert er dadurch implizit den Anspruch des nationalsozialistischen Regimes, daß dessen Herrschaft Ausdruck eines natürlichen, ewig geltenden Prinzips ist.[81] In Schmitts Denken sind die zentralen Begriffe der völkischen Richtung Blut, Rasse und Volk nur untergeordnete Begriffe, die zwar wichtig sind und zur nationalsozialistischen Weltanschauung gehören, aber nicht unbedingt als wichtigste Kategorie in seine völkerrechtliche Großraumtheorie, die sich für ihn vor allem um das Nichtinterventionsprinzip bemüht.[82] Schmitts Großraumtheorie ist im Prinzip nämlich auch auf eine andere Zeit und eventuell sogar auf ein anderes Volk übertragbar, da er von dem Staat statt dem Volk als völkerrechtlichen Zentralbegriff ausgeht.[83]

Die Kritik der völkischen Richtung, wie in mehr allgemeinem Sinne unter anderen von Otto Koellreutter vertreten (1883-1972), richtet sich dann auch vor allem auf die Ablehnung Schmitts des Volksbegriffs als Grundlage für ein neues Völkerrecht. Die geopolitischen und völkischen Großraumtheorien gehen von dem Boden, beziehungsweise dem Blut als bestimmendes Großraumprinzip aus und beziehen sich auch nicht auf die ursprüngliche amerikanische Monroe-Doktrin. Das kommende Ordnungsprinzip der Welt wird aus dieser Sicht be-

79 Vgl. Peter Schneider, *Ausnahmezustand und Norm. Eine Studie zur Rechtslehre von Carl Schmitt* (Stuttgart 1957) S. 227.

80 Zur Person Bests siehe die grundlegende Biographie von Ulrich Herbert.

81 *Ebenda*, S. 274.

82 Vgl. ebenfalls Günther Maschke, *Im Irrgarten Carl Schmitts*; in: *Intellektuelle im Bann des Nationalsozialismus*. Hg. Von Karl Corino und mit einem Vorwort versehen von Eberhard Jäckel (Hamburg 1980) S. 210.

83 Herbert, *Best*, S. 271-275.

stimmt von biologischen, Rassen-, Raum- und Klimagesetzen, die einzelne Regionen vor art- und raumfremden Eingriffen schützen. Glieder einer Völkerfamilie, die ihren Großlebensraum überschreiten, sind dadurch der Um- und Entartung ausgesetzt und gehen somit ihrer Völkerfamilie verloren.[84]

Reinhard Höhn und Werner Best attackieren Schmitts Großraumtheorie dermaßen, daß Best in einer Rezension 1940 den Verdienst derselben daraufhin beschränkt, bloß einen programmatischen Begriff geschaffen zu haben, der den Interventionsanspruch der demokratischen Westmächte zurückweisen kann.[85] Ab 1941 sind Höhn und Best beide Herausgeber der Zeitschrift *Reich, Volksordnung, Lebensraum*, in welcher sie sich um die Entwicklung einer biologischen, also völkisch orientierten, Großraumtheorie bemühen.[86] Die wichtigsten Ausgangspunkte dieser völkischen Großraumordnung sind eine radikal völkische Grundhaltung und das Streben nach einem damit verknüpften Höchstmaß an Effektivität deutscher Vorherrschaft in Europa.[87] Durch diese Zielsetzungen ist die völkische Großraumordnung schließlich den nationalsozialistischen Expansionsansprüchen, die sich schon schnell nicht mehr auf den Machtbereich des eigenen Großraums beschränken, sehr viel nützlicher.[88]

Ein anderer persönlicher Gegner und Konkurrent Schmitts, nämlich Otto Koellreutter, greift ihn schon viel eher mit ähnlichen Motiven an und zwar als erster öffentlich im Februar 1934, weil Schmitt von dem Staat als zentrale Größe, als konkrete Ordnung, ausgeht.[89] Koellreutter ist ebenfalls der Meinung, daß die Grundlage des Nationalsozialismus nicht länger vom Staat gebildet werden kann, sondern von der rassisch-biologischen Einheit des Volkes bestimmt wird.[90] Aus dieser von rassisch-biologischen Eigenschaften bestimmten Einheit entsteht dann die Volksgemeinschaft, aus welcher das völkische Führertum Hitlers hervorgeht. Koellreutter, ab 1933 Professor des Rechts in München, bemühte sich von Anfang

84 Gruchmann, *Nationalsozialistische Großraumordnung*, S. 21. Anm. 44 und 45 enthalten Literaturhinweise der jeweiligen Strömungen.

85 Herbert, *Best*, S. 276. Für die Rezension siehe Best, *Völkische Großraumordnung. Rezension zu Carl Schmitt: Völkerrechtliche Großraumordnung mit Interventionsverbot für raumfremde Mächte;* in: *Deutsches Recht. Zeitschrift des Bundes Nationalsozialistischer Deutscher Juristen*, vereinigt mit Juristische Wochenschrift (Ausgabe A). Hg. von Hans Frank (Berlin/Leipzig/Wien 1940) 10, S. 1006 ff; sowie. Best, *Nochmals: Völkische Großraumordnung statt 'Völkerrechtliche Großraumordnung'* Deutsches Recht 1941, 11, S. 1533ff.

86 Vgl. Bendersky, *Carl Schmitt*, S. 260; Herbert, *Best*, S. 284. Zu den ständigen Mitarbeitern gehört auch Arthur Seyß-Inquart.

87 Herbert, *Best*, S. 279.

88 *Ebenda*, S. 278.

89 Bendersky, *Carl Schmitt*, S. 222.

90 Otto Koellreutter, *Volk und Staat in der Weltanschauung des Nationalsozialismus* (Berlin 1935) S. 6ff. Vgl. zu Koellreutters Kritik an Schmitt auch Bendersky, *Carl Schmitt*, S. 222; sowie Rüthers, *Carl Schmitt im Dritten Reich*, S. 58ff.

an um eine vor allem auf Rassengleichheit basierende und von biologischen Eigenschaften bestimmte politische Theorie.[91] Er ist einer der wenigen Professoren des öffentlichen Rechts der lange vor der nationalsozialistischen Machtergreifung 1933 in die NSDAP eintritt.[92] Koellreutter verherrlicht das Führerprinzip - ihm wird diese Wortbildung zugeschrieben - und bemüht sich emsig um die Erziehung junger Juristen in nationalsozialistischem Sinne.[93] Außerdem fordert er den Ausbau einer strengen Rassengesetzgebung und das Zurücktreten des Rechtsstaatsgedankens hinter die "absolute Sicherstellung der nationalen Lebensordnung."[94]

In dem Kontext dieser Untersuchung führt es zu weit, tiefer auf die rechtstheoretischen Kontroversen und politischen Machtkämpfe einzugehen, so daß diese nur angedeutet worden sind.[95] Wie schon zuvor erwähnt, gibt es nicht nur eine allgemeingültige Rechtslehre des nationalsozialistischen Regimes. Mit Gruchmann zusammen soll noch einmal betont werden, daß die ziemlich irrational konzipierte nationalsozialistische Weltanschauung unter der Dynamik des 'ewigen Lebenskampfes' ständig neu interpretiert wird und überhaupt erst durch das 'Medium Hitler' Realität und Bestimmtheit erhält.[96] Konkurrierende Rechtslehren können mit demselben Ziel der völkischen Rechtserneuerung oder -bestätigung nebeneinander existieren, währenddessen sie unterschiedliche Aspekte der nationalsozialistischen Rechtsideologien betonen. Die Konkurrenz der nationalsozialistischen Rechtslehren beschränkt sich allerdings nicht nur auf deren Inhalte. Rechtslehren werden ebenfalls dazu benutzt, ihre Protagonisten in den politischen Machtkampf zu ziehen oder sogar durch Intrigen zu beseitigen. Dieses Prinzip des Machtkampfes und die damit verbundene Förderung der eigenen Interessen ist kennzeichnend für das Funktionieren des gesamten Führerstaates.

Von den obenangeführten Personen nimmt Werner Best eine gewisse Sonderstellung ein. Er ist von diesen Rechtstheoretikern am ehesten imstande, seine konsequent völkisch durchdachten Rechtslehren mit einer gewissen reellen politischen Macht zu kombinieren. Best versucht dazu unter anderem, aus seiner völkischen Großraumordnung eine komplette Systematik aller möglichen Herrschafts-, Besatzungs- und Verwaltungsformen zu erarbeiten, um den bisherigen Ergebnissen - man befindet sich im Jahre 1941 - der nationalsozialistischen Eroberungspo-

91 Vgl. Bendersky, *Carl Schmitt*, S. 222ff.

92 Rüthers, *Carl Schmitt im Dritten Reich*, S. 59.

93 Rebentisch, *Führerstaat und Verwaltung im Zweiten Weltkrieg*, S. 1, Anm. 1.

94 Koellreutter, *Der deutsche Führerstaat* (Tübingen 1934) S. 20 ff.; zitiert in Rüthers, *Carl Schmitt im Dritten Reich*, S. 60.

95 Siehe dazu zum Beispiel Herbert, *Best*, S. 271ff.; Bendersky, *Carl Schmitt*, S. 243ff.; Rüthers, *Carl Schmitt*, S. 83ff.

96 Lothar Gruchmann, *Justiz im Dritten Reich 1933-1940. Anpassung und Unterwerfung in der Ära Gürtner* (München 1988) S. 1139.

litik in Europa gerecht zu werden.[97] Dieser Versuch hat auch für die Besatzungspolitik der besetzten niederländischen Gebiete nicht geringe Konsequenzen, da er einen Ansatz bildet für die wenigen vorhandenen bestehenden Richtlinien der nationalsozialistischen Besatzungspolitik.

Bests Begriff vom Völkerrecht lehnt jeden Ansatz zur Formulierung allgemeiner Menschheitsziele ab. Er betrachtet die Beziehungen zwischen Staaten und Völkern nur vom Standpunkt der Interessen und der Macht her, diese Interessen auch durchsetzen zu können.[98] Nach Best ist die Großraumordnung somit weder eine staats-, noch eine völkerrechtliche Erscheinung, sondern bloß eine von verschiedenen Völkern bewohnte Region. Diese Region wird vom stärksten, dem 'Führungsvolk', nach eigener Auffassung einheitlich gestaltet, wobei Rechtsetzung, Rechtsprechung und Verwaltung uniform und ungeteilt, dem Willen des Führungsvolkes gemäß, wahrgenommen werden.[99] Das Regieren des Führungsvolkes im Großraum wird gekennzeichnet durch die Grundsätze wenig, effektiv und im Sinne des Volkes, wobei dieser 'Sinn des Volkes' der den wirklichen, 'objektiven', aus den Lebensgesetzen herzuleitenden Interessen entspricht.[100] Anders formuliert ist Gewalt die Grundlage einer jeden Großraumordnung und auch mit Gewalt muß das stärkste Volk sich gegenüber den anderen Völkern durchsetzen und behaupten. Es gibt jedoch keine generelle Regel, wie die einzelnen in diese Großraumordnung gezwungenen Völker zu behandeln sind. Der einzige Maßstab der gilt - nach Best - ist das Interesse des Führungsvolkes.[101]

Woraus das Interesse der nationalsozialistischen Machthaber an den Niederlanden besteht und wie dieses in der Rechtsetzung wiederzufinden ist, wird in den nächsten Kapiteln näher untersucht.

97 Herbert, *Best*, S. 280. Best veröffentlicht seine Systematik einer "deutschen Großraumverwaltung" in: *Grundfragen einer deutschen Großraum-Verwaltung*, Festgabe für Heinrich Himmler (Darmstadt 1941) S. 33-60.

98 Herbert, *Best*, S. 523.

99 Vgl. Schmoeckel, *Die Großraumtheorie*, S. 209.

100 Herbert, *Best*, S. 280.

101 *Ebenda*, S. 281.

3. Die Machtsetzung

Am 10. Mai 1940 beginnt die deutsche Wehrmacht ihre Offensive gegen die Niederlande. Entgegen den bisherigen wiederholten deutschen Zusicherungen, die Neutralität und territoriale Unverletzbarkeit der Niederlande zu respektieren, werden die Niederlande innerhalb von fünf Tagen angegriffen, überrannt und besetzt.[1] Die vollständig überrumpelten holländischen Streitkräfte unterzeichnen, in der Person des Oberbefehlshabers General Winkelman, am 15. Mai 1940 die Kapitulation[2]. Die militärische Lage ist aussichtslos und die Verluste sind, durch Bombenangriffe und Artilleriebeschießungen, auch unter der Zivilbevölkerung enorm.[3] Die Königin der Niederlande, Wilhelmina, ist schon am 13. Mai 1940 mit dem größten Teil ihrer Regierung sowie ihrer Familie nach England geflohen. Sie proklamiert London als Sitz der niederländischen Regierung, um so das legale Fortbestehen ihrer Regierung zu sichern. Obendrein macht diese Konstruktion es ihr möglich, an der Seite der Alliierten den Krieg weiterzuführen, ohne die inzwischen vollzogene Kapitulation berücksichtigen zu müssen.[4]

Obwohl der Angriff der Niederlande vielleicht politisch betrachtet nicht ganz unerwartet eintrifft, ist das Land weder militärisch noch psychologisch darauf vorbereitet. Nach ihrer erfolgreichen Neutralitätspolitik des Ersten Weltkrieges hoffen die Politiker, und mit ihnen die Bevölkerung, auch jetzt darauf, durch ihr neutrales Verhalten aus dem Kriegsgeschehen herausgehalten zu werden. Dieses geschieht jedoch nicht, und die Generalsekretäre werden als nun höchste Beamte der einzelnen Ministerien mit der provisorischen Weiterführung

1 Verletzung der Konvention für friedliche Regelung von Internationalen Streitfragen; sowie der Dritten Haager Konvention über die Eröffnung von Feindseligkeiten; sowie der Haager Konvention V über die Respektierung der Rechten und Pflichten neutraler Mächte und Personen im Falle eines Landkrieges, Den Haag, 18. Oktober 1907; Verletzung des Schieds- und Schlichtungsvertrages zwischen Deutschland und Holland vom 26. Mai 1926; Verletzung des Vertrages zwischen Deutschland und anderen Staaten zur Verdammung des Krieges als ein Instrument der nationalen Politik; bekannt als Kellog-Briand Pakt, Paris, 27. August 1928; Verletzung der deutschen Zusicherungen vom 30. Januar 1937, 28. April 1939, 26. August 1939 und 6. Oktober 1939, die Neutralität und territoriale Unverletzbarkeit der Niederlande zu respektieren; in: *Internationaler Militärgerichtshof*, Bd. I (Nürnberg 1947) S. 91-97.

2 Vgl. die Überlegungen über die 'Pflichten der Neutralen', das heißt die Position Winkelmans in B.M. Telders, *Verzamelde Geschriften*, Bd. IV (Den Haag 1947) S. 191ff. Für eine detaillierte Beschreibung des Kriegsverlaufes siehe grundlegend Loe de Jong, *Het Koninkrijk der Nederlanden in de Tweede Wereldoorlog*, Bd. 3 (Den Haag 1970).

3 Die Zahl der Toten der Zivilbevölkerung (2559) überstieg, nach offiziellen Angaben, sogar die der Soldaten (2067). Siehe De Jong, *Het Koninkrijk*, Bd. 3, S. 499.

4 Text der Rede der Königin, über den englischen Rundfunk, in: *De Koningin sprak. Proclamaties en radiotoespraken van H.M. Koningin Wilhelmina gedurende de oorlogsjaren 1940-1945* (Utrecht 1945) S. 1ff.

der Geschäfte des Oberbefehlshabers betraut. Anfangs stehen die Generalsekretäre unter General Winkelmans Autorität im Kontext der deutschen Militärverwaltung, bis Reichskommissar Seyß-Inquart zehn Tage später die Macht übernimmt als Reichskommissar der Zivilverwaltung, in welche auch die niederländischen Generalsekretäre eingefügt werden.

3.1 Warum eine Zivilverwaltung?

Nach monatelangen Vorbereitungen des Militärs unterzeichnet Hitler am 9. Mai 1940 einen Erlaß, in dem die Bestimmungen für die besetzten Gebiete Frankreichs, Luxemburgs, Belgiens und Hollands unter einer Militärverwaltung stehen:

> "... Die Bestimmungen der Haager Landkriegsordnung sind zu achten. Die Bevölkerung ist zu schonen, das Wirtschaftsleben in Gang zu halten. Feindselige Handlungen der Landesbevölkerung (Freischärlerei, Sabotage, passiver Widerstand, politisch-demonstrative Arbeitsniederlegung) sind mit voller Schärfe zu unterdrücken."[5]

Diesem Erlaß gemäß übernimmt General der Infanterie Alexander von Falkenhausen am 15. Mai 1940 die Leitung der Militärverwaltung in den besetzten niederländischen Gebieten. Neun Tage später wird dieser Posten vom General der Flieger Friedrich Christiansen übernommen. Was bringt Hitler jedoch dazu eine Zivilverwaltung für die Niederlande einzusetzen?

Die Ursache für die Änderung von der Militär- zur Zivilverwaltung hin kann in unterschiedlichen Bereichen gesucht werden. Strategische, wirtschaftliche, politisch-ideologische oder psychologische Gründe sind denkbar, die eine Entscheidung zur Zivilverwaltung hin motiviert haben können.[6] Es kann jedoch genauso gut nur Hitlers Führerwille schon für die Kursänderung zur Zivilverwaltung hin gesorgt haben: der Führerwille als höchstes Recht.[7] Da Hitler es aller-

5 De Jong, *Het Koninkrijk*, Bd. 2, S. 351.

6 Als strategischen Grund könnte man die Lage der Niederlande als Durchgangskorridor nach England, im Zusammenhang des Kampfes im Westen der beabsichtigten politischen Expansion, anführen; oder etwa die niederländischen Kolonien, dessen wirtschaftlicher Wert hoch geschätzt wird und deren eventueller Verlust an Japan vermieden werden soll. Die politisch-ideologischen Motive des niederländischen "Brudervolkes", gleichfalls "arisch" wie die Nationalsozialisten und ihnen ebenbürtig können auch zur Entscheidung für eine Zivilverwaltung beigetragen haben.

7 J.P. Hooykaas bietet während des Verhörs der *Parlementairen Enquêtecommissie Regeringsbeleid 1940-1945* am 19. März 1952 das Argument für eine Zivilverwaltung an, daß diese eine extra Gunst des Führers war, durch die er die niederländische Bevölkerung auf seine Seite bekommen wollte. Den Belgiern vertraute Hitler angeblich nicht, so daß sie eine Militärverwaltung bekamen, währenddessen die Niederländer germanischer Abstammung waren und deshalb eine Zivilverwaltung bekommen sollten. Diese Aussage

dings unterlassen hat, ein politisches Konzept für die besetzten niederländischen Gebiete aufzustellen, ist es beinahe unmöglich mit Sicherheit festzustellen, welche Ursachen nun wirklich die Zivilverwaltung motiviert haben. Warum bekommen Norwegen und die Niederlande eine Zivilverwaltung, hingegen beispielsweise Belgien und Nordfrankreich eine Militärverwaltung? Es ist bis jetzt noch keine ausschlaggebende Ursache für diese Entscheidung in den betreffenden Dokumenten oder in der Literatur zu finden.[8] Es bleibt allerdings die Tatsache, daß der von Hitler zum Reichskommissar bestellte Arthur Seyß-Inquart am 25. Mai 1940 die oberste Regierungsgewalt im zivilen Bereich in den Niederlanden übernimmt.

3.2 Die offiziellen Zielsetzungen der Besatzungsmacht

Wie nicht anders zu erwarten, ist das Interesse der neuen Machthaber an den Niederlanden aus den ersten Rechtsetzungsmaßnahmen durch den quasi-offiziellen Sprachgebrauch nicht sofort eindeutig ersichtlich. Hitler bestellt Arthur Seyß-Inquart in dem ersten Führererlaß vom 18. Mai 1940 zum Reichskommissar der besetzten niederländischen Gebiete. Dieser erhält in demselben Führererlass von Hitler zu dem Amt des Reichskommissars die Befugnis, durch Verordnung Recht setzen zu können.[9] Die genaue ihm von Hitler erteilte Aufgabe, das heißt die präzisen Ziele der Besatzungspolitik die Niederlande betreffend, verschweigt Seyß-Inquart sowohl in seinem *Aufruf an das niederländische Volk*, vom 25. Mai 1940, als auch vier Tage später in seiner Amtseinsetzungsrede *Rede aus Anlaß der Übernahme der Regierungsgewalt* vom 29. Mai 1940 in Den Haag.[10] Im von Seyß-Inquart selber abgefaßten *Aufruf* wird die dem Besatzungsrecht übliche

hat Hooykaas von einem betrunkenen Beamten erhalten, während eines gemeinsam verbrachten Mittagessens im Mai oder Juni 1940. Bei dem 'betrunkenen Beamten' handelt es sich um Dr. Rabl, dem Leiter der Abteilung Rechtsetzung. Siehe *PEC*, Teil 7c (Den Haag 1955) S. 598.

8 Für die von Nanda van der Zee in ihrer Studie *Om erger te voorkomen: de voorgeschiedenis en uitvoering van de vernietiging van het Nederlandse jodendom tijdens de Tweede Wereldoorlog* (Amsterdam 1997) vertretene These, daß das Ausweichen Königin Wilhelminas nach London die Zivilverwaltung verursacht hat (*Om erger te voorkomen*, S. 151ff.; bes. S. 153: "De vlucht van kroon en kabinet met achterlating van het regeringsgezag heeft de staatsrechtelijke basis voor het Duitse civiel bestuur geschapen"), ist in den betreffenden Dokumenten und Quellen kein Hinweis zu finden. Siehe dazu auch A.E. Cohen, *Opzet en structuur van het Duitse Rijkscommissariaat in Nederland*, Notizen zum Hauptwerk No.16, NIOD, Koll. 785, Karton 1.

9 *Verordnungsblatt*, 1940, S. 4.

10 *Ebenda*, S. 6ff.; Arthur Seyß-Inquart, *Vier Jahre in den Niederlanden. Gesammelte Reden* (Amsterdam 1944) S. 7-12. Vgl. Archiv RK Stab, NIOD, Koll. 14, Karton 1, Mappe 1B und 1C; De Jong, *Het Koninkrijk*, Bd. 4, I, S. 45.

Sicherstellung der öffentlichen Ordnung und des öffentlichen Lebens formuliert.[11] In der *Rede* wiederholt er diesen Anspruch und motiviert ihn folgendermaßen:

> "Wir wollen dieses Land und seine Leute weder imperialistisch bedrängen, noch ihnen unsere politische Überzeugung aufdrängen. Wir wollen in unseren Handlungen nur durch die Notwendigkeiten geleitet sein, die sich aus der heutigen besonderen Lage ergeben."[12]

Diese "Notwendigkeiten" allerdings, die die Handlungen der politischen Machthaber leiten sollen, werden nicht näher definiert. In der Argumentationsweise ist diese Formulierung ihrem inhaltlichen Gehalt nach dem ersten Führererlass sehr ähnlich, in welchem über das Recht ausgesagt wird: "Das bisher geltende Recht bleibt in Kraft, soweit es mit der Besetzung vereinbar ist."[13] Über diese mit der Besetzung vereinbaren *Ziele* jedoch wird - auf jeden Fall öffentlich - nichts näheres ausgesagt.[14] Es gibt jedoch einige mögliche Ansatzpunkte, die Ziele der Besatzungspolitik herauszufinden.

Seyß-Inquart gebraucht nämlich in seiner Rede, die länger und detaillierter ist als der Aufruf, Formulierungen, die ganz eindeutig vom konkreten Ordnungsdenken sowie auch von der nationalsozialistischen Großraumordnung beeinflußt sind, so daß diese eine Hilfe bilden können zur Interpretation des Textes. Gerafft formuliert stellt Seyß-Inquart in seiner Rede dar, wie der europäische Raum sich durch die blutbestimmten Ansprüche des deutschen Volkes zu einer neuen Ordnung sammelt.[15] Hier ist einerseits die 'Ordnung' des Schmitt'schen konkreten Ordnungsdenken wiederzufinden, die die Wirklichkeit bestimmt und auch beeinflußt:

> "Der europäische Raum sammelt sich zu einer neuen Ordnung, in der jene geistigen Schranken niedergebrochen werden sollen, die aus Klassen- und kapitalistischen Interessen errichtet wurden."[16]

Diese 'neue Ordnung' wird kombiniert mit dem Anspruch auf 'Lebensraum' der nationalsozialistischen Großraumordnung à la Best andererseits. Die besetzten niederländischen Gebiete haben in diesem Gebilde der 'neuen Ordnung' ihre eigene Funktion:

11 Am 25. Mai 1940 legt er Hitler seinen *Aufruf* vor. Hitler soll nur einige kleine Änderungen gemacht haben; man weiß jedoch nicht welche. Der *Aufruf* ist datiert am 25. Mai 1940 im Führerhauptquartier. Siehe auch De Jong, *Het Koninkrijk*, Bd. 4, I, S. 42 und für den Text das *Verordnungsblatt*, 1940, S. 6.

12 Seyß-Inquart, *Vier Jahre in den Niederlanden*, Rede aus Anlaß der Übernahme der Regierungsgewalt, S. 10.

13 *Verordnungsblatt*, 1940, S. 4.

14 (Kursivschrift vom Verfasser, I.G.). Vgl. Einleitung dieser Studie.

15 Seyß-Inquart, *Vier Jahre in den Niederlanden*, S. 10.

16 *Ebenda*, S. 10.

> "Sicher ist, daß sich ein neues, in seiner Größe und durch die Ausgeglichenheit seiner Bedürfnisse starkes Europa bildet, für das die Niederlande ein nunmehr verstärktes und in seinem wirtschaftlichen Einzugsland gesichertes Ausgangstor an der Rheinmündung sein können."[17]

Auf diese Weise wird das Schicksal der Niederlande auch ideologisch mit dem des deutschen Reiches verbunden, da die Funktion der Niederlande auf eine geographisch-wirtschaftliche zurückgebracht worden ist, und zwar als 'Ausgangstor an der Rheinmündung' für das Reich. Somit wird von Seyß-Inquart eine Andeutung einer Zielsetzung der Besatzungsmacht formuliert:

> "Ich habe als Reichskommissar die Reichsinteressen in den unter dem Schutz der deutschen Truppen stehenden niederländischen Gebieten zu wahren, und ich werde sie wahren. Das niederländische Volk wird in Erfüllung der Aufgaben, die sich aus dem gemeinsamen Schicksal ergeben, sein Land und seine Freiheit für die Zukunft zu sichern vermögen."[18]

Der Anspruch des Reichskommissars, die Reichsinteressen wahren zu wollen, wirft zwei Fragen auf: Welche sind diese Reichsinteressen? Und zweitens: Was geschieht, wenn die niederländische Bevölkerung die Auffassung des verbundenen Schicksals der beiden Länder nicht teilt?

Die zweite Frage kann relativ schnell beantwortet werden, da Seyß-Inquart die Voraussetzung formuliert, daß "das niederländische Volk mit Verständnis und Beherrschung die Führung vom Reichskommissar zu folgen hat."[19] Indirekt wird impliziert, daß das besetzte Gebiet sich der neuen Führung zu fügen hat - wenn nicht im Guten, dann halt im Bösen. Wenn man diesen Anspruch zusammenfügt mit den Grundsätzen der Best'schen Großraumordnung, bei welcher Gewalt die Grundlage einer jeden Großraumordnung bildet und das stärkste Volk sich gegenüber den anderen Völkern durchsetzen muß, dann klingt das von Seyß-Inquart erwünschte 'Verständnis' der niederländischen Bevölkerung nicht mehr ganz so freiwillig. Während seines Aufenthaltes im Generalgouvernement Polen (September 1939 bis Mai 1940), als Stellvertreter des Generalgouverneurs Hans Frank, hat Seyß-Inquart sich ja genauso gut bereit und fähig gezeigt, ein Terrorregime auszuüben.[20] In den ersten Monaten der Besatzung in den Niederlanden ist der Reichskommissar aber noch nicht so weit, direkt von Gewalt zu sprechen, da er die niederländische Bevölkerung als "dem deutschen Volke blutsnahe" definiert.[21]

17 *Ebenda*, S. 10.
18 *Ebenda*, S. 11.
19 *Ebenda*, S. 11.
20 De Jong, *Het Koninkrijk*, Bd. 4, I, S. 56-57.
21 Seyß-Inquart, *Vier Jahre in den Niederlanden*, S. 11.

Die Frage nach den "Reichsinteressen" wird öffentlich, sowie in den beiden oben angeführten Schriften Seyß-Inquarts, nicht näher präzisiert. Seyß-Inquart stellt aber nach ungefähr sechs Wochen den 1. Lagebericht für Hitler auf. In diesem geheimgehaltenen *1. Bericht über die Lage und Entwicklung in den besetzten niederländischen Gebieten*, der die Periode vom 29. Mai bis zum 19. Juli 1940 umfaßt, formuliert er zum ersten Mal explizit den Auftrag und die Aufgabe, die seines Erachtens mit seiner Bestellung zum Reichskommissar verbunden sind. Der Auftrag ist die schon erwähnte "in Wahrung der Interessen des Reiches die öffentliche Ordnung und das öffentliche Leben sicherzustellen" und die Aufgabe ist:

> "die aus Gründen der Erhaltung der Niederländisch-Indischen Gebiete unabhängig zu haltenden Niederlande abgesehen von den militärischen Sicherungen wirtschaftlich möglichst an das Reich zu binden."[22]

Nach dieser Formulierung ist die Aufgabe also hauptsächlich auf wirtschaftliche Ziele orientiert, obgleich eine verbindliche wirtschaftspolitische Planung oder Richtlinie der nationalsozialistischen Politiker, wie diese zu erreichen seien, fehlt.[23] Nach Seyß-Inquarts eigenem Ermessen und seinem ersten Lagebericht kann diese Aufgabe nur gelöst werden,

> "wenn es gelingt, eine politische Willensbildung zustandezubringen, die die wirtschaftliche Bindung an das Reich als Ausfluß des Willens des niederländischen Volkes erscheinen läßt."[24]

Mit anderen Worten erstrebt er die sogenannte 'Selbstnazifizierung' des niederländischen Volkes. Durch diese 'Selbstnazifizierung' wird die nationalsozialistische Weltanschauung und somit auch die dazugehörige (wirtschaftliche) Bindung an das Reich freiwillig von dem niederländischen Volk übernommen. Der Problematik einer solchen politischen Willensbildung auf freiwilliger Basis ist sich Seyß-Inquart selber jedoch durchaus bewußt, denn er formuliert weiterhin:

> "...das Interesse der Besatzungsmacht verlangt die weitgehende Unterbindung aller möglichen öffentlichen Betätigungsformen, die Weckung und Lenkung der politischen Willensbildung erfordert hingegen die Gewährung solcher Freiheiten, die das schließliche Ergebnis für die Niederlande zu einer eigenen Entscheidung machen."[25]

22 Seyß-Inquart, *1. Bericht über die Lage und Entwicklung in den besetzten niederländischen Gebieten*, 1940, NIOD, Doc. I-1504.

23 Vgl. Gerhard Hirschfeld, *Fremdherrschaft und Kollaboration* (Stuttgart 1984), S. 23ff.

24 Seyß-Inquart, *1. Bericht*, S. 1.

25 *Ebenda*, S. 1.

Neben den 'Freiheiten', die Seyß-Inquart nennt, bildet die Zeit ein weiteres Problem: Das Interesse der Besatzungsmacht verlangt eine sofortige wirtschaftliche 'Bindung' der Niederlande an das Deutsche Reich, während die 'Weckung und Lenkung der politischen Willensbildung' - soll diese freiwillig geschehen - Zeit braucht.

Auf jeden Fall bestehen, nach Seyß-Inquart, die ersten Zielsetzungen der Besatzungsmacht zusammengefaßt aus:

(1) der Wahrung der öffentlichen Ordnung und des öffentlichen Lebens,
(2) der wirtschaftlichen Bindung der Niederlande an das Reich, sowie
(3) der (freiwilligen) politischen Willensbildung und Lenkung der niederländischen Bevölkerung.

Diese Zielsetzungen sind offiziell während des Krieges niemals abgeändert worden, wenngleich auch die Realität der Besatzungspolitik mehrere unterschiedliche Phasen durchläuft.[26] Der Nachdruck auf die Zielsetzungen der Besatzungsmacht ändert sich dementsprechend mit dem Kriegsverlauf. Sowieso sind die Zielsetzungen in der Praxis nicht so einfach in Gebiete aufzuteilen, da wirtschaftliche Maßnahmen beispielsweise politisch bedingt sein können. Auch die offiziell noch nicht erwähnte vierte Zielsetzung, nämlich die der Rassenpolitik oder besser ausgedrückt, der Rassenverfolgung, bekommt erst im Laufe der Besatzung mehr Nachdruck. In die erste Phase der Besatzung, in der die neuen Machthaber noch den Schein wecken möchten, sich den völkerrechtlichen Abmachungen zu fügen, das heißt der Haager Landkriegskonvention von 1907, paßt sie allerdings noch nicht. Daneben können schlichtweg nicht alle politischen Ziele schriftlich festgelegt werden - schon gar nicht bei einem Regime, das kaum eine offizielle, konsequente Ideologie vertritt, mit mündlichen Abmachungen arbeitet und das Führerprinzip befolgt.

Die ersten zwei Zielsetzungen der 'Wahrung der öffentlichen Ordnung' und der 'wirtschaftlichen Bindung', gehören eigentlich zu selbstverständlichen Abmachungen des Besatzungsrechtes. Auch faktisch wird dieser Zustand bestimmt durch die Verordnungen, die das Deutsche Reich für die Niederlande verkündet. Innerhalb jeder Art von Besatzung würden diese Zielsetzungen vorkommen. Das Ziele der 'freiwilligen politischen Willensbildung und Lenkung', das heißt der 'Selbstnazifizierung', wozu letztendlich auch die Rassenpolitik gehört, ist aber spezifisch für den nationalsozialistischen Staat. Dem aggressiven

26 Den Auftrag bestätigt Seyß-Inquart in beinah demselben Wortlaut in dem Nürnberger *Prozeß gegen die Hauptkriegsverbrecher*. Hier ist auch die Aussage zu finden, daß der Auftrag niemals abgeändert wurde; siehe *IMG*, Bd. 15, 10. Juni 1946 (Nürnberg 1948) S. 698-699.

Charakter des NS-Staates entsprechend kann der Export der nationalsozialistischen Weltanschauung, das heißt des NS-Gedankengutes, allerdings erwartet werden. Im Sommer 1940, als die Auslandpolitik des Dritten Reichs nur von Erfolgen gekennzeichnet wird, gönnt man sich jedoch für politische Zielsetzungen mehr Zeit.

Die erste Phase der Besatzungspolitik erstreckt sich vom Mai 1940 bis zum Februar 1941, dem Monat des sogenannten Februarstreiks, wobei die niederländische Bevölkerung sich zum ersten Mal öffentlich der besetzenden Macht widersetzt.[27] Das Verhalten der Besatzungsmacht in dieser ersten Phase wird gekennzeichnet durch die Zielsetzung der sogenannten 'Selbstnazifizierung'. Dieses Ziel probiert Seyß-Inquart in erster Linie durch rechtliche Maßnahmen, das heißt Verordnungen, durchzusetzen. Neben den ideologischen nationalsozialistischen Ideen der 'blutsnahen Völker', die das unterschiedliche Verhalten der nationalsozialistischen Besatzungsmacht im Norden dem Osten gegenüber erklärt, gilt für die niederländischen besetzten Gebiete von Anfang an ein Bemühen der neuen Machthaber um eine gewisse Legalität. Die gesellschaftspolitische Gleichschaltung, die der nationalsozialistischen Machtergreifung im Großdeutschen Reich gefolgt war, soll sich nun auch in den neuen 'germanischen' Ländern, außerhalb des Grenzen des Altreichs, vollziehen.[28] Seyß-Inquarts relativ langes Festhalten an seiner ursprünglichen politischen Konzeption der freiwilligen, innerlichen Bindung der Niederländer an das Reich, die Politik der "weichen Hand" (Himmler) erklärt sich möglicherweise teilweise durch seinen beruflichen Hintergrund. Nach einem Studium der Rechtswissenschaften in Wien (Dr.jur.) ist er nach dem 1. Weltkrieg dort auch als Rechtsanwalt tätig gewesen.[29] Sein Denken ist juristisch geformt und ein gewisser Glaube an die Kraft der Gesetze, an die Möglichkeit der

27 Siehe für den Verlauf des Streiks die grundlegende Studie von B.A. Sijes, *De Februaristaking. 25-26 Februari 1941*, RIOD Monographie Nr. 5 (Den Haag 1954).

28 Hirschfeld, *Fremdherrschaft und Kollaboration*, S. 26-27.

29 Arthur Seyß-Inquart wird 1892 in Stannern bei Iglau/Mähren geboren und stammt, wie viele seiner Gefolgsleute, aus Österreich. Er studiert Rechtswissenschaften in Wien, ist Kriegsfreiwilliger im 1. Weltkrieg und arbeitet danach, wieder zurückgekehrt in Wien, als Rechtsanwalt. Von Anfang an ist er Mitglied diverser deutsch-nationaler Vereinigungen und seit 1931 Förderer der österreichischen NSDAP. Er tritt jedoch erst relativ spät in die NSDAP ein, im Juni 1938, und ist 48 Jahre alt bei seiner Ernennung zum Reichskommissar in den Niederlanden. Diese Position hat er sich durch sein Benehmen, das vollkommen den Idealen Hitlers entspricht, während des Anschlusses Österreichs und seiner kurzen Zeit als Reichsstatthalter in Polen verdient. In Polen ist er bereit gewesen eine Politik zu führen die sich auf Gewalt basiert und von Anfang an andere Ausgangspunkte, die der totalen Unterdrückung, gebraucht als in den Niederlanden. Seyß-Inquart wird 1946 vom Nürnberger Gerichtshof, als der einzige der Ausführenden der besetzenden Macht in den Niederlanden, zum Tod verurteilt und hingerichtet. Siehe zur Person Seyß-Inquarts u.a. die Biographie von H.J. Neuman, *Arthur Seyß-Inquart* (Utrecht 1957) und De Jong, *Het Koninkrijk*, Bd. 4, I, S. 51ff.

Anpassung und Umbildung der Wirklichkeit an neue Verhältnisse und Bedürfnisse durch die Rechtsetzung, muß bei ihm vorhanden gewesen sein. Ein Zeugnis für diese Mutmaßung bildet der oben angeführte *1. Lagebericht*, in welchem alle formulierten Zielsetzungen durch rechtliche Maßnahmen, also über den Verordnungsweg, erreicht werden sollen.

3.3 Das Recht: Die ersten drei Verordnungen

Das Ausmaß der rechtlichen Anordnungen und Maßnahmen der Besatzungsmacht in den Niederlanden ist über den ganzen Krieg hinweg genommen, enorm. Während der gesamten Besatzungsperiode vom Mai 1940 bis zum 5. Mai 1945 werden insgesamt 812 Verordnungen erstellt, die alle im amtlichen Verkündungsorgan, dem *Verordnungsblatt für die besetzten niederländischen Gebiete*, erscheinen. Die im *Verordnungsblatt* verkündeten Verordnungen sind in deutscher und in niederländischer Sprache aufgestellt, wobei die deutsche Fassung in Zweifelsfällen als Originaltext gilt. Die Aktivität der *Abteilung Rechtsetzung*, die dem *Generalkommissariat für Verwaltung und Justiz* unterstellt ist, ist vor allem in den ersten zwei Kriegsjahren sehr hoch. Im ersten Besatzungsjahr werden in nur acht Monaten, vom Mai bis zum Dezember 1940, insgesamt 246 Verordnungen erstellt. Wenn man die erste Phase der Besatzung (Mai 1940 bis Ende Februar 1941) als eine Einheit darstellt, dann sind das allein schon 278 Verordnungen, also mehr als ein Drittel der gesamten Anzahl der Verordnungen.

Im Jahr 1941 sind das immer noch 231 Verordnungen, während danach der Betrieb ein wenig abnimmt. 1943 werden noch 122 Verordnungen aufgestellt und im Jahr 1944 sind es nur noch 52. Die vier Monate des letzten Kriegsjahres 1945 schließlich kennen nur noch acht neue Verordnungen, wobei die letzte Verordnung auf den 1. März 1945 datiert ist.

Die ersten fünf Verordnungen des Monats Mai bis zum 5. Juni 1940 regeln die Verhältnisse und Angelegenheiten der deutschen Gewalten und Obrigkeiten, das heißt den Aufbau des Reichskommissariates Niederlande. Als Grundmotivation ist die Sicherstellung der öffentlichen Ordnung und des öffentlichen Lebens angegeben.

Der schon erwähnte erste Führererlass vom 18. Mai 1940, der sich auf das Reichsgesetzblatt bezieht, definiert dafür die Position des Reichskommissars Seyß-Inquart mit seinen Regierungsbefugnissen. Neben dem Reichskommissar Seyß-Inquart besitzt der deutsche Wehrmachtbefehlshaber Friedrich Christiansen das Recht, diejenigen Maßnahmen anzuordnen, die zur Durchführung seines militärischen Auftrages und zur militärischen Sicherung notwendig erachtet werden.[30] Der Reichskommissar und der Wehrmachtbefehlshaber unterstehen

30 Verordnung 1/1940, §2; in: *Verordnungsblatt*, 1940, S. 2.

beide direkt Hitler, während ihre Kontakte im Reich beziehungsweise die Reichskanzlei für Seyß-Inquart einerseits, und das Oberkommando der Wehrmacht für Christiansen andererseits, sind.[31] Die formelle Struktur folgt somit dem Plan, zwei unabhängige Machtinstanzen zu bilden, auf militärischem und zivilem Gebiet, die beide direkt dem Führer unterstehen. In der Praxis der Besatzungsperiode jedoch haben der Reichskommissar und der Wehrmachtbefehlshaber nicht gleichwertig nebeneinander funktioniert und für die Rechtsetzung sowieso ist es der Reichskommissar, der in erster Linie bestimmend und einflußreich ist.[32] Tatsache ist auf jeden Fall, daß Hitler reell und formell - ganz dem Führerprinzip gemäß - immer die höchste und letzte Machtinstanz ist.

Die zweite Verordnung besteht aus dem schon zuvor erwähnten Aufruf des Reichskommissars für die besetzten niederländischen Gebiete an die niederländische Bevölkerung vom 25 Mai 1940.[33] Dieser Aufruf ist ein Auszug der oben zitierten Haager Amtseinsetzungsrede Seyß-Inquarts.

Die dritte Verordnung des Jahres 1940 vom 29. Mai regelt die Ausübung der Regierungsbefugnisse.[34] Sich auf den 1. Führererlass berufend, als scheinbar legale Rechtsgrundlage, werden in dieser Verordnung (§ 1) alle der Verfassungsurkunde und den Gesetzen bisher zustehenden Befugnisse der Regierung, als auch der des Königs und des Ministerrats, vom Reichskommissar übernommen. Das Sichbeziehen auf den 1. Führererlaß besteht meistens aus dem Verweis des Paragraphen 5, nach welchem der Reichskommissar ermächtigt ist, Recht zu setzen. In dieser 3. Verordnung wird noch einmal wiederholt, daß die Verordnungen des Reichskommissars Gesetzeskraft besitzen (§1, Punkt 2). Warum wird dies nachdrücklich noch einmal genannt?

Erstens weil der erste Führererlass in Hitlers Namen unterschrieben ist und Seyß-Inquart seine eigene, von ihm unterschriebene Verordnung notwendig erachtet, die seine eigene Machtposition, sowie dazugehörigen Befugnisse definiert.[35] Diese 'eigene Verfassung' Seyß-Inquarts, die den Eindruck einer organi-

31 Neben diesen zwei eigenständigen Machtpositionen erhält auch Hermann Göring, ohne das diese Maßnahme übrigens im *Verordnungsblatt* aufgezeichnet ist, in seinem Amt als Beauftragter für den Vierjahresplan das Recht, Anweisungen auf wirtschaftlichem Gebiet geben zu dürfen. Göring selber ist Hitler natürlich auch wieder unterstellt, so daß der Führerwille immer oberste Rechts- oder Machtinstanz ist und bleibt. Görings persönlicher Einfluß nimmt jedoch schnell ab; vgl. De Jong, *Het Koninkrijk*, Bd. 4, I, S. 49.

32 De Jong, *Het Koninkrijk*, Bd. 4, I, S. 49-50.

33 *Verordnungsblatt*, 1940, S. 6-8.

34 *Ebenda*, S. 8-11.

35 Dr. Kurt O. Rabl, Leiter der Abteilung Rechtsetzung, erwähnt diesen Wunsch ebenfalls in einem Brief an einen Freund (Der Brief trägt keine präzise Anschrift, der Freund ist wahrscheinlich Dr. Hammerschmid, Adjutant und Mittelsmann von Seyß-Inquart) im Oktober 1940: "In Berlin traf ich Wimmer [Dr. Friedrich Wimmer, Leiter des Generalkommissariates für Verwaltung und Justiz] wieder, den ich aus Wien ganz flüchtig kannte. Wir haben in den beiden ersten Tagen sehr viel zusammen gearbeitet - Seyß wollte

satorischen Einheit erweckt, ist einmalig: In keinem anderen von dem Dritten Reich besetzten Gebiet kommt so eine Verfassung, wie diese in den Verordnungen 3 und 4 von 1940 ausgedrückt wird, vor.[36]

Zweitens, und das ist in Anbetracht der eher dargestellten nationalsozialistischen Rechtstheorien interessant, weil der niederländische Rechtsbegriff 'verordening' ursprünglich eine andere Bedeutung besitzt als der deutsche Begriff 'Verordnung'. Im niederländischen rechtlichen Sprachgebrauch nämlich wird mit einer Verordnung ('verordening') ursprünglich eine allgemein bindende Rechtsvorschrift der Provinzen, Gemeinden und 'Waterschappen' (niederländische Wasserbehörde) angedeutet.[37] Die rechtsetzende Befugnis der Provinzen, Gemeinden und 'Waterschappen' entstammt dem niederländischen Grundgesetz. Solche Verordnungen sind der Rechtsetzung des niederländischen Königreiches, also den Gesetzen ('wetten'), untergeordnet. Der Richter wendet derartige Verordnungen der niedrigeren öffentlichen Behörden also nicht an, wenn sie dem Wortlaut des niederländischen Gesetzes widersprechen.

Die Verordnungen des Reichskommissars jedoch sind etwas ganz anderes. Sie besitzen nämlich durch den ersten Führererlaß die Kraft eines Gesetzes, auch wenn sie in niederländischem Sinne nicht ein formelles Gesetz genannt werden können. Es ist dieser Anspruch auf Gesetzeskraft der Verordnungen des Reichskommissars, der nochmals in der 3. Verordnung (§ 1, Punkt 2) vom 29. Mai 1940 wiederholt wird. Der Richter ist durch den Inhalt des ersten Führererlasses verpflichtet, eine Verordnung des Reichskommissars auch dort anzuwenden, wo sie dem niederländischen Grundgesetz oder Gesetz widerspricht.[38] Durch diese Anwendung des Begriffs Verordnung wird die ganze bis zum Zeitpunkt der Besatzung übliche demokratische Prozedur, nach welcher in den Niederlanden Verordnungen - wie auch Gesetze - entstehen, übergangen, obwohl an dem Begriff Verordnung festgehalten wird. Der ursprüngliche, niederländische Begriff Verordnung ('verordening') hat somit einen anderen, neuen Begriffsinhalt bekommen, aber der äußere Schein der alten Bedeutung des Rechtsbegriffes bleibt bestehen.

Die Frage kommt nun auf, warum die Besatzungsmacht nicht einfach "Gesetze" erstellt hat, statt "Verordnungen", da Verordnungen durch die ursprüngliche niederländische Rechtsbedeutung Maßnahmen von niedrigerer Art als Gesetze sind. Ein Grund dafür ist, daß es bei der nationalsozialistischen Besatzungsgesetzgebung mangels einer Gewaltenteilung kein Organ gibt, dem die

sich 'seine Verfassung' geben. Wieviel mal ich den Text auf dieser selben Maschine ins Reine geschrieben habe, weiß ich nicht. Aber es war lustig"; NIOD, Doc I-1371 A.

36 Siehe auch A.E. Cohen, *Opzet en structuur van het Duitse Rijkscommissariaat in Nederland*, notities voor het hoofdwerk Nr. 16, NIOD, Koll. 785, S. 5.

37 Vgl. J.H.P. Bellefroid, *Beknopt overzicht der staatsinrichting van Nederland tijdens de bezetting* (Nimwegen/Utrecht 1941) S. 18.

38 *Ebenda,* S. 19.

Gesetzgebung speziell übertragen ist, so daß die gesetzesgleichen Rechtsvorschriften nicht als Gesetze, sondern als Verordnungen verkündet werden.[39]

Ein zusätzlicher Vorteil aus der Sicht der Besatzungsmacht ist, daß durch die gewählte Terminologie außerdem in erster Linie verschleiert wird, wie tief schon die ersten Verordnungen in das niederländische Recht eingreifen und diesem dem Inhalt, der Prozedur und der Funktion nach widersprechen. Der Begriff Verordnung (in der niederländischen Bedeutung 'verordening') wird sozusagen praktisch neu interpretiert, oder, um einen Terminus von Carl Schmitt zu benutzen, 'umgedacht'. Die Rechtsetzung funktioniert somit als politisches Instrument, denn wenn die Rechtsetzung einen Selbstzweck haben würde, dann müßte eine Gewaltentrennung vorhanden sein und auch ein spezielles Gesetzgebungsorgan bestehen. Das Kennzeichnende aber bei der nationalsozialistischen Besatzungsgesetzgebung ist gerade dieses Fehlen einer Gewaltenteilung, da alle Gewalten letztendlich im Führer ausmünden.[40] Gleichzeitig wird dadurch ebenfalls ersichtlich, wie sehr die Besatzungsmacht schon von Anfang an darum bemüht war, ihren Begriff von Legalität aufrechtzuerhalten.[41] Man erinnere sich in diesem Zusammenhang an den wiederholt betonten Anspruch Hitlers, bei den Wahlen im Januar 1933 legal - das heißt dem Gesetz gemäß - an die Macht gekommen zu sein.[42] Hitler - inspiriert durch dieses Streben nach Legalität - benutzt diesen Anspruch auch beim Anschluß Österreichs 1938, wobei Seyß-Inquart eine Hauptrolle spielt. Es paßt also genau in die Linie der Besatzungspolitik Seyß-Inquarts im ersten Besatzungsjahr, die auf eine freiwillige Hinwendung zur nationalsozialistischen Weltanschauung der niederländischen Bevölkerung abzielt.

Abgesehen von der Frage warum die nationalsozialistische Besatzungsmacht Verordnungen statt Gesetze erstellt hat, gibt es auch noch das Problem der Gültigkeit dieser neuen Gesetzgebung. Das Problem dabei ist die Akzeptanz der neuen nationalsozialistischen Rechtsetzung von den zuständigen niederländischen Autoritäten. Die höchste niederländische juristische Instanz, der Hohe Rat ('Hoge Raad'), ist zur Normenkontrolle, das heißt Prüfung der Verordnungen - aber nicht der Gesetze im formellen Sinn - befugt. Die Gesetze im formellen Sinne sind Beschlüsse, die von der Krone und dem 'Staten Generaal' zusammen genommen, und in die Form eines Gesetzes gegossen werden. Diese wiederum können allerdings vom Hohen Rat an gültigen internationalen Rechtsverträgen geprüft werden.

39 Vgl. auch Georg Grassmann, *Die deutsche Besatzungsgesetzgebung während des 2. Weltkrieges* (Tübingen 1958) S. 43ff.

40 Vgl. Rapsch, *Gesetzgebung unter nationalsozialistischer Gewaltherrschaft*, S. 140.

41 Vgl. Wolfgang Meyer-Hesemann, *Legalität und Revolution. Zur juristischen Verklärung der nationalsozialistischen Machtergreifung als "legale Revolution"*, in: Peter Salje (Hg.), *Recht und Unrecht im Nationalsozialismus* (Münster 1985) S. 110-137, mit zahlreichen Literaturhinweisen.

42 Siehe zur 'legalen Revolution' Joachim Fest, *Hitler. Eine Biographie* (Frankfurt/Main/Berlin/Wien 1973) S. 533ff.

Hat der Hohe Rat nun die Normenkontrolle bei der neuen, nationalsozialistischen Rechtsetzung unterlassen? In dem sogenannten 'Toetsingsarrest' vom 12. Januar 1942 wird die umstrittene Entscheidung des Hohen Rates begründet mit dem Argument, daß die Verordnungen der Besatzungsmacht Gesetzeskraft besitzen, auch wenn sie nicht im eigentlichen, ursprünglichen niederländischen Sinne Gesetze genannt werden können.[43] Dies bedeutet, daß die Verordnungen des Reichskommissariats durch den Hohen Rat als formelle Gesetze angesehen und somit akzeptiert werden. Nach dieser Anerkennung der Rechtsgültigkeit der Verordnungen als "formelle Gesetze" jedoch sind diese obendrein vom Hohen Rat den Bestimmungen der Haager Landkriegskonvention (Artikel 43) *nicht* streitig erklärt worden.[44] Zweifellos hat der Hohe Rat hier eine große Chance verfehlt, sich wenigstens formell der Besatzungsgewalt zu widersetzen und den Eindruck der Legalität der neuen Rechtsetzung gewissermaßen abzuschwächen, indem sie zumindest nicht rechtlich akzeptiert wird.

In dem obenangeführten Kontext des Strebens nach Legalität sind auch die weiteren Bestimmungen der Verordnung Nr. 3 des Jahres 1940 zu verstehen. Im § 2 wird die Gültigkeit des niederländischen Rechts wiederholt,

> "soweit es mit der Besetzung vereinbar ist und soweit nicht die Bestimmungen des Erlasses des Führers über die Ausübung der Regierungsbefugnisse in den Niederlanden (Reichsgesetzblatt I, S. 778) dem entgegenstehen."[45]

Auch hier werden wiederum keine weiteren Angaben gemacht, wie dann aber das Besatzungsrecht aussieht oder aussehen wird. Weiterhin bestimmt der Reichskommissar im § 2.2, daß ihm alle Rechtsvorschriften vor ihrer Verkündung vorzulegen sind und daß er sie nach Wunsch aussetzen kann. Das Führerprinzip, mit Seyß-Inquart an der Spitze, gilt also auch hier. Er kann ebenfalls delegieren, da er bestimmt, daß er sich zur Durchführung seiner Anordnungen der deutschen (§ 2.3), oder, falls nicht vorhanden, der niederländischen Behörden bedienen kann (§ 3.1). Die niederländischen Generalsekretäre sind gleichfalls befugt, Ausführungsvorschriften zu den geltenden niederländischen Gesetzen und zu den Verordnungen des Reichskommissars zu erlassen (§ 3.2); vorausgesetzt, daß sie die obenangeführten Bestimmungen (§ 2.2 und § 2.3) respektieren. Abgesehen von diesen Restriktionen fällt wiederum der Sprachgebrauch auf: die Generalsekretäre können Ausführungsvorschriften erlassen, aber keine Verordnungen. Die verschiedenartigen Bezeichnungen der Rechtsvorschriften verweisen somit auf die unter-

43 Für den vollständigen Text: *Weekblad van het Recht*, 8. April 1942, Nr. 271.

44 Siehe über das umstrittene 'Toetsingsarrest' Mazel, *In naam van het Recht... De Hoge Raad en de Tweede Wereldoorlog* (Arnheim 1984) S. 70-91; De Jong, *Het Koninkrijk*, Bd. 6, II, S. 638-669.

45 *Verordnungsblatt*, 1940, S. 9.

schiedlichen Machtebenen der rechtsetzenden Instanzen.[46] Dieser Unterschied kommt in der Rechtsetzung öfter vor.

Die unterschiedliche Machtebene findet man auch in der Art der Verkündung der Rechtsvorschriften wieder. Die rechtsetzenden Maßnahmen der niederländischen Generalsekretäre werden in der Regel im *Verordnungsblatt* des Reichskommissars verkündet, wo sie mit den direkt von der Besatzungsmacht erlassenen Verordnungen durchlaufend numeriert werden. Statt dessen können sie, nach Verordnung Nr. 177 vom 17. Oktober 1940, aber auch im *Nederlandsche Staatscourant* verkündet werden (§ 1.1).[47] Nicht allgemein rechtsverbindliche Anordnungen der Generalsekretäre erscheinen nur im *Nederlandsche Staatscourant* (§ 1.2) und die im *Verordnungsblatt* erscheinenden Rechtsvorschriften der Generalsekretäre können nachrichtlich auch im Staatsblatt verkündet werden, und zwar frühestens gleichzeitig mit dem *Verordnungsblatt* (§ 2). Wenn man einen Eindruck über die Rechtsetzung der neuen Machthaber und ihre Absichten in den Niederlanden bekommen möchte, dann bleibt die wichtigste Quelle also das amtliche Verkündungsorgan, das heißt das *Verordnungsblatt*.

Wenn man außerdem von dem - nach Grassmann - im Völkerrecht unbestrittenen Grundsatz ausgeht, daß das Besatzungsrecht den Gesetzen des besetzten Landes vorgeht, weil die Besatzungsgewalt der Staatsgewalt des besetzten Staates übergeordnet ist, dann ist die Vorrangstellung der Rechtsvorschriften der Besatzungsmacht eigentlich nicht revolutionär oder ungewöhnlich.[48] Auch wenn man diesen Grundsatz nur unter Vorbehalt akzeptiert, bleibt es eine Gegebenheit, daß alleine schon aus der nackten Tatsache der Besatzung für die besetzende Macht die 'Befugnis' abgeleitet wird, Gewalt auszuüben: Die Besatzungsmacht darf vielleicht nicht nach eigenem Gutdünken handeln, aber wenn sie will - dann kann sie dementsprechend auftreten, egal ob dies nun rechtmäßig ist oder auch nicht. Die Praxis der Besatzung der Niederlande hat schließlich erwiesen - und dabei braucht man nicht nur an die Rassenpolitik zu denken - daß die Nationalsozialisten sich recht wenig durch die Haager Landkriegskonvention von 1907 haben stören lassen.[49] Typisch für den Nationalsozialismus ist allerdings, daß die neuen Machthaber in den Niederlanden sich die Mühe nehmen, ihre Rechtsvorschriften rechtlich festzulegen und auf jeden Fall den Eindruck der Legalität erwecken wollen. Neben diesem Argument ist es allerdings nicht unwichtig festzustellen,

46 Vgl. die Übersicht der Bezeichnungen in Grassmann, *Die deutsche Besatzungsgesetzgebung während des 2. Weltkrieges*, S. 43-47.

47 Verordnung Nr. 177/1940, § 1.1; *Verordnungsblatt*, 1940, S. 523.

48 Vgl. Grassmann, *Die deutsche Besatzungsgesetzgebung während des 2. Weltkrieges*, S. 62.

49 Siehe zum Besatzungsrecht und zur Haager Landkriegskonvention 1907 die ausführliche Dissertation von Taco Jansma, *Het bezettingsrecht in de practijk van de Tweede Wereldoorlog* (Utrecht/Wageningen 1953) S. 18-46; sowie P.E. Mazel, *In naam van het Recht...*, S. 20-22.

daß auch die innerliche Struktur des NS-Staates durch die schriftliche Rechtsetzung mehr gefestigt werden kann. Die Kohäsion dieses Staates, dem ja eine konsequent durchdachte Ideologie als Ganzes fehlt, gewinnt durch das Festlegen der Rechtsmaßnahmen. Die Gewalt selber braucht schließlich ein rechtsetzendes, sowie rechtserhaltendes Element für ihre eigene Erhaltung - wenn auch manchmal nur zeitweilig und immer im NS-Staat, nach jeweiligem Bedarf änderbar.

Zurück zur 3. Verordnung des Jahres 1940. Das Recht und die Rechtsvorschriften sind durch die ersten Paragraphen formell definiert. In den weiteren Bestimmungen geschieht dasselbe mit der Polizei und der Rechtsprechung. Die Aufrechterhaltung öffentlicher Ruhe, Ordnung und Sicherheit obliegt der niederländischen Polizei, die aber unter Aufsicht der deutschen Polizei steht und die an deren Weisungen gebunden ist. Zur Durchführung seiner Anordnungen kann der Reichskommissar sich aber auch deutscher SS- und Polizeikräfte bedienen und die Bekämpfung "aller reichs- und deutschfeindlichen Bestrebungen" ist gleichfalls Sache der deutschen Polizei.[50] Die quasi rechtliche Basis für einen Polizei- und Terrorstaat ist mit diesen Bestimmungen gelegt.

Auch der nächste, kurze 6. Paragraph formuliert grundlegende Bestimmungen, und zwar über die Rechtsprechung: "Die Rechtsprechung ist unabhängig" (§ 6.1) lautet der erste Satz und anschließend "Die Urteile ergehen im Namen des Rechts" (§ 6.2). Diese Formulierungen erinnern an den Schmitt'schen Sprachgebrauch und dessen fünften Leitsatz für die Rechtspraxis, in welchem der nationalsozialistische Staat als 'gerechter Staat' definiert wird.[51] Aus der Sicht eines ehemaligen demokratischen Staates klingen diese Formulierungen jedoch recht vage, da keine Prozeduren festgelegt werden, die die unabhängige Rechtsprechung garantieren können oder in welchen das Recht und sein Zweck mit allgemeingültigen Maßstäben definiert wird. Weiterhin bestimmt der Reichskommissar, welche Urteile ihm vor ihrer Vollstreckung zur Bestätigung vorzulegen sind (§ 6.3) und welche Straftaten welcher Gerichtsbarkeit unterliegen (§ 6.4). Auch hier wird wiederum das Führerprinzip vertreten, denn es ist Seyß-Inquart, der grundsätzlich die letzte Entscheidung trifft.

Bei diesen Bestimmungen über die Unabhängigkeit der Rechtsprechung, während gleichzeitig definiert wird, daß der Reichskommissar bestimmt, welche Urteile ihm vor ihrer Vollstreckung zur Bestätigung vorzulegen sind (!), sowie der 'Rechtsprechung im Namen des Rechts' entsteht das Problem, wie diese Verordnungen von der besetzten niederländischen Bevölkerung interpretiert werden sollen. Können die niederländischen Richter, Juristen, Beamten und mit ihnen die gesamte Bevölkerung die neue Gesetzgebung als gültige, mit anderen Worten legale Rechtsetzung 'im Namen des Rechts' anerkennen? Direkt am 29. Mai 1940 wird über genau diese Formulierungen, da Generalsekretär Tenkink vom Justizmi-

50 *Verordnungsblatt*, 1940, S. 10.
51 Vgl. Kapitel 2 dieser Studie.

nisterium keine Sicherheit besitzt, daß sie von der richterlichen Macht anerkannt werden, Kontakt mit der höchsten richterlichen Instanz aufgenommen: dem Präsidenten des Hohen Rats Visser. Dieser antwortet Tenkink nach einer Versammlung des vollständigen Obersten Gerichtshofes am nächsten Tag, daß der Hohe Rat aus völkerrechtlicher Sicht keine Einwände zu machen hätte.[52] Wenn dieses Ergebnis der Besprechung des Hohen Rats durch den Anspruch der 'unabhängigen Rechtsprechung' (§ 6.1) bestimmt worden ist - eine plausible Erklärung - dann ist das eine Fehleinschätzung des Hohen Rats über die Absichten der Besatzungsmacht gewesen. Seyß-Inquart jedoch kann die reibungslose Annahme der Bestimmungen nur willkommen gewesen sein und vom Gesichtspunkt des Strebens nach Legalität her ist der erste Erfolg der Besatzungsmacht mühelos erzielt worden.

In der nächsten Bestimmung der 3. Verordnung fordert der Reichskommissar eine eidesstattliche Erklärung von allen im öffentlichen Dienste stehenden Richtern, Beamten, Angestellten, sowie von den haupt- und nebenamtlichen Lehrpersonen, zur gewissenhaften Befolgung aller Verordnungen und sonstigen Anordnungen des Reichskommissars. Außerdem verpflichtet man sich - dies übrigens ganz in Übereinstimmung mit dem Völkerrecht - der Enthaltung jeder gegen das Deutsche Reich oder die deutsche Wehrmacht gerichteten Handlungen (§ 7). Daß die Wehrmacht, unter Leitung von Christiansen, auch formell eine besondere Position einnimmt, steht im folgenden Paragraphen, in welchem alle im besetzten niederländischen Gebiete tätigen deutschen Behörden, Dienststellen und Organe - mit Ausnahme derjenigen der Wehrmacht - dem Reichskommissar dienstlich unterstellt werden (§ 8). Die Bestimmung des Verordnungsblatts als amtliches Verkündungsorgan, mit dem deutschen Text als authentischem (§ 9), rundet Seyß-Inquarts 'eigene Verfassung' ab.

Ein bisher vernachlässigter Punkt in der Literatur betrifft ein sehr wichtiges Thema: Die Rassenpolitik ist in der offiziellen Verordnung Nr. 3 des Jahres 1940, so wie diese im Verordnungsblatt verkündet wird, nicht wiederzufinden. Dies ist, wie aus den Konzepten der dritten Verordnung im Archiv Rechtsetzung zu ersehen ist, kein Zufall. In einer handgeschriebenen Notiz, die bisher von der Wissenschaft noch nicht verwertet worden ist, von Kurt O. Rabl, dem Leiter der Abteilung Rechtsetzung, sind die Themen zu lesen, die in der dritten Verordnung, das heißt in der 'Verfassung', bestimmt werden sollen.[53] Neben den oben angeführten Bestimmungen, die also auch tatsächlich in der Verordnung geklärt worden sind, steht auch der Punkt "Jüdischen Beamte etc., Mischlinge, Mitglieder der Kommunistischen Partei" notiert. Dasselbe Thema der Juden wird gleichfalls aufgegriffen in einem folgenden Telefonat des Dr. Lehrhofers an Reichsminister

52 Siehe Mazel, *In naam van het Recht...*, S. 14ff.

53 Konzepte der Verordnung Nr. 3/1940 im Archiv Rechtsetzung, NIOD, Koll. 21, Karton 1, Mappe 1.

Seyß-Inquart, das Anmerkungen, Vorschläge und Verbesserungen der 'eigenen Verfassung' enthält:

> "Ich stelle die Aufnahme einer Bestimmung in Erwägung, auf Grund deren aus den Kreisen der Richter, Beamten und öffentlichen Angestellten Juden und Mischlinge etc. ausgeschieden bezw. außer Dienst gestellt werden können. Vielleicht allerdings empfiehlt sich, eine solche Anordnung erst später auf Grund des § 1 Absatz 2 der Verordnung zur Durchführung des Führererlasses zu erlassen."[54]

Die letzte Empfehlung ist - wie der überlieferte Text der Verordnung beweist - angenommen worden, denn Bestimmungen über die "Juden, Mischlinge etc. und Mitglieder der Kommunistischen Partei" kommen in der definitiven Version der Verordnung Nr. 3/1940 nicht vor. Der präzise Grund dafür ist nicht in dem Archiv Rechtsetzung wiederzufinden. Die Entscheidung paßt jedoch in die Besatzungspolitik des Reichskommissars, der erst einmal eine eher abwartende Haltung den Niederländern gegenüber einnehmen möchte. Es kann daher konkludiert werden, daß die Rassenpolitik ein Thema ist das - in der Öffentlichkeit - aus strategischen Gründen erst später und allmählich aufgegriffen wird, obwohl es eindeutig von Anfang an auf dem Programm steht.

In derselben Notiz des Telefonates von Dr. Lehrhofer steht auch ein bemerkenswerter Kommentar über den niederländischen Generalsekretär Hirschfeld, aus dem ersichtlich ist, wie relativ manchmal mit der 'Judenfrage' umgegangen wird:

> "Wie ich noch Sonntag in Berlin erfahren habe, befindet sich im holländischen Außen- oder Wirtschaftsministerium ein Ministerialdirektor Hirschfeld; er ist Jude, wurde jedoch vom Führer mit dem Adlerorden oder einem anderen Orden ausgezeichnet, daher Vorsicht am Platz. Es erscheint mir zweckmäßig, im Haag selbst sogleich Erkundigungen über seine Lage einzuziehen."[55]

Hirschfeld ist die ganzen fünf Kriegsjahre über an seinem Platz geblieben, so daß auch in Anbetracht auf die Rassenpolitik wiederum ein gezielter Opportunismus der nationalsozialistischen Machthaber festgestellt werden kann.[56]

Die dritte Verordnung ist hier so detailliert dargestellt worden, weil in ihr die Grundlagen für die rechtsetzenden Maßnahmen der Besatzungszeit gelegt werden. Dem 1. Führererlaß dem Wortlaut und der Bedeutung nach folgend,

54 *Ebenda.*

55 *Ebenda.*

56 Siehe weiter zu Dr. H.M. Hirschfeld und der dazugehörigen Diskussion seiner Persönlichkeit sowie Position: De Jong, *Het Koninkrijk*, Bd. 4, I, S. 163-172 und Bd. 14, I, S. 213, 218-220; sowie die autobiographischen Schriften Hirschfelds: H.M. Hirschfeld, *Herinneringen uit de jaren 1933-1939* (Amsterdam/Brüssel 1959) und ders., *Herinneringen uit de bezettingstijd* (Amsterdam/Brüssel 1960).

werden die von Seyß-Inquart notwendig erachteten Bestimmungen definiert: seine eigene Machtposition, die des Königs und der ehemaligen Regierung, das Recht, die niederländischen Beamten, die öffentliche Ordnung, Polizei und Rechtsprechung, sowie schließlich die gewünschte Loyalitätserklärung der niederländischen Beamten. Jetzt kann danach getrachtet werden, die drei Zielsetzungen der Besatzungsmacht zu realisieren: Die öffentliche Ordnung ist der Polizei unterstellt, die wirtschaftliche Bindung kann durch die Machtposition der Besatzungsmacht und die Rechtsprechung (Strafen) erreicht oder notfalls erzwungen werden und die Loyalitätserklärung ist der erste Ansatz zur politischen Willensbildung. Außerdem ist in der 3. Verordnung das Führerprinzip wiederzufinden, das für den Nationalsozialismus kennzeichnende Streben nach Legalität sowie die üblichen, leeren Formeln der nationalsozialistischen Weltanschauung über das Recht. Man erinnere sich dabei an die zuvor angeführten Ansprüche Carl Schmitts, nach welchen 'der nationalsozialistische Staat ein gerechter Staat ist' oder 'der Führer das Recht schützt', wenn man im 6. Paragraphen, Punkt (1) der dritten Verordnung liest: Die Rechtsprechung ist unabhängig und Punkt (2): Die Urteile ergehen im Namen des Rechts - statt des in den Niederlanden üblichen Rechts 'im Namen des Königs.'[57] Die vierte, bis jetzt noch inoffizielle Zielsetzung schließlich der Juden- und Minoritätenverfolgung, droht allerdings schon von Anfang an im Hintergrund.

3.4 Die Gewalt: Das Reichskommissariat Niederlande

Die nächsten Verordnungen, der Erlaß des Reichskommissars Nr. 4 vom 3. Juni 1940 und Nr. 5 vom 5. Juni 1940, regeln den organisatorischen Aufbau und die Personalangelegenheiten des Reichskommissariats.[58] Dieses wird, wie schon erwähnt, vom Reichskommissar Seyß-Inquart geleitet, der selber unmittelbar dem Führer untersteht.[59] Dem Aufbau nach besteht es weiterhin aus vier Generalkommissariaten: (1) für Verwaltung und Justiz, (2) für Finanz und Wirtschaft, (3) für das Sicherheitswesen und (4) zur besonderen Verwendung. Die ernannten Generalkommissare sind, in derselben Reihenfolge, Dr. Friedrich Wimmer, Dr. Hans

57 *Verordnungsblatt*, 1940, S. 10. Vgl. auch, über den Gegensatz des ursprünglich in den Niederlanden geltenden "Recht im Namen des Königs" mit dem "Recht im Namen des Rechts" während der Besatzungszeit E. J. H. Schrage, *In naam van het Recht. Over de geschiedenis van de rechtspraak in en rond de Tweede Wereldoorlog* ; in: M. Berman, J.H.C. Blom (Red.), *Het belang van de Tweede Wereldoorlog* (Amsterdam 1997) S. 33, sowie *Enquêtecommissie Regeringsbeleid* S. 559-560 und A.M. van de Wiel, *Rechtspleging onder bijzondere omstandigheden*, S. 442.

58 *Verordnungsblatt*, 1940, S. 11-18.

59 Siehe zum Reichskommissariat Niederlande auch Isabel Gallin, *Machtstrukturen im Reichskommissariat Niederlande*; in: Robert Bohn (Hg.), *Die deutsche Herrschaft in den 'germanischen' Ländern 1940-1945*, HMRG Beiheft 26 (Stuttgart 1997) S. 145-158.

Fischböck, Hanns Albin Rauter und Fritz Schmidt.[60] Die Funktionsbereiche der Generalkommissare betreffen sowohl deutsche als auch niederländische Zuständigkeiten und sind wiederum eingeteilt in 71 Hauptabteilungen, Abteilungen und Referate. Neben den Generalkommissaren, die für die Leitung ihrer Generalkommissariate zuständig sind und dem Reichskommissar direkt unterstellt werden, gibt es noch die Behörden für den Persönlichen Stab, den Vertreter des Auswärtigen Amtes, der das Verhältnis der besetzten niederländischen Gebieten zu Drittländern koordiniert, sowie die Beauftragten des Reichskommissars für Provinzen, Städte und einzelne Sachbereiche und die für den Leiter der Präsidialabteilung, die alle gleichfalls dem Reichskommissar direkt unterstellt sind. Theoretisch gibt es in den Niederlanden, nach einem im Auftrage Seyß-Inquarts erstellten Bericht, keine zivile deutsche Dienststelle, die ihre Autorität aus einer anderen Quelle als aus dem Willen der politischen Entscheidung des Reichskommissars herleitet.[61] Dies ist allerdings die formale Verwaltungsstruktur, die nicht unbedingt etwas über die real herrschenden Machtverhältnisse aussagt. Unmittelbar unterstehen dem Reichskommissar minimal acht hohe Beamte: die vier Generalkommissare, der Leiter des persönlichen Stabs, der Vertreter des auswärtigen Amts, der Leiter der Präsidialabteilung und die Beauftragten des Reichkommissars. Von ihnen sind die vier Generalkommissare die wichtigsten, da die anderen in der Praxis eine eher scheinbar wichtige Rolle spielen und nicht mit entscheidenden Problemen der Verwaltungsführung belastet werden. Die meisten Beamten und Angestellten werden von den Generalkommissaren oder hohen Beamten aus ihren ehemaligen Dienststellen, ihren vorigen Ressorts, mitgenommen und kennen einander. Das *Generalkommissariat für Verwaltung und Justiz*, zu dessen Aufgabenbereich die Angelegenheiten der Verordnungs- und Gesetzgebung, des Staatsrechts sowie des *Verordnungsblatts* gehören, besteht aus Beamten und Richtern.[62]

Die *Abteilung für Rechtsetzung und Staatsrecht* ist zuständig für Angelegenheiten der Gesetzgebung, Verordnungen, allgemeinverbindlichen Rechtsvorschriften sowie dem Staatsrecht, Völkerrecht und *Verordnungsblatt*. Sie wird

60 Fritz Schmidt (1903-1943) leitet sein Generalkommissariat zur besonderen Verwendung bis zu seinem Tode im Juni 1943. Bis auf den heutigen Tag ist ungeklärt geblieben, ob sein Sturz aus einem Zug in Frankreich Selbstmord oder Mord gewesen ist. Sein Posten wird danach bis zum Ende des Krieges von Wilhelm Ritterbusch eingenommen, einer politisch betrachtet farbloseren Figur als Schmidt.

61 *Die Niederlande im Umbruch der Zeiten. Alte und neue Beziehungen zum Reich.* Im Auftrag des Reichskommissars für die besetzten niederländischen Gebiete. Hg. von M. Freiherr Du Prel und W. Janke (Würzburg 1941) S. 85.

62 Das Generalkommissariat zur besonderen Verwendung bezieht seine Angestellten aus der NSDAP. Das Generalkommissariat für das Sicherheitswesen bezieht seine Männer aus der SS oder aus der Ordnungs- und/oder Sicherheitspolizei. Dasselbe gilt für die mittleren Beamten: in der Präsidialabteilung sind hauptsächlich Verwaltungsbeamte tätig und der Stab des Vertreters des Auswärtigen Amtes besteht aus diplomatischem Personal. Die Beauftragten der Provinzen stammen gleichfalls aus vergleichbaren Posten im Reich.

geleitet von Dr. (jur.) Dr. (phil.) Kurt Rabl, dem der Landgerichtsrat Kurt Schlüter und der Regierungsrat Dr. Eduard von Muck sowie ein Übersetzungsbüro, das geleitet wird von Dr. Arthur Bauer, zugeteilt sind.[63] Rabl bleibt bis zum Juni 1942 Leiter der *Abteilung Rechtsetzung* und geht dann zur *Waffen-SS*.[64] Obwohl die Abteilung nicht sehr groß ist, steht sie in ständigem Kontakt mit den anderen Abteilungen und Referaten des Reichskommissariats, da Verordnungsentwürfe bei der Abteilung Rechtsetzung eingereicht und von ihr weitergeleitet werden.

Insgesamt arbeiten im September 1941, also knapp über ein Jahr nach der Invasion, bereits 1596 Beamte, Angestellte und sonstige Arbeiter bei den Behörden des Reichskommissariates Niederlande.[65] Ganz im Gegensatz zu den oben beschriebenen Verhältnissen jedoch sollte, einer Aussage Werner Bests im Jahr 1941 zufolge, jede Aufsichtsverwaltung den Ehrgeiz haben, mit der denkbar geringsten Personalbesetzung auszukommen.[66] Diese Meinung teilt auch der Leiter der Präsidialabteilung in den Niederlanden, Dr. Piesbergen, der nach dem Kriege aussagt, daß für eine ordentliche Aufsichtsverwaltung 200 tüchtige Beamte durchaus ausreichend gewesen wären.[67] Dem hohen Personalbestand kann man vielleicht die Absicht der Besatzungsmacht entnehmen, die Verwaltungskontrolle und -lenkung der niederländischen Bürokratie so umfassend wie möglich einzurichten.[68]

Neben dem eigenen, deutschen Personal des Reichskommissariates kann die Besatzungsmacht auch über die Kenntnisse und Erfahrungen der ansässigen niederländischen Beamten verfügen. Diese haben von der Königin den Auftrag bekommen, sich im Interesse des Staates und der Bevölkerung der Besatzungsmacht nicht zu widersetzen, solange sie dies mit ihrem eigenen Gewissen vereinbaren können.[69] Konform den sogenannten von der Regierung im Jahre 1937 aufgestellten 'Anweisungen', die sich wiederum der Haager Landkriegskonvention von 1907 fügen, wird Beamten geraten, im Falle der Besetzung durch eine

63 Archiv Präsidialabteilung, NIOD, Koll. 17, Karton 6, Mappe 11[04].

64 De Jong, *Het Koninkrijk*, Bd. 4, I, S. 109.

65 Werner Best, *Die deutschen Aufsichtsverwaltungen in Frankreich, Belgien, den Niederlanden, Norwegen, Dänemark und im Protektorat Böhmen und Mähren.* Nur für den Dienstgebrauch, vergleichende Übersicht Stand Ende August - Anfang September 1941, NIOD, Amsterdam.

66 Die Zahlenangaben, wenn nicht anders angegeben, sind der folgenden Studie entnommen: Best, *Die deutschen Aufsichtsverwaltungen*, S. 65. Best ermittelte seine Feststellungen und Eindrücke durch Besuche der fünf Verwaltungen in den Monaten August und September 1941. Selber war er an dem Zeitpunkt als Verwaltungschef in Frankreich tätig.

67 Erklärung Dr. H. Piesbergen vom 12. April 1949, NIOD, Doc-I 1318, a-2.

68 Die besetzten niederländischen Gebiete umfaßten 1941 ein Gebiet von 34.181 qkm mit 8.833.977 Millionen Einwohnern und dem oben schon genanntem Verwaltungspersonal von 1.596 Angestellten; in: Werner Best, *Die deutschen Aufsichtsverwaltungen*, S. 65.

69 Dazu beispielsweise Gabriele Hoffmann, *NS-Propaganda in den Niederlanden. Organisation und Lenkung der Publizistik unter deutscher Besatzung 1940-1945* (München/ Berlin 1972) S. 21-22.

fremde Macht, der Bevölkerung und Wahrung des öffentlichen Lebens zuliebe, an ihrem Platz zu bleiben.[70] Die in ihren Ämtern verbleibenden Generalsekretäre werden somit Chefs der betreffenden Ministerien und sind davon überzeugt, daß nur eine Zusammenarbeit mit den verantwortlichen Stellen des Reichskommissariates die Aufrechterhaltung der allgemeinen Ordnung, sowie das Weiterbestehen der öffentlichen Dienstleistungen, garantieren kann. Eine totale Arbeitsniederlegung oder eine Weigerung einzelner Dienstbereiche schadet in ihren Augen nur der eigenen Bevölkerung. Außerdem können ihre Posten schließlich kurzfristig ersetzt werden, womöglich noch durch die einheimischen Nationalsozialisten (NSB), die man sich aber lieber nicht in die öffentlichen Ämter holen möchte. Die durch diese Erwägungen geleitete Bereitschaft der Generalsekretäre zur administrativen Zusammenarbeit ist den Beamten des Reichskommissariates willkommen, da dies ihre Arbeit und Zielsetzungen erleichtert. Im Reichskommissariat selber sind niederländische Angestellte nur in den niedrigsten Berufen, wie zum Beispiel den der Boten, Fahrer oder Sekretärinnen, angestellt.

Das Reichskommissariat Niederlande funktioniert in verwaltungstechnischer Hinsicht relativ problemlos bis ungefähr Mitte 1943. Als sich dann jedoch das Kriegsglück wider die Nationalsozialisten kehrt und auch die Niederländer ziemlich widerspenstig bleiben, da die in erster Linie vom Reichskommissariat beabsichtigte Selbstnazifizierung auf sich warten läßt, verschärft die Situation sich immer mehr.

3.5 Die Verordnungen: Bezeichnung und Unterschrift

Der Prozedur nach sollen Verordnungen, das heißt Maßnahmen und verkündete Rechtsvorschriften, möglichst von den zuständigen niederländischen Generalsekretären unterschrieben werden. Dies ist eine Taktik der Besatzungspolitik, mit welcher die Besatzungsmacht bezweckt, den Schein von Freiwilligkeit der Maßnahmen der niederländischen Bevölkerung gegenüber zu bewahren. Diese Taktik paßt in das Streben nach Legalität, sowie zum Ziel der 'Selbstnazifizierung', der 'freiwilligen politischen Lenkung und Steuerung' der niederländischen Bevölkerung. Sie wird wörtlich von Seyß-Inquart in seinem *Lagebericht* formuliert:

70 Der vollständige Titel lautet: *"Aanwijzingen" betreffende de houding, aan te nemen door de bestuursorganen van het Rijk, de provinciën, gemeenten, waterschappen, veenschappen en veenpolders, alsmede door het daarbij in dienst zijnde personeel en door het personeel in dienst bij spoor- en tramwegen in geval van een vijandelijke inval* und der gesamte Text steht in der *Enquêtecommissie Regeringsbeleid 1940-1945. Leiding en voorlichting aan ambtenaren en burgers in de bezette gebieden. Het contact met en de politiek ten aanzien van de verzetsbeweging in Nederland*, Bd. 7ab (Den Haag 1955) S. 38-45 (Diskussion dieser "Aanwijzingen": S. 45-66). Vgl. zu den "Aanwijzingen 37" auch De Jong, *Het koninkrijk*, Bd. 4, I, S. 124ff. und Bd. 14, I, S. 216ff.

> "Es erschien aber politisch notwendig, daß eine Summe von Maßnahmen vor allem wirtschaftlicher mittelbar aber auch polizeilicher Art mit der Unterschrift der niederländischen Generalsekretäre dem niederländischen Volke gegenüber ergriffen werden."[71]

In diesem Zitat werden die Unterschriften der niederländischen Generalsekretäre politisch motiviert, das heißt durch Maßnahmen, die die 'freiwillige' Willensbildung bezwecken. Dann wird das Argument von Seyß-Inquart wiederholt, und nun in Anbetracht auf die Aufgabe der 'wirtschaftlichen Bindung' an das Reich:

> "Im Hinblick auf die gestellte Aufgabe müßte getrachtet werden, daß alle diese Maßnahmen die Unterschrift von Niederländern tragen. Es wurde daher den Generalsekretären im Wege einer Ermächtigung durch den Reichskommissar die Möglichkeit gegeben, im Verordnungswege alle notwendigen Maßnahmen zu treffen."[72]

Diese den Generalsekretären gegebene 'Möglichkeit, im Verordnungswege alle notwendigen Maßnahmen zu treffen' ist die Verordnung Nr. 23 vom 21. Juni 1940, nach welcher die Generalsekretäre dazu Befugnis erhalten, wenngleich auch der Reichskommissar sich selbstverständlich vorbehält, die Vollmachten für einzelne Fälle zu beschränken oder zurückzunehmen (§ 2): das Führerprinzip muß schließlich intakt bleiben.[73] Es geht Seyß-Inquart jedoch in seinem *Lagebericht* vor allem um das Argument der 'Freiwilligkeit' der zu treffenden Maßnahmen:

> "Tatsächlich sind bis heute nahezu schon alle Anordnungen über die Verfassung und Verteilung der Vorräte auf die Bevölkerung und Verordnungen über die Beschränkungen in der öffentlichen Meinungsbildung ergangen, aber auch Vereinbarungen über den Abtransport außerordentlich großer Vorräte in das Reich getroffen worden, die alle die Unterschriften der niederländischen Generalsekretäre oder der zuständigen Wirtschaftsführer tragen, so daß alle diese Maßnahmen durchaus den Charakter der Freiwilligkeit haben."[74]

Abgesehen von dem psychologischen Argument der 'freiwilligen' Maßnahmen, handelt es sich natürlich hauptsächlich darum, die so reibungslos wie möglich verlaufende Durchführung von Maßnahmen der Rationierung, Sicherheit oder des Abtransportes ins Reich zu bewerkstelligen. Ohne die Zustimmung der höchsten anwesenden niederländischen Beamten würden die notwendig erachteten Rechtsvorschriften und Maßnahmen einen weit intensiveren Einsatz nationalsozialistischer Arbeitskräfte aus dem Reich verlangen, das heißt die Heranziehung von noch mehr deutschem Personal. Darauf möchte der Reichskommissar jedoch

71 Seyß-Inquart, *1. Bericht*; S. 7-8.
72 *Ebenda*, S. 9.
73 *Verordnungsblatt*, 1940, S. 55-56.
74 Seyß-Inquart, *1. Bericht*, S. 10.

verzichten. Auch die Durchführung von unpopulären Maßnahmen durch Befehl, Drohung und Zwang ist vorerst keine Alternative. Statt dessen zieht Seyß-Inquart es vor, die administrative Struktur der Niederlande so weit wie möglich zu erhalten und den Generalsekretären als amtierenden Chefs der Verwaltung ein Höchstmaß an - aus deutscher Sicht - zu verantwortender Eigenständigkeit zu übertragen.[75] Im Falle eines Interessengegensatzes bekommen die niederländischen Generalsekretäre die Möglichkeit, ihren Posten ohne Vergeltungsmaßnahmen oder Folgen für ihre Person oder Familie aufgeben zu können. Zu dem Zeitpunkt des *Lageberichtes*, Juli 1940, hat noch keiner der Generalsekretäre von dieser Möglichkeit Gebrauch gemacht.[76] Daß Seyß-Inquart gegebenenfalls aber auf niederländische Unterschriften besteht, belegen auch spätere Dokumente des Archivs Rechtsetzung in dem dieser Anspruch wiederholt genannt wird.[77]

Bei den ersten Rechtsvorschriften und -maßnahmen wird dieser Unterschied zwischen einer von Seyß-Inquart unterzeichneten Verordnung und einer von einem niederländischen Generalsekretär unterzeichneten Maßnahme deutlich durch deren Bezeichnung: Eine Verordnung wird immer vom Reichskommissar persönlich unterzeichnet, während die niederländischen Beamten erstmals nur Ausführungsvorschriften unterzeichnen. Die Bezeichnung und dazugehörige niederländische Übersetzung einer Rechtsvorschrift wird also bewußt gewählt, wobei die niederländische Unterschrift suggerieren soll, daß die betreffende Maßnahme von dem zuständigen Ministerium selber - freiwillig - erstellt worden ist. Also werden in der niederländischen Übersetzung des Verordnungsblatts Verordnung und Ausführungsvorschrift übersetzt in beziehungsweise *verordening* und *uitvoeringsbesluit*. In der Praxis sieht das allerdings folgendermaßen aus: Der Reichskommissar ermächtigt zum Beispiel durch Verordnung Nr. 8 vom 11. Juni 1940 den betreffenden Generalsekretär des Ministeriums für soziale Angelegenheiten dazu, Vorschriften für die Stillegung von Betrieben, über die Einführung

75 Hirschfeld, *Fremdherrschaft und Kollaboration*, S. 87.

76 Die Kollegium der Generalsekretäre am Anfang der Besatzungszeit besteht aus dem Vorsitzenden A.M. Snouck Hurgronje (Auswärtige und Allgemeine Angelegenheiten), Dr. K.J. Frederiks (Innere Angelegenheiten), Prof.Dr. G.A. van Poelje (Unterricht, Kunst und Wissenschaft), L.J.A. Trip (Finanzwesen), C. Ringeling (Verteidigung), D.W.G. Spitzen (Wasserbauverwaltung), Dr. H.M. Hirschfeld (Handel, Gewerbe und Schiffahrt sowie Landwirtschaft und Fischerei), A.L. Scholtens (nach dem 30.08.1940 R.A. Verwey; Sozialwesen), O.E.W. Six (Kolonien). Im Dezember 1943 sind von diesen nur noch Frederiks, Hirschfeld, Six und Verwey im Amt, während die NSB-Mitglieder Van Dam, Goedewaagen, Rost van Tonningen und Schrieke neu hinzugekommen sind. Siehe weiter zu den Generalsekretären und deren Kurzbiographien De Jong, *Het Koninkrijk*, Bd. 4, I, S. 127ff.; Hirschfeld, *Fremdherrschaft und Kollaboration*, S. 86ff.

77 Da allerdings, bis auf ein paar Verordnungen (Nr. 3, 229, 230, 235, 236, 237, 238, 245 allesamt ohne weitere Korrespondenz) das Archiv für 1940 fehlt, wird hier nur der *1. Lagebericht* zitiert. Für die folgenden Jahre wird dementsprechend aus der Korrespondenz zitiert.

der Kurzarbeit und die Entlassung von Arbeitern und Angestellten zu erlassen.[78] Außerdem dürfen diese Vorschriften Strafdrohungen enthalten (§ 1.2). Also verkündet der Generalsekretär, in diesem Falle Scholtens, auch am 11. Juni 1940, seine Erste Ausführungsvorschrift über Arbeitsbeschränkungen mit Strafdrohungen.[79] Daraufhin verkündet Seyß-Inquart durch Verordnung Nr. 10, ebenfalls vom 11. Juni 1940, daß er den Generalsekretär des Finanzministeriums dazu ermächtigt, das bestehende Bankenmoratorium aufzuheben.[80] Die nächste Ausführungsvorschrift ist dann vom Generalsekretär Trip vom Finanzministerium, gleichfalls auf den 11. Juni 1940 datiert, in welcher er das Bankenmoratorium aufhebt.[81] Nach dem gleichen Prinzip folgt auf Verordnung Nr. 13 vom 17. Juni 1940

> "über Maßnahmen auf dem Gebiete des Schuldnerschutzes, der bürgerlichen und Strafrechtspflege, sowie des Verwaltungsrechts im Hinblick auf die seit dem 10. Mai 1940 eingetretenen besonderen Umstände"

die Ausführungsvorschrift mit den Maßnahmen, am gleichen Datum unterzeichnet vom niederländischen Generalsekretär Tenkink.[82] Auf Verordnung Nr. 15 über den Transport von Gütern und Personen folgen gleichermaßen Ausführungsvorschriften Nr. 16, 17 und 18 mit den erwünschten Bestimmungen. Statt der durch die niederländischen Unterschriften suggerierten theoretischen Freiwilligkeit, handelt es sich allerdings vielmehr um Richtlinien des Reichskommissariates, die danach von den niederländischen Ministerien wunschgemäß ausgeführt werden.

Diese Art und Weise der Verkündigung der Rechtsvorschriften macht folgende Tatsachen deutlich. Erstens das hohe Tempo und die große Anzahl der neuen Maßnahmen. Pro Tag mehrere neue Verordnungen ist in den ersten Kriegsmonaten nichts Besonderes, wobei im Durchschnitt ungefähr 30 bis 35 Verordnungen pro Monat erlassen werden und im Juli und August 1940 sogar je 46 und 48 Verordnungen.[83] Zweitens deren Bezeichnungen, die eine unterschiedliche Machtebene kennzeichnen: eine Verordnung wird immer vom Reichskommissar, eine Ausführungsvorschrift stets von einem niederländischen Generalsekretär unterzeichnet. Drittens die Position der Generalsekretäre, denn im Zusammenhang des Funktionierens des Reichskommissariates kann man sie beinahe als deutsche Beamte betrachten: Die Richtlinien oder notwendigen Anweisungen werden von dem Reichskommissariat gegeben und die niederländischen Beamten führen den Auftrag aus. Der Unterschied der Rechtsvorschrift erweist sich demnach durch die

78 *Verordnungsblatt*, 1940, S. 22.

79 *Ebenda*, S. 23-24. Zum Kontext dieser Verordnung Nr. 9/1940 siehe auch De Jong, *Het koninkrijk*, Bd. 4, I, S. 207 (De Jong nennt irrtümlicherweise Verordnung Nr. 8).

80 *Verordnungsblatt*, 1940, S. 25.

81 *Ebenda*, S. 25-26.

82 *Ebenda*, S. 31-34.

83 Anzahl pro Monat: Mai: 2, Juni: 30, Juli: 46, August: 48, September: 32, Oktober: 34, November: 27, Dezember: 27.

Bezeichnung. Obendrein können eventuelle Gewissenskonflikte oder Interessengegensätze der Generalsekretäre durch die Möglichkeit der Entlassung (und späteren Ersetzung durch NSB-Mitglieder) als interne Behördenkonflikte ohne große Konsequenzen abgetan werden. Viertens werden durch die Inhalte der neuen Rechtsvorschriften die Prioritäten der Interessen der Besatzungsmacht deutlich. Die meisten Maßnahmen in den ersten drei Besatzungsmonaten 1940 bestehen aus den wirtschaftlichen Rechtsvorschriften und polizeilichen Sicherheitsmaßnahmen, während die politisch orientierten Verordnungen erst in zweiter Linie hergestellt und verkündet werden.

Bemerkenswert ist allerdings, daß man sich im Reichskommissariat anscheinend zu diesem Zeitpunkt noch nicht vollkommen einig ist über die Bezeichnungen der Verordnungen und die dazugehörigen Übersetzungen in die niederländische Sprache. Nachdem nämlich noch zwei weitere Ausführungsvorschriften, Nr. 19 und 20, beide vom 17. Juni 1940 vom Generalsekretär Hirschfeld des Ministeriums für Landwirtschaft und Fischerei über die Landwirtschaftliche Krise, verkündet werden, erscheinen zwei Verordnungen die mit dem niederländischen Begriff *verordening* übersetzt werden. Diese beiden Verordnungen werden ausnahmsweise von den betreffenden niederländischen Generalsekretären unterzeichnet. Verordnung Nr. 24 vom 21. Juni 1940 betrifft die Sicherung der öffentlichen Ordnung, das heißt unter anderem, daß Versammlungen von mehr als 20 Personen beim zuständigen Polizeidirektor angemeldet werden müssen. Verordnung Nr. 27 vom 24. Juni 1940 betrifft die Devisenbewirtschaftung. Nach diesen beiden Ausnahmen jedoch kommt es nur noch einmal vor, bei Verordnung Nr. 39 vom Ministerium für Waterstaat vom 3. Juli 1940, über die Registrierung von Lastkraftwagen, Schleppern und Ackerbauschleppern, daß eine Verordnung mit *verordening* übersetzt und von einem niederländischen Generalsekretär unterzeichnet wird. Ab Verordnung Nr. 28 nämlich, vom 17. Juni 1940 über die Brotzuteilung im Jahre 1940, wird eine Verordnung, wenn sie von dem zuständigen niederländischen Generalsekretär unterzeichnet wird, durchgehend übersetzt mit *beschikking* oder *besluit*.

Die niederländischen Begriffe *beschikking* und *besluit* erinnern dem Inhalt nach an die ursprüngliche Bedeutung einer ministeriellen Verfügung oder eines königlichen Beschlusses, beziehungsweise an eine *ministeriële beschikking* oder einen *koninklijk besluit*. Es gilt hier für die Besatzungsmacht dasselbe Prinzip der Handhabung eines üblichen juristischen Begriffes - aber jetzt mit anderer, neuer Bedeutung, wie auch bei dem Begriff Verordnung. Die neuen Rechtsvorschriften, das heißt alle Vorschriften mit allgemeiner Zielsetzung und was im materiellen Sinne unter den Begriff 'Gesetz' fällt, erhalten auf diese Weise Rechtsgültigkeit, ungeachtet ob die Rechtsvorschriften früher durch ein formales Gesetz, eine allgemeine Verwaltungsanordnung, einen königlichen Beschluß oder auf andere Art und Weise zustande gekommen sind. Der Bedeutung und Bezeichnung der Rechtsvorschriften nach wird dies ermöglicht durch das Prinzip des 'Umdenkens' oder, wenn man will, des unbegrenzten Interpretierens der Rechtsbegriffe. Mit anderen Worten dient das 'Umdenken' der Begriffe *verordening*, *beschikking* und *besluit* dazu, über das Entstehen der Rechtsvorschriften hinwegzutäuschen und ihnen trotzdem, durch ihre Bezeichnung, ihre ursprüngliche Rechtsgültigkeit - und somit eine gewisse Legalität - zu verleihen. Die Haltung des Obersten Gerichtshofes, der die Rechtsgültigkeit der Verordnungen anerkennt, trägt zu der Akzeptanz aller Obrigkeiten der Verordnungen bei.

Außer den drei oben genannten Ausnahmen werden aber ab jetzt, das heißt ab Mitte Juni 1940, alle Verordnungen die mit *verordening* übersetzt werden, konsequent ausschließlich vom Reichskommissar Seyß-Inquart unterzeichnet. Alle Verordnungen hingegen, mit *besluit* oder *beschikking* übersetzt, werden vom betreffenden Generalsekretär unterzeichnet. Von diesem Prinzip der Übersetzung und dazugehöriger Unterschrift wird in den folgenden Jahren nicht mehr abgewichen und es kommt niemals mehr vor, daß eine mit *verordening* übersetzte Verordnung von einem niederländischen Generalsekretär unterzeichnet wird.

Inhaltlich folgen diese Rechtsvorschriften generell auch dem obenangeführten Prinzip: Der Reichskommissar unterzeichnet die Verordnungen, die die Richtlinien bilden für die weiteren Rechtsmaßnahmen, die dann von den niederländischen Generalsekretären ausgearbeitet werden. Die demzufolge genannten *besluiten* oder *beschikkingen* sind also im materiellen Sinne immer noch Ausführungsvorschriften.

4. EINIGE VERORDNUNGEN DES ERSTEN BESATZUNGSJAHRES (1940)

In den ersten, knappen zwei Wochen (vom 18 bis zum 29. Mai 1940) ihrer Tätigkeit konzentriert sich die Militärverwaltung unter General Alexander von Falkenhausen auf die Überwachung der niederländischen Verwaltungsbehörden, so daß diese ihre Arbeit wieder aufnimmt, sowie auf die Gewährleistung von Ruhe und Ordnung der niederländischen Gesellschaft und die Ingangsetzung des Wirtschaftslebens. Zu diesen Zwecken erscheinen zwar einige Bekanntmachungen in den Zeitungen, aber wirkliche Politik - im Sinne des Beeinflußens der niederländischen Politiker oder der Bevölkerung, sowie etwa eigene politische Tätigkeiten - wird in dieser kurzen Periode nicht betrieben. Nach dem Übergang zur Zivilverwaltung wird eigentlich in den ersten Monaten kaum von diesen Grundsätzen abgewichen: In diesem ersten Besatzungsjahr nämlich, das heißt in den ersten sieben Monaten (Juni bis Dezember) des Jahres 1940, beschränkt sich das Eingreifen der Besatzungsmacht - durch Verordnungen - in die gesellschaftliche Realität mehr oder weniger auf das Konsolidieren der bestehenden Verhältnisse. Die Besatzungspolitik wird in dieser Periode, nach Hirschfeld, “durch ein zögernd-abwartendes und in einigen Bereichen scheinbar entgegenkommendes Verhalten der Besatzungsmacht mit dem Ziel einer allmählichen Hinführung der Bevölkerung zum Nationalsozialismus (Selbstnazifizierung)”gekennzeichnet.[1] Die Besatzung verläuft demzufolge in den ersten Monaten - abgesehen von Prinz Bernhards Geburtstag am 29. Juni 1940, dem sogenannten ‘Nelkentag’ - zunächst noch ohne gedenkwürdige Zwischenfälle. Gewissermaßen in aller Ruhe können Rechtsvorschriften vorbereitet und veröffentlicht werden. Eine spürbare Veränderung dieser Besatzungspolitik findet erst im Februar 1941 statt, nach dem Februarstreik, das heißt der ersten öffentlichen Protestmanifestation der niederländischen Bevölkerung gegen die deutsche Besatzung.

Die offizielle Besatzungspolitik der Zivilverwaltung unterscheidet drei Zielsetzungen in den Niederlanden, während die vierte Zielsetzung, das heißt das Gedankengut der rassenpolitischen Ideen, offiziell nie in der Rechtsetzung erwähnt wird.[2] Diesen, von Seyß-Inquart formulierten, offiziellen Zielsetzungen gemäß, nämlich erstens der Wahrung der öffentlichen Ordnung, zweitens der wirtschaftlichen Bindung ans Reich und drittens der freiwilligen politischen Willensbildung, trifft die Besatzungsmacht in den Niederlanden während den fünf folgenden Besatzungsjahren (1) polizeiliche, (2) wirtschaftliche und (3) politische Rechtsmaßnahmen. Die vereinfachte, ‘grobe’ Unterscheidung von Van de Wiel in nur (1) polizeiliche und (2) juristische Besatzungsmaßnahmen übersieht die große Anzahl von wirtschaftlichen Maßnahmen und differenziert auch keine politischen

1 Hirschfeld, Fremdherrschaft und Kollaboration, S. 22.
2 Siehe Kapitel 3, § 3.2 dieser Studie.

Zielsetzungen.[3] Da außerdem das vierte Streben der Besatzungsmacht niemals als offizielle Zielsetzung genannt wird, werden in der Rechtsetzung rassenbedingte Maßnahmen (die eigentliche vierte Kategorie) allesamt, während der ganzen Besatzungsperiode, unter polizeilichem, wirtschaftlichem oder politischem Vorwand aufgeführt.

Bevor nun auf die praktische Verwertung der Verordnungen eingegangen wird, soll nochmals an den zuvor erwähnten Umstand erinnert werden, daß aus dem Jahr 1940 kein (oder kaum) Archivmaterial übrig geblieben ist. Außer der schon behandelten Telefonnotiz zur 'eigenen Verfassung' Seyß-Inquarts (Verordnung Nr. 3/1940) und einer *Dienstanweisung* zur Ausführung der Verordnung Nr. 108/1940 gibt es noch von sieben Verordnungen des Jahres 1940 Mate-rial, das allerdings leider nur aus Druckfahnen besteht.[4] Die Analyse der Rechtsetzung des Jahres 1940 beschränkt sich also gezwungenermaßen auf die endgültigen Texte des *Verordnungsblatts*.[5]

Möglicherweise hat der obenangeführte Faktor auch dazu beigetragen, daß das Archivmaterial zu den Verordnungen bisher nicht intensiv wissenschaftlich genutzt wurde. Es ist fragmentarisch anwesend und oftmals fehlt zu wichtigen Verordnungen das Material der Entstehung, ohne weitere Hinweise, oder auch, wie in diesem Falle, das Material für beinahe ein ganzes Jahr. In der Literatur wird daher generell auf die Verordnungen verwiesen, während auf das Entstehen einer Verordnung - oder auf die Verordnung selber - kaum oder gar nicht eingegangen wird. So hat auch De Jong in seinem massiven Hauptwerk über die Geschichte des niederländischen Königreichs während des Zweiten Weltkrieges, den Verordnungen nur einigen Zeilen gewidmet.

Die nun folgende Verwertung der Verordnungen dahingegen, folgt einer langjährigen und ausgiebigen Auseinandersetzung mit dem Archivmaterial der *Abteilung Rechtsetzung*, anwesend im Niederländischen Institut für Kriegsdokumentation (NIOD) in Amsterdam. Dafür ist erst das vorhandene Material detailliert beschrieben, und das Archiv dadurch neuerdings auch für andere Benutzer erschlossen worden.[6] Die anschließende Verwertung nun, in den nächsten vier Kapiteln dieser Untersuchung, ist das Resultat einer umfangreichen analytisch-deskriptiven Studie und Bearbeitung der deutschen Rechtsetzung in den Niederlanden während des Zweiten Weltkrieges.

3 A.M. van de Wiel, 'Rechtspleging onder bijzondere omstandigheden', S. 444.

4 Verordnungen Nr. 229, 230, 235-238 und 245. Vgl. Gallin, *Inventaris archief 21*, S. 1.

5 Vorhandenes Archivmaterial pro Jahr: 1940: 9 von insgesamt 246 Verordnungen; 1941: 166 von 231; 1942: 143 von 153; 1943: 95 von 122; 1944: 32 von 52 und 1945: 7 von 8.

6 Gallin, *Inventaris archief 21*.

4.1 Die 'wirtschaftliche Bindung' an das Reich

Die 'wirtschaftliche Bindung an das Reich' ist auf dem Gebiet der Rechtsetzung das Hauptziel der Besatzungsmacht im ersten Besatzungsjahr. Dies erweist sich auch aus den Verordnungen der Anzahl und dem Inhalt nach: In den Monaten Juni und Juli 1940 werden im *Verordnungsblatt* insgesamt 70 Verordnungen veröffentlicht. Von diesen 70 Verordnungen kann man die ersten fünf schon behandelten Verordnungen abziehen, so daß 65 übrigbleiben, von denen 48 Verordnungen wirtschaftliche Angelegenheiten betreffen.[7] Am 3. und 7. August 1940 werden dann in noch zwei sogenannten 'Stücken' (Ausgaben) des *Verordnungsblatts* weitere 17 Verordnungen vom Monat Juli veröffentlicht, von denen wiederum zwölf wirtschaftlicher Natur sind.[8] Insgesamt geht es also um 60 Verordnungen in knapp zwei Monaten (Juni und Juli 1940) mit wirtschaftlichen Zielsetzungen. Die Maßnahmen wirtschaftlicher Natur werden in diesem Paragraphen für diese Periode bis zum August 1940 ausführlich dargestellt, um die Gründlichkeit, Vollständigkeit und Vorgehensweise der Vorschriften zu enthüllen, die von der Besatzungsmacht getroffen werden. Weder beispielsweise Mietverträge und Arbeitskündigungen, noch Sahne-, Austern-, Garnelenvorschriften oder Heilmittel, das heißt Kräuter, werden bei der neuen Rechtsetzung übersehen. Nach dieser Darstellung werden in dieser Studie nur noch diejenigen Verordnungen auf wirtschaftlichem Gebiet ausdrücklich beschrieben, die - in welcher Hinsicht auch immer - etwas besonderes zum untersuchten Themenkreis darstellen oder zufügen können.

Die Besatzungsmacht kann für die wirtschaftliche Zielsetzung ab Juni 1940 Gebrauch von dem schon existierenden und erprobten niederländischem Distributionssytem machen. Nach den Erfahrungen des Ersten Weltkrieges, in welchem die Niederlande zwar neutral geblieben war, aber auch Erfahrungen mit lahmgelegten Antransporten gemacht hatte, sowie durch die Drohung eines eventuellen neuen Krieges, hatte die niederländische Regierung schon Ende der dreißiger Jahre angefangen, sich mit einem Distributionssytem zu beschäftigen. Am 1. April 1937 wird dazu, unter der Leitung von Ingenieur S.L. Louwes, das *Rijksbureau voor de Voorlichting van de Voedselvoorziening in Oorlogstijd* gegründet.[9] Das Distributionsgesetz 1938 wird die Basis für das gesamte System der späteren

7 Führererlass (Nr. 1/1940), Aufruf des Reichskommissars (Nr. 2/1940), die eigene 'Verfassung' (Nr. 3/1940), organisatorischer Aufbau des Reichskommissariats (Nr. 4/1940) und Personalangelegenheiten (Nr. 5/1940). Die 17 nicht-wirtschaftlichen Verordnungen der Monate Juni und Juli 1940 sind Nr. 12-14, 22-25, 34-36, 40, 45, 52, 56, 57, 61 und 62.

8 Nicht-wirtschaftlicher Natur sind Verordnungen Nr. 71, 72, 79, 81 und 82.

9 Siehe Gerard Trienekens, *Voedsel en Honger in oorlogstijd 1940-1945. Misleiding, Mythe en Werkelijkheid* (Utrecht/Antwerpen 1995) S. 11. Zur Person Louwes: S. 46-52.

Verteilung, Rationierung, der Lebensmittelscheine usw.[10] Louwes sorgt dafür, daß die Niederlande bald über große Nahrungs- und Rohstoffvorräte verfügt, daß Zuteilungsscheine gedruckt werden und das Distributionssystem erprobt wird.[11] Nach der deutschen Invasion in Polen im September 1939 bis zum Mai 1940 werden in den Niederlanden ernsthaft alle Bergungsmöglichkeiten genutzt und mit Vorräten versehen, wobei auch ungefähr 800 Schiffe extra - neben den Lagerhäusern - vollgespeichert werden.[12]

Daher kann die Besatzungsmacht in den Niederlanden in der Periode zwischen Mai 1940 bis zum Frühling 1942 eigentlich recht zufrieden sein: das vorgefundene, ausgezeichnet vorbereitete Distributionssytem versorgt die niederländische Bevölkerung mit genügend Nahrung, die Arbeitslosigkeit sinkt unter anderem durch den Arbeitseinsatz in Deutschland, der Export nach Deutschland vervierfacht sich innerhalb von zwei Jahren, und auch der Handel konzentriert sich vollkommen auf Deutschland.[13] Hermann Göring, der die besetzten Gebiete des Dritten Reichs nutzen will wie und wo Deutschland sie gebrauchen kann, hat jedoch für diese wirtschaftliche 'Nutzung' der Niederlande, - ganz der nationalsozialistischen Doktrin nach - keinen systematischen Plan. Die Wirtschaft in den Niederlanden wird demnach erstmal nur gezielt genutzt für die Bedürfnisse im Reich, die wiederum vom Kriegsverlauf bestimmt werden. Erstes Ziel dabei ist der Zugang zu den sorgfältig von den Niederländern aufgebauten Vorräten industrieller Rohstoffe - ohne jedoch dafür zahlen zu wollen.[14] Ab 1942 jedoch nötigt der Kriegsverlauf die Nationalsozialisten zu drastischeren Maßnahmen. Aus Sparmaßnahmen wird demnach die Herstellung von Produkten verboten, die der Kriegsindustrie nicht nutzen. Zu diesem Zeitpunkt verändert sich die Haltung der Besatzungsmacht der Industrie gegenüber.[15] Diese richtet sich nämlich dann auch in den besetzten niederländischen Gebieten vollständig auf die Waffenproduktion, obgleich sich die Nahrungssituation dadurch in den Niederlanden noch nicht wesentlich ändert. Die Nahrungsverteilung bleibt bis September 1944 noch relativ gut. Wenn auch die Bevölkerung unzufrieden ist und vielleicht nicht gerade erhält was sie will, sind die Nahrungswerte ausreichend, Hunger wird nicht gelitten und

10 *Ebenda,* S. 12.

11 Siehe auch Gerard Trienekens, *Tussen ons volk en de honger. De voedselvoorziening 1940-1945 (Utrecht 1985)* S. 9-43.

12 Trienekens, *Voedsel en honger in oorlogstijd 1940-1945*, S. 12.

13 Hein A.M. Klemann, 'De economische exploitatie van Nederland door de bezetter', in: Henk Flap und Wil Arts (Red.), *De organisatie van de bezetting* (Amsterdam 1997) S. 121.

14 Siehe auch Richard T. Griffiths, 'The exploitation of the Dutch Economy 1940-1945', in: J.P.B. Jonker, A.E. Kersten, G.N. van der Plaat (Red.), *Vijftig jaar na de inval. Geschiedschrijving en Tweede Wereldoorlog* (Den Haag 1990) S. 116.

15 Klemann, *De economische exploitatie van Nederland door de bezetter*, S. 135.

die notwendigen Lebensmittel sind bezahlbar.[16] Erst ab September 1944, durch die Zweiteilung des Landes in den schon befreiten Süden und den noch besetzten nordwestlichen Teil der Niederlande, entsteht Chaos, wird durch die Transportstillegung im Westen des Landes Hunger gelitten und kann die Besatzungsmacht sich nur noch durch ein Terrorregime aufrechterhalten. Diese Periode wird außerdem vollkommen beherrscht durch den Zusammenbruch des Dritten Reichs.[17] Es ist allerdings diese letzte Kriegsphase des sogenannten Hungerwinters, die rückwirkend das unkorrekte Bild bestimmt hat, die Niederlande habe während des gesamten Zweiten Weltkrieges grausamen Hunger gelitten.[18]

Die *Abteilung Rechtsetzung*, unter Leitung von Dr. Kurt O. Rabl, einem intelligenten, jungen und ambitiösen Juristen, macht sich also im Mai 1940 dementsprechend an die Arbeit, um alle von seinen Vorgesetzten erwünschten rechtlichen und wirtschaftlichen Maßnahmen so schnell wie möglich verkünden zu können. Die wirtschaftlichen Maßnahmen haben erstens den Zweck, den Verbrauch der Bevölkerung herabzusetzen, so daß einerseits Vorräte für das Reich zu gewinnen sind und andererseits auch eine gleichmäßige Verteilung der verbliebenen Vorräte sicherzustellen.[19] Es geht also darum, die Vorräte des besetzten Landes vollkommen zu erfassen und wieder zu verteilen, sowie gleichzeitig die Abtransporte in das Reich zu organisieren. Die Rechtsetzung ist das legale Instrument, mit welchem dieses Ziel der Besatzungsmacht erreicht und ausgeführt werden soll. Das Wort 'Vorrat' muß in diesem Zusammenhang in der Bedeutung des Wortes in weitestem Sinne aufgefaßt werden: Es handelt sich bei den 'Vorräten' nämlich nicht nur um zum Beispiel Lebensmittel, Schlachtvieh, Tabak, Spinnstoffe, Metalle, Brennstoffe, Kraftfahrzeuge, Seeschiffe, Waffen, Devisen und so weiter, sondern auch um (Privat-)Vermögen, Häuser oder Wohnungen und Kunstobjekte. Die Rohstoffvorräte werden nach dem Plan verteilt, daß der niederländischen Bevölkerung für die Aufrechterhaltung ihrer Wirtschaft Rohstoffe für ein halbes Jahr verbleiben, wobei sie die gleichen Zuteilungsquoten erhält wie im Reich. Dieselbe Prozedur gilt für die Versorgung von Lebensmitteln.[20]

Nach den ersten fünf Verordnungen, die die Zivilverwaltung festgelegt hat, wird erstmal das eroberte Gebiet abgesichert: Verordnung Nr. 6, vom 6. Juni

16 Siehe Trienekens, *Voedsel en honger in oorlogstijd 1940-1945*, S. 14; Klemann, *De economische exploitatie van Nederland door de bezetter*, S. 123, sowie außerdem Trienekens, *Tussen ons volk en de honger*, S. 361-408 für eine genaue Analyse.

17 Siehe Klemann, *De economische exploitatie van Nederland door de bezetter*, S. 117.

18 Die Dissertation. Trienekens, *Tussen ons volk en de honger* geht ausführlich auf diese Problematik ein, analysiert die Nahrungssituation in den Niederlanden für die gesamte Kriegsperiode und bekämpft damit auch gleichzeitig das Bild über den im Kriege gelittenen Hunger, das vor allem durch De Jong im *Koninkrijk* entstanden ist.

19 Seyß-Inquart, *1. Bericht über die Lage und Entwicklung in den besetzten niederländischen Gebieten*, 1940, NIOD, Doc. I-1504.

20 Nach Seyß-Inquarts Aussage; *ebenda*, S. 11.

1940, sperrt die freie Ein- und Ausreise aus den besetzten niederländischen Gebieten, und alle bisher von nicht militärischen Dienststellen erteilten Ein- und Ausreisegenehmigungen verlieren mit Wirkung vom 10. Juni 1940 ihre Gültigkeit (§ 3.1).[21] Nur der Reichskommissar ist befugt, in Ausnahmefällen Ein- oder Ausreisegenehmigungen zu erteilen (§ 2).[22] Durch Verordnung Nr. 7 vom 5. Juni 1940 obliegt die Durchführung von Devisennotmaßregeln außer den niederländischen Beamten auch den Beamten des deutschen Devisenschutzkommandos.[23] Das Devisenschutzkommando ist eine der ersten deutschen Behörden die eigens dafür in den Niederlanden angesiedelt wird.[24]

Es ist interessant zu vermerken, daß bei diesen wirtschaftlichen Verordnungen das nationalsozialistische Gedankengut aufzuspüren ist. Die Plünderung besetzter Gebiete ist zwar in einer Kriegssituation nicht ungewöhnlich, die Art und Weise der Ausführung jedoch stets anders. Kennzeichnend für die nationalsozialistischen Machthaber hierbei allerdings ist, daß sie sich zur formellen Ausführung der von Carl Schmitt angelieferten Terminologie bedienen. Verordnung Nr. 26 vom 24. Juni 1940, über die Behandlung feindlichen Vermögens, ist dafür ein gutes Beispiel. Schmitts Freund-Feind-These nach, definiert in *Der Begriff des Politischen* (1927), unterscheidet der Staat in Extremsituationen der Sicherheit des Volkes willen, wer als 'Staatsfeind' zu betrachten ist.[25] Der Staat braucht sich dabei bei dem Volk nicht zu verantworten, da er schließlich durch seine Machtposition zur Entscheidung befugt ist. In diesem Sinne werden von der Besatzungsmacht in der Verordnung Nr. 26 erst die 'feindlichen' Staaten - für die Niederlande (!) - definiert (§ 1): England, Frankreich einschließlich deren überseeischen Besitzungen, Kolonien, Protektoraten und Mandatsgebieten, Ägypten, Sudan, Irak und Monaco. Bei dieser Aufzählung entkommt man nicht dem Eindruck einer gewissen Willkür: Warum fehlen, falls es sich um Gebiete handelt mit denen das Dritte Reich Krieg führt, beispielsweise Belgien, Norwegen oder Polen? Auch der Beschluß A6 der niederländischen Regierung in London vom 7. Juni 1940, der ebenfalls feindliches Gebiet definiert, gibt dafür keinen Hinweis.[26] Möglicherweise zählt das Dritte Reich die besetzten Länder zu ihren Einflußgebieten und somit

21 *Verordnungsblatt*, 1940, S. 19.

22 Nach De Jong dient diese Verordnung Nr. 6/1940 der Isolierung der Niederlande; siehe De Jong, *Het Koninkrijk*, Bd. 4, I, S. 90.

23 *Verordnungsblatt*, 1940, S. 20.

24 Zu Verordnung 7/1940 und den Tätigkeiten des Devisenschutzkommandos siehe De Jong, *Het Koninkrijk*, Bd. 4, I, S. 83, Anm. 2.

25 Zum ersten Mal veröffentlicht in: Carl Schmitt, *Der Begriff des Politischen*, Archiv für Sozialwissenschaft und Sozialpolitik, Bd. 58, Heft 1 (August 1927) S. 1-33.

26 Zu A6 siehe De Jong, *Het Koninkrijk*, Bd. 9, I, S. 445ff. und den Originaltext A6 im *Staatsblatt* Nr. 200: A1 bis einschließlich F 65, erschienen in London (Zwolle 1945) S. 29-43, sowie die weiteren Beschlüsse der Regierung in London über das feindliche Gebiet: B30, B48, B91, C9 und D42 (auf beziehungsweise S. 117, 146, 243, 263 und 398).

nicht länger zu den feindlichen Staaten. Danach folgen die 'Feinde' (§ 2), in öffentlicher, natürlicher und juristischer Person, die den 'feindlichen Staaten' angehören und das 'feindliche Vermögen' (§ 3): Grundstücke, Wertpapiere, Zahlungsmittel, Beteiligungen an Unternehmen, Forderungen gegen Schuldner usw., sowie die dazugehörigen Rechte.[27] Der Verordnung nach ist nun das in den besetzten niederländischen Gebieten befindliche 'feindliche Vermögen' anzumelden bei der Deutschen Revisions- und Treuhand A.G. in Den Haag (§ 5).[28] Außerdem wird ein allgemeines Verfügungsverbot verhängt, nach welchem nicht über das in den besetzten niederländischen Gebieten 'feindliche Vermögen' verfügt werden darf (§ 8). Unter sonstige Schutzvorschriften fallen schließlich auch Unternehmen die "unmittelbar oder mittelbar unter maßgebendem norwegischen, belgischen oder luxemburgischen Einfluß stehen."[29] Die Frage warum Norwegen, Belgien und Luxemburg nicht als 'feindliche Staaten' erklärt werden, wird hiermit allerdings nicht beantwortet, während auch Polen immer noch nicht erwähnt wird. Vielleicht hat das Spezifische des Momentes eine solche scheinbar willkürliche Maßnahme verlangt. Strafvorschriften schließlich beschließen diese Verordnung, nach welcher außerdem die weiteren notwendig erachteten Maßnahmen vom Generalkommissar für Finanz und Wirtschaft, Fischböck, getroffen werden sollen. Die Basis für die Konfiskation von sogenanntem 'feindlichen Vermögen' ist mit dieser Verordnung gelegt.

Ein nicht zu übersehendes Vermögen, das durch diese Verordnung 'feindlich' genannt werden kann, ist das der niederländischen Krone. Auf Grund dieser Verordnung wird dann auch ein Verwalter für das königliche Vermögen eingesetzt.[30] Die jüdischen Vermögen und Grundbesitze bekommen später übrigens ihre eigenen, speziellen Verordnungen, obwohl sie eventuell im Notfall auch durch den Wortlaut dieser Verordnung Nr. 26 schon 'erreicht' oder erfaßt werden können.[31]

Die nächste Verordnung, Nr. 27, gleichfalls vom 24. Juni 1940, folgt einem ähnlichen Prinzip der unterscheidenden Begriffsbestimmung für die Devisenbewirtschaftung, wobei der Unterschied gemacht wird zwischen 'Inländern':

> "natürliche Personen, die innerhalb der besetzten niederländischen Gebiete ihren Wohnsitz oder gewöhnlichen Aufenthalt haben oder ihr Büro halten und juristische Personen, die innerhalb der besetzten niederländischen Gebiete ihren Sitz haben oder ihr Büro halten"

27 *Verordnungsblatt*, 1940, S. 66-76.
28 Siehe auch De Jong, *Het Koninkrijk*, Bd. 4, II, S. 760.
29 Verordnung Nr. 26 vom 24. Juni 1940; *Verordnungsblatt*, 1940, S. 74.
30 Seyß-Inquart, *1. Bericht*, S. 11.
31 Vgl. De Jong, *Het Koninkrijk*, Bd. 5, I, S. 587.

und ‘Nicht-Inländern’: “die natürlichen und juristischen Personen, die nicht unter die Begriffsbestimmung ‘Inländer’ fallen.”[32] Die Definition dient der Erfassung des gesamten inländischen Vermögens (Gold, Edelmetalle, Zahlungsmittel, geldwertige Papiere, Effekten usw.), nachdem durch die vorige Verordnung das vollständige ‘feindliche’ Vermögen erfaßt worden ist.[33] Das sogenannte Devisen-institut, das gleichzeitig mit dieser und durch diese Verordnung entsteht, wird zum Zweck errichtet, daß es außerdem “mit bindender Wirkung bestimmen [kann], ob eine natürliche oder juristische Person Inländer oder Nicht-Inländer ist.”[34] Es ist eine von den Generalsekretären der Ministerien Finanzen, Handel, Gewerbe und Schiffahrt, für Landwirtschaft und Fischerei und für Kolonien ins Leben gerufene juristische Person, die die freie Verfügung über Devisen beendet. Nach Seyß-Inquart ist es eine Devisengesetzgebung nach ‘Reichsmuster’ die auch hier eingeführt wird.[35]

Die folgenden Verordnungen haben alle denselben Grundsatz der Erfassung und Kontrolle der gesamten in den Niederlanden befindlichen wirtschaftlichen Güter, wobei dankbar von dem schon vorhandenen niederländischen Distributionssystem Gebrauch gemacht wird: Verordnungen Nr. 28 bis 32, alle vom 17. Juni 1940, betreffen die Brotverteilung, Bewirtschaftung von Spinnstoffen, Motorbrennstoffen und Spezialbenzin.[36] Dann wird am 22. Juni 1940 die Schleppschiffahrt - ein nicht zu unterschätzendes Transportmittel - eingeschränkt: Schleppdienste sind nur demjenigen gestattet, der einer vom Ministerium für Waterstaat für die Ausführung dieser Regelung anerkannten Organisation angeschlossen ist.[37] Zusammenfassend soll durch derartige Maßnahmen das Transportwesen geregelt und beschränkt, sowie auch hier die Grundsätze der Benzinbewirtschaftung des Reiches eingeführt werden.[38]

Die nächste Verordnung, Nr. 33 vom 4. Juli 1940, wird schon etwas drohender formuliert und erhält auch einen politischen Inhalt:

> “Das Vermögen von Personen oder Vereinigungen, die deutsch- oder reichsfeindliche Bestrebungen gefördert haben, fördern oder von denen anzunehmen

32 Verordnung Nr. 27 vom 24. Juni 1940; *Verordnungsblatt*, 1940, S. 77-97. Die Verordnung wird unterzeichnet von den Generalsekretären der Ministerien für Finanzen, Justiz, Handel, Gewerbe und Schiffahrt, Landwirtschaft und Fischerei sowie Kolonien.

33 Zur Vorgeschichte dieser Devisenverordnung, die der besseren Kontrolle der inländischen Devisen dient, siehe auch De Jong, *Het Koninkrijk*, Bd. 4, I, S. 381ff.

34 *Ebenda*, S. 77.

35 Seyß-Inquart, *1. Bericht*, S. 11.

36 *Verordnungsblatt*, 1940, S. 100-123.

37 *Ebenda*, S. 123-124.

38 Seyß-Inquart, *1. Bericht*, S. 10.

ist, daß sie solche Bestrebungen in Zukunft fördern werden, kann ganz oder teilweise eingezogen werden."[39]

Diese eventuelle Vermögensbeschlagnahme - dem niederländischen Recht nach gesetzwidrig - wird durch die Organe der deutschen Sicherheitspolizei ausgeführt.[40] Die für die Nationalsozialisten übliche verschwommene Art der Argumentation in dieser Verordnung läßt für die Besatzungsmacht beliebige Interpretationen der 'deutsch- oder reichsfeindlichen Bestrebungen' zu, da diese nicht präziser definiert werden. Es wird auch nicht erklärt, nach welchem Maßstab gemessen werden kann, ob, wie und von wem 'solche Bestrebungen' in der Zukunft gefördert werden. Interessant, in diesem Sinne der den Zielen der Besatzungsmacht entsprechenden Interpretationen, ist auch die Bestimmung darüber, was mit den beschlagnahmten Vermögen geschehen soll: "Die eingezogenen Vermögenswerte werden für gemeinnützige Zwecke in den besetzten niederländischen Gebieten verwendet."[41] Diese 'gemeinnützigen Zwecke' wiederum sind selbstverständlich gleichfalls aus der Sicht der Besatzungsmacht zu verstehen und werden nicht weiter benannt.

Wie widersprüchlich diese Verordnung Nr. 33/1940 den ursprünglichen niederländischen Gesetzesgrundsätzen ist, erweist sich aus der Tatsache, daß sie auf der Liste A des sogenannten Beschlusses der Besatzungsmaßnahmen E 93 der Wiederherstellungsgesetzgebung ('Herstelwetgeving') zu finden ist. Diese von der Regierung in London am 17. September 1944 veröffentlichten Listen betreffen die Gültigkeit der in der Besatzungszeit erstellten Verordnungen, und die Liste A zählt alle Verordnungen auf, die durch die Beendigung des Krieges unmittelbar ungültig werden, da sie offiziell niemals Rechtsgültigkeit besessen haben sollen.[42]

Im gleichen raschen Tempo folgen die weiteren Rechtsvorschriften, die die 'wirtschaftliche Bindung ans Reich' bezwecken: Durch Verordnung Nr. 37 vom 4. Juli 1940 erhalten neben den zuständigen niederländischen Beamten auch die Beamten des deutschen Devisenschutzkommandos die Befugnis, die Durchführungsvorschriften der Devisenverordnung, Nr. 27 vom 24. Juni 1940, auszuführen.[43] Verordnung Nr. 38 vom 1. Juli 1940 beendet die eher erteilten Konzessionen (*Staatsblatt* Nr. 527 vom 24. Juni 1939) für den regelmäßigen Autobusverkehr um

39 *Verordnungsblatt*, 1940, S. 128.

40 Durch diese Verordnung ist zum Beispiel das Vermögen der Freimaurer beschlagnahmt worden; De Jong, *Het Koninkrijk*, Bd. 4, II, S. 750 (und Anm. 2).

41 *Verordnungsblatt*, 1940, S. 130.

42 *Beschluß Besatzungsmaßnahmen E 93* vom 17. September 1944; in: *Herstelwetgeving. Tekstuitgave van de wettelijke Regelingen, uitgevaardigd met het oog op de bevrijding van Nederland*, 1. Teil, September 1943 bis Januar 1945. Hg. vom *Militair Gezag*.

43 *Verordnungsblatt*, 1940, S. 137-138.

Brennstoff zu sparen und Verordnung Nr. 39 vom 3. Juli 1940 dient dem Zweck der Registrierung aller Lastkraftwagen, Schlepper und Ackerbauschlepper.[44]

Die nächsten vier wirtschaftlichen Rechtsmaßnahmen regeln die Gründung von Kleinbetrieben, die Verteilung von Lebensmitteln, Gütern und Fleisch(konserven)produkten, indem sie Bestimmungen der betreffenden ursprünglichen niederländischen Gesetze anwenden.[45] Anschließend wird die Bestimmungsentziehung für Wohngelegenheiten ohne Erlaubnis des Magistrats verboten und Bestimmungen der niederländischen königlichen Verordnungen über die Gründung von Bäckereibetrieben für ein Jahr außer Kraft gestellt.[46] Bei der Wohngelegenheitsverordnung und denen über Arbeitsbeschränkungen (Verordnungen Nr. 8 und 9) ist die Motivation bemerkenswert, die Seyß-Inquart dafür in seinem 1. Lagebericht aufführt, da der Text im *Verordnungsblatt* nur trocken Paragraphen und Absätze nennt:

> "Erflossen sind Beschränkungen über das Kündigungsrecht auf dem Arbeitsgebiet sowie der Wohnungsmiete, um die liberal-kapitalistischen Gewohnheiten der niederländischen Unternehmer zu zügeln und Unruhen zu ersparen."[47]

Es geht Seyß-Inquart also anscheinend - theoretisch - bei den wirtschaftlichen Verordnungen nicht ausschließlich um die Erfassung und Verteilung der Güter, um die 'wirtschaftliche Bindung' ans Reich, sondern gleichzeitig auch um die

44 *Ebenda*, S. 138-140 und S. 141-142.

45 Es handelt sich bei diesen Anwendungen für Verordnung Nr. 41 vom 29. Juni 1940 um eine weitere Fristverlängerung von 6 Monaten des Gesetzes vom 13. März 1937 über die Gründung von Kleinbetrieben (Vestigingswet Kleinbedrijf 1939; *Staatsblatt* Nr. 619). Verordnung Nr. 42 vom 11. Juli 1940 bezeichnet Reis, Bruchreis, Reismehl, Graupen, Haferflocken, Grütze, Maizena, Grieß, Puddingpulver, Spaghetti, Makkaroni und Nudeln als Zuteilungsware im Sinne des Gesetzes vom 24. Juni 1939 (Distributiewet en Distributieregelingsbeschikking 1939; *Staatsblatt* Nr. 633) und Verordnung Nr. 43 vom 11. Juli 1940 läßt Butter, Margarine, Speisefette und -öle gelten als Zuteilungsware im Sinne des Gesetzes über die Verteilung von Gütern vom 24. Juni 1939 (Distributiewet 1939); beschränkt die Erzeugung, Vorratshaltung, Verpackung, Beförderung, Veräußerung und Ablieferung von Butter im Sinne des Landbaukrisengesetzes (Landbouwcrisiswet 1933) und verbietet die Herstellung von Sahne aller Art im Sinne der Milchverordnung vom 13. Februar 1929 (Melkbesluit 1929, *Staatsblatt* Nr. 43). Verordnung Nr. 44 vom 2. Juli 1940 verbietet für 6 Monate die Konservenverarbeitung von und den Handel mit Pferde-, Rind-, Kalb-, Hammel und Schweinefleisch auf Grund des Gesetzes vom 5. Mai 1933 über die landwirtschaftliche Krise (Landbouwcrisiswet 1933, *Staatsblatt* Nr. 261); *Verordnungsblatt*, 1940, S. 146-150.

46 Verordnung Nr. 46 vom 13 Juli 1940; *Verordnungsblatt*, 1940, S. 151-152. Es handelt sich hierbei um § 10, Absatz 2 der königlichen Verordnung vom 1. Juni 1938 Vestigingsbesluit Broodbedrijven 1938; *Staatsblatt* 660) in der Fassung der königlichen Verordnung vom 6. Mai 1939 (Koninklijk Besluit van 6 Mei 1938; *Staatsblatt* 665).

47 Die im 3. Kapitel, § 3.5 dieser Studie erwähnten Verordnungen Nr. 8 und 9 vom 11. Juni 1940; Seyß-Inquart, *1. Bericht*, S. 10-11.

'freiwillige' politische Willensbildung: Verordnungen sollen liberal-kapitalistische, lies unerwünschte, Gewohnheiten der niederländischen Bevölkerung einschränken und schließlich ändern, so daß diese sich alsbald den nationalsozialistischen Grundsätzen des Reiches fügen. Es ist ein weiteres Beispiel dafür, wie aus der Sicht der Besatzungspolitik mittels wirtschaftlicher Maßnahmen auch politische Zwecke verfolgt werden können.

Weitere Maßnahmen folgen: Verordnung Nr. 48 vom 16. Juli 1940 setzt den Umrechnungskurs der Reichskreditkassenscheine herab auf das, laut Seyß-Inquart, 'richtige' Verhältnis.[48] Daraufhin werden die Vergütungen für 'reguläre Leistungen' sowie Quartieranweisungen für die deutsche Wehrmacht in den Niederlanden bestimmt und Wehrmachtbezugscheine und -marken für den Ankauf von zwangsbewirtschafteten oder gesperrten Lebens- und Futtermittel eingeführt.[49] Das Schlachten und -lassen von Schweinen ohne erteilte Erlaubnis wird verboten, und die ursprünglichen niederländischen Bestimmungen der Austernkrisisverordnung 1937 sowie der Konsumgarnelenverordnung 1936 werden für ein Jahr verlängert.[50] Anschließend folgen am 3. Juli 1940 weitere Verlängerungen von Bestimmungen niederländischer Gesetze aus 1939 über die Bodenerzeugung, Zuteilung, Preistreiberei und Hamstern, Anforderung von Seeschiffen, Erhaltung von Schiffsraum und über die Versicherung von Schiffen und Luftfahrzeugen.[51] In demselben obenangeführten Sinne der Transporteinschränkungen wird durch Verordnung Nr. 59 vom 25. Juli 1940 eine Fahrbeschränkung, das heißt Sperrzone, im Rheinmündungsgebiet erlassen (*Verordnungsblatt* 1940, S. 203-205). Dann werden wieder neue Wehrmachtbezugscheine für den Ankauf zwangsbewirtschafteter oder gesperrter Spinnstoff- und Schuhwaren eingeführt.[52] Wie auch bei den schon genannten Verordnungen Nr. 49, 50 und 51 behauptet die Wehrmacht eine Sonderstellung, da sie durch diese Verordnungen die Möglichkeit erhält zu erwerben, was sie nötig hat - egal ob die betreffenden Waren für die niederländische Bevölkerung rationiert und somit schwer erhältlich sind. Die Annahme "ordnungsmäßig ausgestellter und abgegebener Wehrmachtbezugscheine darf

48 Verordnung Nr. 48 vom 16 Juli 1940. Der Umrechnungskurs ist dadurch 1 Gulden = 1,33 Reichsmark, statt dem vom Oberbefehlshaber eher bestimmten Wert von 1 Gulden = 1,50 Reichsmark; *Verordnungsblatt*, 1940, S. 156. Die Herabsetzung auf den 'richtigen' Umrechnungskurs nennt Seyß-Inquart in seinem *1. Bericht*, S. 12; dazu De Jong, *Het Koninkrijk*, Bd. 4, I, S. 383, Anm. 3.

49 Beziehungsweise Verordnung Nr. 49, 50 und 51 vom 16. Juli 1940; *Verordnungsblatt*, 1940, S. 156-179.

50 Verordnung Nr. 53 vom 3. Juli 1940 über das Schweineschlachtverbot führt das Gesetz vom 5. Mai 1933 über die Landwirtschaftliche Krisis (Landbouwcrisiswet 1933, *Staatsblatt* Nr. 261) durch; Verordnung Nr. 54 über die Austern und Verordnung Nr. 55 über Garnelen, beide vom 1. Juli 1940, verlängern jeweils die Bestimmungen der Krisenverordnungen für ein Jahr; *Verordnungsblatt*, 1940, S. 192-195.

51 Verordnung Nr. 58 vom 3. Juli 1940; *Verordnungsblatt*, 1940, S. 198-199.

52 Verordnung Nr. 60 vom 25. Juli 1940; *ebenda*, S. 205-209.

ohne zwingenden Grund" (§ 4, S. 206) der Verordnung Nr. 60 entsprechend schließlich nicht durch die niederländische Bevölkerung abgelehnt werden.

Verordnung Nr. 63 vom 6. Juli 1940, beispielsweise nicht zufällig - im Sinne des Arguments der 'freiwilligen Maßnahmen' - vom Generalsekretär des Ministeriums für Finanz Trip unterzeichnet, erweitert das Kouponsteuergesetz vom 29. Dezember 1933 (S. 210-211). Die nächste Verordnung Nr. 64, die sogenannte 'Preisverordnung 1940 Nr. 1', verbietet das Preistreiben und Hamstern, welcher die Kleinhandelspreisverordnung und die Transportkostenverordnung mit Preisbestimmungen folgen, alle am 11. Juli 1940 von Hirschfeld unterzeichnet (S. 213-216). Anschließend werden zwei weitere finanzielle Maßnahmen veröffentlicht. Erstens die Devisenvorschrift I vom 16. Juli 1940, nach welcher 'Inländer' einige geringfügige Genehmigungen vom Deviseninstitut erhalten, die den täglichen Verkehr erleichtern und zweitens die Verordnung Nr. 68 vom 18. Juli 1940, die die Einfuhr von Reichskreditkassenscheinen - nur mit Genehmigung des Deviseninstitutes - aus den besetzten belgischen Gebieten begrenzt (S. 216-219). Verordnung Nr. 69 vom 5. Juli 1940 wiederum ändert und erweitert die ursprüngliche niederländische Verordnung 1939 über die Erhebung von Zuteilungsgebühren für Heilmittel mit einer genauen, ausführlichen Liste (S. 219-222) und Verordnung Nr. 70 vom 16. Juli 1940 regelt die Bewirtschaftung von Nichteisenmetallen (S. 222-229). Verordnung Nr. 73 vom 31. Juli 1940 bestimmt die höchstzulässige Fahrtgeschwindigkeit für Kraftfahrzeuge aller Art. Befreit von den Vorschriften dieser Verordnung allerdings werden, außer Polizei-, Arzt-, Ambulanz, Notdienstfahrzeugen usw., die:

> "deutsche Wehrmacht, die Dienststellen des Reichskommissars, die SS-Totenkopfverbände, der Grenzaufsichtsdienst, die Technische Nothilfe, der Reichsarbeitsdienst [...], soweit dies zur Erfüllung von hoheitlichen Aufgaben oder dienstlichen oder beruflichen Pflichten bei Gefahr im Verzuge erforderlich ist" (S. 236-237).

Ob es sich also um die deutsche Wehrmacht, Polizei oder auch die deutschen Beamten des Reichskommissariates handelt: sie genießen der niederländischen Bevölkerung gegenüber allesamt eine Ausnahmestellung und wirtschaftliche Vorteile, die durch die dazugehörigen rechtsetzenden Maßnahmen fixiert werden und somit eine - in der Auffassung der neuen Machthaber - legale Grundlage erhalten. Die Sonderstellung der nationalsozialistischen Obrigkeiten, das heißt der Gewalten der Besatzungsmacht, ist dementsprechend auf allen Ebenen wiederzufinden.

Am 11. Juli 1940 folgt die Verordnung Nr. 74 (S. 237-238), die die Ablieferung und Abnahme von Süßwasserfischen für ein halbes Jahr verbietet, außer wenn das 'Reichsbüro für die Ernährung in Kriegszeit' Erlaubnis dazu erteilt. Weitere Maßnahmen sind die Kühl- oder Gefrierhausverordnung vom 15. Juli 1940 (S. 238-240) und die Verordnung für die Kontrolle der Geflügelhaltung vom 16. Juli 1940 (S. 240-241), durch welche wiederum das ursprüngliche niederländische Krisengesetz für die Landwirtschaft vom 5. Mai 1933 (*Staatsblatt* Nr. 261) erweitert und geändert wird. Verordnung Nr. 77 vom 15. Juli 1940 (S. 241-243) erhöht die Tabaksteuer und Verordnung Nr. 78 vom 12. Juli läßt auch Gewürze und Ingwer, unverarbeitet, bearbeitet oder verarbeitet, als Krisenprodukte im Sinne des Krisengesetzes 1933 gelten (S. 244).

Die augenscheinlich unbedeutende Verordnung Nr. 80 vom 31. Juli 1940 zur "Vermeidung von Tierquälerei beim Viehschlachten" ist eine besondere Verordnung (S. 247-248). Sie bestimmt, daß warmblütige Tiere beim Schlachten vor Beginn der Blutentziehung zu betäuben sind (§ 1) und daß eine Zuwiderhandlung der Bestimmungen dieser Verordnung ein Verbrechen ist (§ 3, Punkt 2), das mit Gefängnis bis zu sechs Monaten oder mit einer Geldstrafe bis zu zehntausend Gulden bestraft werden kann (§ 3, Punkt 1). Was nicht direkt aus dem Wortlaut dieser scheinbar unschuldigen Verordnung ersichtlich ist, ist daß es sich hier eigentlich um ein Verbot einer religiösen Ritualhandlung handelt die zum jüdischen Glauben gehört. Folglich ist dies die erste Verordnung, übrigens von Seyß-Inquart persönlich unterzeichnet, die das normale, freie Leben des jüdischen Teils der niederländischen Bevölkerung beeinträchtigt.[53] Dies ist somit der Anfang, also die erste Maßnahme die mittels der Rechtsetzung eingeführt wird, das heißt die erste Verordnung, die die Judenverfolgung einleitet. Ohne daß die offiziellen Zielsetzungen der Besatzungsmacht geändert oder berichtigt werden, schleicht sich hier schon am 31. Juli 1940 die vierte Zielsetzung der Rassenpolitik oder -diskriminierung ein - getarnt als eine wirtschaftliche Rechtsvorschrift.[54]

Verordnung Nr. 83 vom 26. Juli 1940 schließlich führt eine Steuerreform durch: Die Erhebung einer neuen, direkten Gewinnsteuer (Körperschaftssteuer) und Aufhebung der Dividenden- und Tantiemensteuer, wodurch das Gesetz über die Dividenden- und Tantiemensteuer 1917 aufgehoben wird.[55] Verordnung Nr. 84 vom 26. Juli betrifft ebenfalls Steuern, und zwar jetzt die Erhebung eines Zuschlags zur Gewinnsteuer für die Gemeinden.[56] Diese Steuerreform bezieht sich auf ein die Körperschaftssteuern betreffendes Gesetz aus 1914, die in ähnlicher Fassung schon in den Niederlanden selber im Jahr 1939 vorbereitet worden war.[57]

53 Siehe auch De Jong, *Het Koninkrijk*, Bd. 4, II, S. 756.

54 Jansma zitiert in diesem Zusammenhang Professor B.M. Telders, nach welchem diese Verordnung Nr. 80/1940 außerdem auch gegen den Artikel 43 der Haager Landkriegskonvention 1907 verstößt, da sie nichts mit den Interessen der Besatzung zu tun hat. Siehe Taco J. Jansma, *Het bezettingsrecht in de practijk van de Tweede Wereldoorlog* (Utrecht/Wageningen 1953) S. 27 sowie B.M. Telders, *Verzamelde geschriften*, Bd. IV (Den Haag 1947) S. 354.

55 Die Verordnung wird von Trip unterzeichnet. *Verordnungsblatt*, 1940, S. 254-275.

56 *Ebenda*, S. 275-280.

57 Zu diesem Gesetz siehe auch *Focus op Fiscus. Het reilen en zeilen van de belastingdienst 1940-1985* (Deventer 1990) S. 125 und P.J.A. Adriani (Red.), *Fiscale Ervaringen in bezettingstijd 1940-1945* (Amsterdam 1946) S. 30ff. und S. 390.

Interessant allerdings ist die Tatsache, daß diese neuen Steuerverordnungen Nr. 83 und 84 aus dem Jahr 1940 - in nahezu unveränderter Fassung - bis zum Jahr 1969 hin gültig geblieben sind. Die genannte Steuerreform ist ein erstes Beispiel für eine deutsche rechtsetzende Maßnahme während des Zweiten Weltkrieges, die sich auch nach Kriegsende durchgesetzt hat. In der Periode 1940-1945 hat die Besatzungsmacht sehr viele Änderungen auf dem Gebiet der Steuerrechtsetzung ausgeführt, so daß "man mit einer Lupe ein Steuergesetz suchen muß, das nicht geändert worden ist."[58] Bei all diesen rechtsetzenden Steuermaßnahmen kann man in der Rechtsetzung in den Niederlanden daher ab und zu auch gewisse inhaltliche positiv zu nennende Elemente der deutschen Rechtsetzung auffinden, die man allerdings zur rein juristischen Bewertung von dem politischen Hintergrund ihrer Entstehenszeit scheiden muß.[59]

Im gleichen Sinne des zuvor erwähnten Krisengesetzes 1933 werden durch Verordnung Nr. 85 vom 5. August 1940 auch Kakaobohnen und Kakaoerzeugnisse den Bestimmungen dieses Gesetzes unterworfen.[60] Verordnung Nr. 86, gleichfalls vom 5. August 1940, verbietet den Aufenthaltswechsel von Lastkraftwagen über eine Tonne Ladegewicht,

> "die sich im Besitze niederländischer Staatsangehöriger befinden, ohne besondere Genehmigung der zuständigen Reichsverkehrsinspektoren über 5 Tage hinaus außerhalb des zum normalen Betrieb gehörenden Standorts verbringen zu lassen."[61]

Dies ist wiederum eine deutliche Kontroll- und Transporteinschränkungsmaßnahme für die niederländischen Staatsangehörigen.

Die weiteren Maßnahmen auf wirtschaftlichem Gebiet ab August 1940 bis zum Ende des Kalenderjahres folgen alle dem obenaufgeführten gleichen Prinzip. Es handelt sich, wie die bisher dargestellten Verordnungen gezeigt haben, um Maßnahmen und Rechtsvorschriften auf allen erdenklichen Gebieten, die vor allem Kontrolle und Erfassung der niederländischen Wirtschaft anstreben. Für die Zielsetzung der 'wirtschaftlichen Verflechtung' mit dem Reich werden nicht nur neue Verordnungen erstellt, sondern vor allem viele Abänderungen und/oder Erweiterungen der ursprünglichen niederländischen Krisengesetze vorgenommen, die sich mit Bewirtschaftungsfragen befassen. Steuerrecht und Finanzverwaltung, Wirtschaftsrecht, -organisation und Preisrecht, Devisen- und Zollschutz, internationaler Zahlungsverkehr, insgesamt 55 Maßnahmen für Bewirtschaftungsfragen,

58 Adriani, *Fiscale ervaringen in bezettingstijd 1940-1945*, S. 386 (Übersetzung vom Verfasser, I.G.).

59 Dieses Thema wird schon direkt nach Kriegsende auferarbeitet: Adriani, *Fiscale ervaringen in bezettingstijd 1940-1945*. In dieser Studie werden die Änderungen der deutschen Rechtsetzung auf dem Steuergebiet präzise analysiert und interpretiert.

60 *Verordnungsblatt*, 1940, S. 281-282.

61 *Ebenda*, S. 282-283.

Sozialrecht und Wohlfahrtspflege, Wiederaufbau, Gesundheitswesen, Tierschutz und Verkehrswesen sowie die Angelegenheiten der deutschen oder niederländischen Wehrmacht sind für diese Maßnahmen die offiziellen Bezeichnungen, unter welchen sie im Inhaltsverzeichnis nach Sachgegenständen des *Verordnungsblatts* erscheinen.[62] Wie unter anderen die Verordnung Nr. 80 vom 31. Juli 1940 mit dem Ziel der sogenannten Vermeidung der Tierquälerei erweist, wird bei diesen Bezeichnungen nicht selten nach dem Prinzip eines gewissen Etikettenschwindels verfahren. Auch erlauben viele juristische Definitionen, beispielsweise die des 'feindlichen Vermögens' - ganz der nationalsozialistischen Rechtsauffassung nach - mehrere Deutungen. Diese Deutungen jedoch besitzen ihre Übereinstimmung in der Tatsache, daß sie alle stets zugunsten der Besatzungsmacht interpretierbar sind, obwohl sie vielleicht oberflächlich besehen ein legales Ansehen genießen.

Das Grundprinzip all dieser wirtschaftlichen Maßnahmen des ersten Besatzungsjahres 1940 beruht auf erstens dem der Kontrolle und zweitens dem der Erfassung aller in den besetzten niederländischen Gebieten vorhandenen Vorräte, damit diese drittens 'wiederverteilt', das heißt in das Reich abgeführt werden können. Während die Nahrungssituation - dem Nahrungswert nach, von der Zusammensetzung der Nahrung her abgesehen - der niederländischen Bevölkerung sich bis September 1944 nicht wesentlich ändert, findet die Kursänderung der Industrie gegenüber zugunsten der Waffenproduktion jedoch erst ab 1942 statt.[63] Für die in den Niederlanden anwesenden deutschen Beamten usw. gilt dabei stets eine Sonderstellung der einheimischen Bevölkerung gegenüber.

4.2 Die 'Wahrung der öffentlichen Ordnung'

Die offiziell erstgenannte Zielsetzung der 'Wahrung der öffentlichen Ordnung' betrifft dem Ansatz nach ein ziemlich gewöhnliches Streben des Besatzungsrechts, das von der Haager Landkriegsordnung aus schon zu den Aufgaben der Besatzungsmacht gezählt wird. Für eine Besatzungsmacht ist es in allen Hinsichten vorteilhaft, wenn die Gesellschaft des besetzten Gebietes optimal funktioniert und die Bevölkerung ihr Leben so normal wie möglich weiterführen kann. Pro-

62 In der niederländischen Sprache sind Bewirtschaftungsfragen 'Distributie- en crisismaatregelen'. Im obigen Text sind 18 von diesen insgesamt 55 Maßnahmen behandelt worden. Für eine Aufzählung siehe das Inhaltsverzeichnis B, geordnet nach Sachgegenständen des *Verordnungblatts*, 1940, S. 52-60.

63 Zum Themenkomplex der Wirtschaft der Niederlande im Zweiten Weltkrieg bietet die von Hein A.M. Klemann aufgestellte ausführliche Bibliographie *De Nederlandse economische contacten met Nazi-Duitsland en de Nederlandse economie tijdens de Tweede Wereldoorlog* (Amsterdam 1995) viele nützliche Literaturhinweise. Ein übersichtliches Standardwerk zu diesem Thema, das den Einfluß der Besatzung auf die niederländische Wirtschaft darstellt und analysiert, ist bis jetzt allerdings noch nicht vorhanden (siehe Klemanns Einleitung der Bibliographie, S. 9-10; 17).

bleme entstehen für alle, Bevölkerung und Besatzungsmacht, gerade dann, wenn die öffentliche Ordnung nicht länger garantiert werden kann. Wo jedoch die 'Wahrung der öffentlichen Ordnung' aufhört und nur von eigennützigen Motiven bestimmte freiheitsraubende, unterdrückende polizeiliche Maßnahmen anfangen - das ist eine andere Frage.

Die nationalsozialistische Besatzungsmacht in den Niederlanden bezweckt mit der 'Wahrung der öffentlichen Ordnung' mehrere Ziele. Erstens muß die Situation hinter der Frontlinie sichergestellt werden. Zweitens ist eine gut funktionierende Gesellschaft für die Wirtschaft günstig. Die Zielsetzung der 'wirtschaftlichen Bindung an das Reich' kann in einer ordentlich funktionierenden Gesellschaft mit Hilfe der wirtschaftlichen Maßnahmen leichter vorgenommen werden. Drittens kann die 'freiwillige politische Willensbildung und -lenkung' besser eingeleitet und durchgeführt werden, wenn die Bevölkerung ihr normales, tagtägliches Leben nicht gefährdet sieht und die üblichen Verhältnisse gesichert sind. Viertens kann ein eventueller Widerstand der Bevölkerung leichter aufgespürt und im Keim erstickt werden, wenn die öffentliche Ordnung gewahrt wird, das heißt wenn die Gesellschaft funktioniert. In diesem Zusammenhang ist ebenfalls ein wichtiges fünftes Argument, daß die Besatzungsmacht bei der 'Wahrung der öffentlichen Ordnung' vor allem auch an die Kontrolle der besetzten Gesellschaft denkt. Die vierte, inoffizielle Zielsetzung der Rassendoktrin hat die Besatzungsmacht schließlich nie aus dem Auge verloren, sie hat sie höchstens für eine Weile in den Hintergrund gerückt - aber auch für diese Zielsetzung ist letztendlich eine ruhige Gesellschaft nur vorteilhaft.

Durch diese fünf aufgeführten unterschiedlichen Zielsetzungen, die eine Maßnahme der 'Wahrung der öffentlichen Ordnung' motivieren können, ist eine Verordnung nicht immer ganz eindeutig einer einzigen Zielsetzung zuzumessen. Es ist eine Frage der Interpretation, unter welchen Nenner man eine Verordnung bringt. So ist beispielsweise im Inhaltsverzeichnis B des *Verordnungsblatts*, das den Sachgegenständen nach geordnet ist, die zuvor erwähnte Verordnung Nr. 33 vom 4. Juli 1940 über die Vermögenseinziehung, in der 'feindliche' Vermögen definiert werden, unter dem Titel D. der Sicherheitspolizei wiederzufinden (*Verordnungsblatt*, 1940, S. 40). Die Beschlagnahme eines Vermögens, wobei die 'Feindlichkeit' desselben diskutabel ist, kann jedoch schwerlich in den ersten Besatzungsmonaten eine 'Sicherheitsmaßnahme' genannt werden, wenn von einem Widerstand der Bevölkerung noch gar keine Rede ist. Es sei denn, so ein Widerstand wäre schließlich ein gültiger Grund für eine solche Sicherheitsmaßnahme - wenn das 'feindliche' Vermögen der Finanzierung eines derartigen Widerstandes dienen würde.

Mit dem Argument der 'Wahrung der öffentlichen Ordnung' wird der schon erwähnte 1. Führererlaß über die Ausübung der Regierungsbefugnisse in den Niederlanden vom 18. Mai 1940 begründet (S. 2). Dasselbe Argument wird vom Reichskommissar in seinem Aufruf an die niederländische Bevölkerung vom

25. Mai 1940 wiederholt (S. 6) sowie nochmals in seiner 'eigenen Verfassung', der Verordnung Nr. 3 vom 29 Mai 1940 (S. 8 und 10). Erst werden drei Maßnahmen der Wehrmachtsgerichtbarkeit, die sich hierdurch auch auf Zivilpersonen 'nichtdeutscher' Staatsangehörigkeit beziehen kann, verkündet.[64] Die erste eigentliche Maßnahme auf diesem Gebiet ist jedoch Verordnung Nr. 24 vom 21. Juni 1940 'zur Sicherung der öffentlichen Ordnung in den Niederlanden' (S. 56-58). In dieser Verordnung wird bestimmt, daß eine beabsichtigte Gründung von Vereinigungen und Stiftungen dem zuständigen Polizeidirektor (Generalstaatsanwalt) anzumelden ist, die, wenn dieser nicht innerhalb von sechs Wochen erklärt, "daß die Gründung nicht im Interesse der öffentlichen Ordnung und des öffentlichen Lebens gelegen ist", ihre Tätigkeit aufnehmen kann (§1.3). Außerdem kann der zuständige Polizeidirektor bestehende Vereinigungen auflösen oder ihre Tätigkeit einstellen (§1.5). Es ist klar, daß schon mit dieser Verordnung das im niederländischen Grundgesetz gewährleistete Recht auf Vereinigungen geschunden wird, wenn auch dieses Recht in der niederländischen Rechtsetzung nicht vollkommen uneingeschränkt galt.[65] Die tatsächliche Kontrolle der niederländischen Gesellschaft durch die Besatzungsmacht hat somit ihren Anfang genommen - allerdings begründet mit dem Argument des 'Interesses der öffentlichen Ordnung und des öffentlichen Lebens.'

Die folgende Verordnung Nr. 25, vom 24. Juni 1940, über Maßnahmen auf dem Gebiete des Nachrichten- und Bildwesens, die auch Tauben - lies Brieftauben - nicht ausschließt, schränkt das Nachrichten- und Bildwesen ein (S. 59-63), und durch Verordnung Nr. 34 vom 4. Juli 1940 werden Verdunklungmaßnahmen eingeführt (S. 131-134). Die nächste Verordnung Nr. 35, ebenfalls vom 4. Juli 1940, "zum Schutze der niederländischen Bevölkerung vor unwahren Nachrichten", kann als eine Reaktion auf den Geburtstag des Prinzen Bernhards interpretiert werden.[66] Dieser Geburtstag Bernhards am 29. Juni 1940, der sogenannte 'Nelkentag', ist die erste Gelegenheit die das niederländische Volk nimmt, dem niederländischen Königshaus öffentlich seine Sympathie zu bekunden. Als Gegenmaßnahme wird nun von Seyß-Inquart ein Hörverbot der ausländischen Radiosender verlangt, sowie die Einschränkungen des Drahtfunkverkehrs durch Verordnung Nr. 40 vom 12. Juli 1940, da die Radiozentralen bei der Verordnung Nr. 35 übersehen worden waren. Während das Abhören ausländischer Sender

64 Es betrifft Verordnung Nr. 12 "über die Wehrmachtsgerichtbarkeit" vom 8. Juni 1940; Verordnung Nr. 13 "über Maßnahmen auf dem Gebiete des Schuldnerschutzes, der bürgerlichen und Strafrechtspflege sowie des Verwaltungsrechts in Hinblick auf die seit dem 10. Mai 1940 eingetretenen "besonderen Umstände" vom 17. Juni 1940, und Verordnung Nr. 14, ebenfalls vom 17. Juni, einer Ausführungsvorschrift zu Verordnung Nr. 13; *Verordnungsblatt*, 1940, S. 26-34.

65 Dazu De Jong, *Het Koninkrijk*, Bd. 5, I, S. 415.

66 *Verordnungsblatt*, 1940, S. 135-136; De Jong, *Het Koninkrijk*, Bd. 4, I, S. 301-302. Für eine präzise Analyse des Nelkentags ('Anjerdag') siehe S. 282-336.

strafbar wird, bleiben die Fragen offen, ob die Bevölkerung sich erstens daran hält und zweitens, ob sie sich der restriktiven Natur dieser Maßnahme bewußt ist. Sie entsteht schließlich recht schnell nach der Invasion und deutet bereits auf das kommende Regime hin, obgleich auch die weiteren Monate der Besatzung des Jahres 1940 relativ ruhig verlaufen. Wer schließlich nicht autorisierte Nachrichten unmittelbar *unwahre* Nachrichten nennt und für das eventuelle Abhören mit maximal zehn Jahren Gefängnis droht - der bedient sich diktatorischer Methoden sowohl im Denken (die Formulierung), als auch im Handeln (die Strafdrohung). Es ist die Macht, die hier das Recht bestimmt.

Während die nächste Verordnung Nr. 45 vom 13. Juli 1940 das Unkenntlichmachen von Kraftfahrzeugen verbietet, also in einer Kriegssituation eine Maßnahme nicht ungewöhnlicher Art ist, stellt die Verordnung Nr. 57 vom 19 Juli 1940 über die Vorführung von Filmen eine Zensurmaßnahme dar.[67] Obgleich "Schmalfilme rein künstlerischer, religiöser, kultureller oder familiärer Art " (§ 2) erstmal noch von dieser Zensur ausgeschlossen werden, gewinnt die Besatzungsmacht hierdurch Kontrolle über die Vorführung und Herstellung von Filmen, mit anderen Worten: mehr Spielraum für Propaganda. Die niederländische Instanz für Film*prüfung* (*Centrale Commissie Filmkeuring*), die ab 1928 wirksam gewesen war, kann durch die neue Verordnung nicht länger ihre eigenen Kriterien benutzen, sondern muß die neuen der Besatzungsmacht gebrauchen. Auch diese Filmkommission muß das Führerprinzip akzeptieren und dem autoritären Vorsitzenden gehorchen, statt wie bisher dem Kommissionsausschuß.[68] Im Jahr 1941 schließlich wird die Filmkommission abgeschafft.[69] Die Rolle des Films in den besetzten Niederlanden, über die es noch nicht viel wissenschaftliche Literatur gibt, wird jetzt von Egbert Barten, Mitarbeiter des Niederländischen Filmmuseums Amsterdam, untersucht und soll in eine Dissertation ausmünden, die diese Lücke voraussichtlich füllen wird.[70]

Verordnung Nr. 81, "zur Bekämpfung der widernatürlichen Unzucht" vom 31. Juli 1940 hingegen ist besonders, da sie neues Strafrecht schafft und somit das

67 *Verordnungsblatt*, 1940, S. 150-151 und S. 196-197.

68 Siehe auch C.M. Fortunati, *Schijnbare Autonomie. De positie van de Centrale Commissie voor de Filmkeuring 1939-1941* (Magisterarbeit, Universität Leiden 1988) S. 34 und J.H.Th. Jansen und J.R.A. Pet, *De Nederlandse film in de jaren 1940-1945. Een filmografie gebaseerd op een verkennend onderzoek naar de gevolgen van de Duitse bezetting voor produktie, distributie en censuur* (Utrecht 1977) S. 8.

69 Siehe auch Thomas Leeflang, *De bioscoop in de oorlog* (Amsterdam 1990) S. 112ff., sowie die sogenannte *Filmverordnung* Nr. 165 vom 20. August 1941, die im 7. Kapitel, § 7.1, dieser Studie näher analysiert wird.

70 Über den Film im Kriege in den Niederlanden gibt es einige Magisterarbeiten, wie die obengenannte von C.M. Fortunati, sowie die Studie von Thomas Leeflang, *De bioscoop in de oorlog* (Amsterdam 1990), die auch die Zensur behandelt (S. 110-142). Außerdem hat das Audiovisuelle Archiv der Stiftung Film und Wissenschaft (SFW) eine kurze Übersicht zusammengestellt: Jansen und Pet, *De Nederlandse film in de jaren 1940-1945*.

Völkerrecht verletzt, da dies nur gerechtfertigt wäre, wenn es Mißstände der deutschen Truppen betreffen würde.[71] Es ist auffallend wie schnell schon die Homosexualität, übrigens hier nur auf Männer beschränkt, strafbar gemacht wird, während die Judenmaßnahmen viel langsamer, verschleierter und erst später verkündet werden.[72]

Die nächste Verordnung, die öffentliche Ordnung betreffend, regelt den kleinen Grenzverkehr, während die folgende, Nr. 103 vom 17. August 1940, die "wirtschaftliche Unabhängigkeit der Presse sichern" möchte.[73] Wiederum eine verschleierte Formulierung, hinter welcher sich die zunehmende Kontrolle der Presse versteckt.[74] Weitere Verordnungen regeln Spendensammlungen, Luftschutzmaßnahmen, Fahr- und Verkehrsbeschränkungen und verbieten das Wandergewerbe, daß heißt das Umherziehen.[75] Verordnung Nr. 132 vom 6. September 1940 führt die Ausweispflicht ein, die der Besatzungsmacht später nicht nur die Judenverfolgung erleichtern wird, sondern auch alle anderen Arten der Verfolgung - man denke beispielsweise an Zigeuner, Homosexuelle, politisch Andersdenkende usw. - und Kontrolle.[76] Es folgen Maßnahmen, die das Steigenlassen von Drachen verbieten, weitere Verkehrsbeschränkungen und Verbote bildlicher

71 *Verordnungsblatt*, 1940, S. 248-249; dazu De Jong, *Het Koninkrijk*, Bd. 6, II, S. 641 und Jansma, *Het bezettingsrecht*, S. 23.

72 Zur Verfolgung der Homosexuellen in den Niederlanden siehe Pieter Koenders, *Homoseksualiteit in bezet Nederland. Verzwegen hoofdstuk* (Amsterdam 1984), der auf die Lücke in der Geschichtsschreibung über Homosexuelle hinweist, seine anschließende Dissertation *Tussen christelijk réveil en seksuele revolutie. Bestrijding van zedeloosheid in Nederland met nadruk op de repressie van homoseksualiteit* (Leiden 1996) sowie Yvonne Scherf, *De vervolging van homosexualiteit tijdens de Tweede Wereldoorlog* (Amsterdam 1987) und für Deutschland Burkhard Jellonnek, *Homosexuelle unter dem Hakenkreuz. Die Verfolgung von Homosexuellen im Dritten Reich* (Paderborn 1990), der auf den Unterschied zwischen Homosexuellen- und Judenverfolgung eingeht (S. 327ff.). Homosexuelle wurden eigentlich nur verfolgt, wenn sie ihre Homosexualität praktizierten.

73 Verordnung Nr. 91, 15. August 1940; *Verordnungsblatt*, 1940, S. 297-299; und S. 327-328.

74 Siehe zu diesem Thema die Dissertation von René A.H. Vos, *Niet voor publicatie. De legale Nederlandse pers tijdens de Duitse bezetting* (Amsterdam 1988) insbes. S. 63.

75 Die genannten Maßnahmen sind Verordnungen Nr. 109, 113, 121, 128 und 129 des Jahres 1940. Siehe zu Verordnung Nr. 109 (Spendensammlungen) auch De Jong, *Het Koninkrijk*, Bd. 4, II, S. 684.

76 *Verordnungsblatt*, Jahr 1940, S. 408-411; siehe auch De Jong, *Het Koninkrijk*, Bd. 4, II, S. 726. Obgleich es über die Geschichte der Zigeuner in den Niederlanden nicht sehr viel Literatur gibt, hier zwei Titel: die Dissertation von Leo Lucassen, *En men noemde ons zigeuners... De geschiedenis van Kaldarasch, Ursari, Lowara en Sinti in Nederland (1750-1944)*, (Amsterdam/Den Haag 1990), wobei 1944 das Jahr der Deportation ist,. sowie B.A. Sijes, *Vervolging van zigeuners in Nederland 1940-1945*, in Zusammenarbeit mit Th.M. de Graaf, A. Kloosterman, J.F.A. van Loenen, G.F. van Setten, A.L. Visser, NIOD Monographie Nr. 13 (Den Haag 1979)

Darstellungen oder Fotos ohne Zustimmung deutscher Anlagen und ähnliches einführen, sowie die Einführung der Polizeistunde von 23 bis 4 Uhr morgens.[77] Auch die restlichen Maßnahmen des ersten Besatzungsjahres sind ähnlicher Natur: öffentliche Tanzlustbarkeiten werden verboten, Bestimmungen über gefundenes Strandgut werden verkündet, und am 17. Oktober 1940 wird eine Kennkarte (*persoonsbewijs*) für Personen ab 15 Jahren, die als allgemein geltender Personalausweis gültig sein soll, eingeführt.[78] Diese letztgenannte Verordnung Nr. 197 dient demselben Zweck wie die Ausweispflicht der Verordnung Nr. 132. Interessant hierbei ist die Vermeldung, die in der niederländischen Anleitung für den *persoonsbewijs* vom April 1941 steht: die Kennkarte ist nicht Pflicht (obwohl das Recht darauf geltend gemacht werden kann, wenn die betreffende Person polizeilich angemeldet ist) für Personen deutscher oder einiger anderer fremder Nationalitäten, außer wenn sie ganz oder teilweise jüdischen Blutes sind.[79] Mit anderen Worten wird hier ein Unterschied nach Blut, das heißt Rasse, gemacht, wobei gleichfalls die Definition '*einiger* anderer fremder Nationalitäten' ziemlich vage ist und nicht weiter definiert wird.

Am 23. November 1940 folgt wieder eine Verdunklungsmaßnahme.[80] Im Dezember werden Waffen, Munition und Sprengmittel eingezogen, und Verordnung Nr. 222 vom 2. Dezember 1940 zieht das Verbot der öffentlichen Tanzlustbarkeiten der Verordnung Nr. 190 wieder ein, während allerdings der öffentliche Genuß von Alkohol zwischen 19 und 4 Uhr morgens verboten wird.[81]

Zusammenfassend kann konstatiert werden, daß die Rechtsmaßnahmen des Jahres 1940 im *Verordnungsblatt*, die die öffentliche Ordnung regeln sollen, weitgehend mit den Zielen der Besatzungspolitik Seyß-Inquarts - die der 'sanften Erziehungsmethode' - übereinstimmen und seinen Absichten entsprechen. Obwohl zwar schon einige Grundsteine für die weitaus härtere, zukünftige Besatzungspolitik gelegt werden, wie die beginnende Zensur und Kontrolle des Radios, der Presse, des Films, des Nachrichten- und Bildwesens, sowie die die Bewegungsfreiheit einschränkenden Bestimmungen und die Ausweispflicht, sind die Mehrzahl der Maßnahmen zur Wahrung der öffentlichen Ordnung an den Kriegsumstand der Besatzung gebunden und in diesem Kontext nicht außergewöhnlicher Natur.

77 Es betrifft Verordnungen Nr. 133, 151, 156 (eine Ergänzung der Verordnung Nr. 25/1940) und 188 des Jahres 1940; siehe zu Verordnung Nr. 188/1940 auch De Jong, *Het Koninkrijk*, Bd. 4, II, S. 813.

78 Verordnungen Nr. 190, 196 und 197 des Jahres 1940. Siehe zum Personalausweis (Verordnung Nr. 197/1940) auch De Jong, *Het Koninkrijk*, Bd. 5, I, S. 452ff.

79 Siehe J.L. Lentz, *Persoonsbewijzen. Handleiding voor de uitvoering van het besluit persoonsbewijzen* (Arnheim 1941) S. 25-26.

80 Verordnung Nr. 212; *Verordnungsblatt*, Jahr 1940, S. 606-611.

81 Verordnung Nr. 220 vom 3. Dezember 1940; *ebenda*, S. 638 und Nr. 222 vom 2. Dezember 1940; *ebenda*, S. 653-655.

4.3 Die 'politische Willensbildung und -lenkung'

Die Maßnahmen auf dem Gebiet der 'politischen Willensbildung' des Jahres 1940 entsprechen ebenfalls Seyß-Inquarts Überzeugung, allmählich die 'Selbstnazifizierung' der niederländischen Bevölkerung erreichen zu wollen durch die 'sanfte Erziehungsmethode' der politischen 'Lenkung'. Die Rechtsmaßnahmen sind naturgemäß von undemokratischer Art, da das Ziel letztendlich die nationalsozialistische Weltanschauung ist. Die zu diesem Thema gehörigen Verordnungen sollen also die nationalsozialistische Weltanschauung ermöglichen und übermitteln - notfalls mit Zwang.

Die erste, tiefeinschneidende Maßnahme ist Verordnung Nr. 22 vom 21. Juni 1940 "zur Sicherung der Tätigkeit des Staatsrats sowie einiger öffentlich-rechtlicher Vertretungskörperschaften", durch welche die Tätigkeiten der beiden Kammern (*Eerste* und *Tweede Kamer*), sowie des Staatsrats (*Raad van State*) "bis auf weiteres ruhen" (§ 1und 2) und Wahlen dafür nicht mehr ohne Erlaubnis stattfinden dürfen (§ 3und 4).[82] Nur die Abteilung für Vorstandskonflikte (*geschillen van bestuur)* bleibt bestehen.[83] Aus der Sicht des Besatzers ist dies eine vollkommen logische Maßnahme, die allerdings den politischen Zielen nach vorsichtig und strategisch formuliert wird, indem die Kammern und der Staatsrat nicht direkt aufgehoben werden, sondern deren Tätigkeit nur "bis auf weiteres ruht". Die Aufhebung dieser Organe wäre staatsrechtlich auch gar nicht erlaubt, da eine Besatzung ein vorläufiger Zustand ist.[84] So ist das Ziel der Kaltstellung der politisch wichtigsten Organe auf legale Weise erreicht und ohne die Betroffenen direkt zu brüskieren. Bezeichnend dafür ist der in De Jong beschriebene Umstand, daß die betroffenen Mitglieder des Staatsrats und der Kammern anscheinend mehr daran interessiert sind, ob sie durch diese Regelung noch eine Pension anfragen dürfen, sich also um die finanzielle Seite sorgen, anstatt sich um die politischen Konsequenzen der Verordnung zu kümmern - wobei die Frage bleibt, wieviel Möglichkeit ihnen überhaupt blieb, sich der Macht des Besatzers zu widersetzen.[85] Verordnung Nr. 23 desselben Datums regelt die grundsätzlichen Befugnisse der Generalsekretäre (S. 55-56). Es folgen weitere Verordnungen verwaltungsrechtlicher Natur, die weitgehend Form- und Detailfragen bestimmen.[86]

Die Gebiete, die sich außerdem für eine politische Willens*bildung* und *-lenkung* eignen, sind die des Unterrichts, der Medien und der Kultur. Auf diesen

82 *Ebenda*, S. 54-55; dazu De Jong, *Het Koninkrijk*, Bd. 4, I, S. 68.

83 *Ebenda*, S.133.

84 Zu Verordnung Nr. 22/1940 und deren Folgen siehe auch A.L. Scholtens, *Overzicht van de tijdelijke wijzigingen in ons staatsrecht 1940-1945* (4., bearbeiteter Druck; Alphen am Rhein 1947) S. 22ff.

85 Dazu De Jong, *Het Koninkrijk*, Bd. 4, I, S. 134ff.

86 Für das Jahr 1940 sind dies beziehungsweise Verordnung Nr. 36, 61, 79, 108, 193 und 229. Verordnung Nr. 108/1940 wird im nächsten Paragraphen behandelt.

Gebieten soll Propaganda gemacht und das Verschmelzen mit dem Dritten Reich vorbereitet werden. Knapp formuliert werden im Unterricht erstmal deutschfeindliche Formulierungen gestrichen, die anfänglich präventive Zensur der Medien (Presse, Rundfunk, Film) repressiv gemacht und auf kulturellem Gebiet die Gleichschaltung vorbereitet.[87] Maßnahmen zu diesem Thema betreffen folglich die Universitäten (Verordnung Nr. 116) und Schulen (Verordnung Nr. 62, 122, 238), die Presse (Verordnung Nr. 102, 103), den Rundfunk (Verordnung Nr. 232) und den Film (Verordnung Nr. 25, 57, 156, 160), sowie die Vorbereitung der Gleichschaltung der Kultur (Verordnung Nr. 211). Die Rechtsetzung dient der Besatzungsmacht dabei als Mittel, diese Ziele zu erreichen oder vorzubereiten, wobei Seyß-Inquart jedoch keine Eile hat, da er nicht am Siege des Dritten Reiches zweifelt. Zu seiner Auffassung der Besatzungspolitik paßt es, sich erst ein wenig im Hintergrund zu halten, da das niederländische Volk dem deutschen - seiner Meinung nach - später sowieso überzeugt folgen wird.[88]

Zu den Themen der nationalsozialistischen Medien- und Kulturpolitik bestehen viele Studien, die Teilgebiete (Radio, Rundfunk, Presse usw.) analysieren, jedoch selten auf die Art der Rechtsetzung, das heißt der rechtsetzenden Maßnahmen an sich, konzentriert sind.[89] Wie auch in der üblichen Literatur zur Besatzungsgeschichte in den Niederlanden wird die Rechtsetzung immer als Tatsache genommen, die einzelnen Bestimmungen schlicht genannt und die Konsequenzen für die betroffenen Gruppen der Bevölkerung behandelt, ohne das auf das Wesen der Rechtsetzung näher eingegangen wird. Im siebten Kapitel dieser Untersuchung wird daher näher auf dieses Thema der kulturellen Gleichschaltung in der Rechtsetzung eingegangen.

4.4 Die inoffizielle Zielsetzung: nationalsozialistische Rassenpolitik

Obwohl die Rassenpolitik in den besetzten niederländischen Gebieten nicht als *offizielle* Zielsetzung der Besatzungsgewalt publiziert wird, werden auch im ersten Besatzungsjahr schon Maßnahmen zu diesem Thema verkündet, da die nationalsozialistische Weltanschauung schließlich nicht von der Besatzungspolitik des NS-Staates zu trennen ist. Dieser Weltanschauung entsprechend soll dem jüdischen Teil der niederländischen Bevölkerung sowie Zigeunern, Kommunisten und weiteren Andersdenkenden jede gesellschaftliche Position entnommen werden.

87 De Jong, *Het Koninkrijk*, Bd. 4, II, S. 679ff. und 612ff.

88 *Ebenda*, S. 686-687.

89 Vgl. Volker Dahm, 'Nationale Einheit und partikulare Vielfalt. Zur Frage der kulturpolitischen Gleichschaltung im Dritten Reich'; in : *Vierteljahrsheft für Zeitgeschichte*, 43. Jg., 2. Heft, April (München 1995) S. 221.

Die erste Verordnung zu diesem Zweck ist die zuvor erwähnte Verordnung Nr. 80 vom 31. Juli 1940 zur Vermeidung von Tierquälerei.[90] Die nächste Maßnahme bildet die augenscheinlich recht belanglose Verordnung Nr. 108 vom 20. August 1940, die "Vierte Verordnung über besondere verwaltungsrechtliche Maßnahmen", durch welche der Reichskommissar sich selber (statt den Generalsekretären) die Befugnis erteilt, die wichtigsten Beamten und Angestellten zu ernennen, anzustellen oder zu entlassen.[91] Zu dieser Verordnung gehört eine offizielle, wie üblich streng vertrauliche *Dienstanweisung*, die das Verfahren zu diesen Ernennungen, Anstellungen und Entlassungen enthält, sowie die dazugehörigen Anlagen mit genau formulierten Wortlauten.[92] Diese *Dienstanweisung* ist sehr aufschlußreich, da es gerade das Bewerbungsverfahren ist - mit präzisen Angaben der erwünschten Anforderungen - das streng vertraulich den niederländischen Beamten gegenüber behandelt werden soll.

Bei einer Ernennung der in der Verordnung genannten Beamten reichen die Generalsekretäre ihre Vorschläge, mit Personalakten und bis zur Unterschrift fertiggestellter Ernennungsurkunde, zweisprachig und in drei Exemplaren bei dem für sie zuständigen Generalkommissar ein. Die weitere Bearbeitung sämtlicher Vorschläge erfolgt durch den Generalkommissar für Verwaltung und Justiz, Wimmer, da auch die übrigen Generalkommissare die bei ihnen eingegangenen Vorschläge mit ihrer Stellungnahme an Wimmer weiterleiten sollen. Dieser nun lädt den Vorgeschlagenen vor, dem zwar kein Fragebogen zur Ausfüllung vorgelegt wird,

> "jedoch ist in zwangloser Aussprache eine Reihe von Fragen mit ihm zu klären, insbesondere über Ausbildung und Weltanschauung, Parteizugehörigkeiten,

90 Siehe Kapitel 4, § 4.1, dieser Untersuchung.

91 Es handelt sich um folgende im § 1 der Verordnung Nr. 108 aufgezählten Beamten und Angestellten: Generalsekretäre in den Ministerien; der Vizepräsident und die Mitglieder des Staatsrats; der Präsident, die Vizepräsidenten, den Generalstaatsanwalt, die -rechtsanwälte und die Mitglieder des Obersten Gerichtshofs; die Präsidenten und die Generalstaatsanwälte der Gerichtshöfe; den *Inspecteur der Rijksveldwacht* und der *Nederlandsche Marechaussee*; die Hauptpolizeikommissare; die Kommissare der Provinzen; die Bürgermeister der Provinzialhauptstädte und der Gemeinden über 50000 Einwohner; den Präsidenten der Niederländischen Bank; des Direktoriums der Niederländischen Eisenbahn; den Generalinspektor des Lotsenwesens; die Direktoren der Staatlichen Waffenfabriken sowie der Staatswerft und den Arbeitsleiter des Niederländischen Aufbaudienstes. Siehe *Verordnungsblatt*, Jahr 1940, S. 338-339; dazu De Jong, *Het Koninkrijk*, Bd. 4, I, S.68-69.

92 Die *Dienstanweisung* befindet sich in einer Sammelmappe mit gemischten, bisher unbeachtet gebliebenen Restunterlagen des Archivs Rechtsetzung, NIOD, Kollektion 21, Karton 51, Mappe 4. Die in diesem Abschnitt folgenden Zitate der Dienstanweisung sind alle, falls nicht anders angegeben, dieser Mappe entnommen.

Auslandsreisen, etwaige Logenzugehörigkeit, Ariereigenschaft des Vorgeschlagenen selbst und seiner Ehefrau."[93]

Die 'Nazifizierung' der Beamten und Angestellten kann somit ihren Anfang nehmen: Bei den zitierten Anforderungen sind politische Faktoren weit wichtiger als das faktische Können eines Vorgeschlagenen, der obendrein auch von den Überzeugungen (und der 'Ariereigenschaft', das heißt 'Rasse') seiner Frau abhängig gemacht wird. Durch dieses Verfahren wird es einfach, Personen mit der richtigen Weltanschauung, das heißt Nationalsozialisten, auf die unterschiedlichsten Posten zu leiten, sowie die unerwünschten aus diesen zu entfernen. Der Einfluß der niederländischen Beamten beschränkt sich dabei auf das Vorschlagen der Bewerber, die also schon im ersten Gespräch auf politische und rassische Fragen antworten müssen.

In Abwesenheit des Vorgeschlagenen fertigt der Beamte des Generalkommissars danach über dieses Gespräch eine Niederschrift an. Das weitere Verfahren besteht aus der Einholung der Stellungnahme des Generalkommissars für das Sicherheitswesen, zur besonderen Verwendung, sowie des Beauftragten für die Provinz in der der Vorgeschlagene seinen bisherigen Wohnsitz hatte und gegebenenfalls haben wird, wobei dem Reichskommissar Seyß-Inquart schließlich erst ein Exemplar der Ernennungsurkunde vorzulegen ist, wenn alle möglichen Bedenken gegen einen Vorgeschlagenen nicht mehr vorhanden sind. Wird ein Vorgeschlagener nun nicht ernannt, wird entweder der Generalsekretär aufgefordert, einen anderen Vorschlag zu machen oder, falls bereits einer vorliegt, sich dazu unter angemessener Fristsetzung zu äußern.

Die Kontrolle der Besatzungsmacht über Personalangelegenheiten, die durch dieses Verfahren entsteht, ist enorm. Nicht nur werden die Forderungen an einen Vorgeschlagenen - und seiner Ehefrau - schon in einer frühen Phase den Wünschen des Besatzers angepaßt (Weltanschauung, Ariereigenschaft usw.), sondern wird dieses Verfahren gleichzeitig auch relativ geheimgehalten. Die Dienstanweisung ist nur für die hohen deutschen Beamten bestimmt, wobei "der Herr Reichskommissar den allergrößten Wert darauf legt, daß die Dienstanweisung den niederländischen Dienststellen gegenüber vertraulich behandelt wird."[94] Auch den Beauftragten der Provinzen wird die Dienstanweisung nicht mitgeteilt.[95]

Bei der relativ 'diskret' formulierten Dienstanweisung fällt das Fehlen des Begriffs 'Juden' auf. Anscheinend ist das Nennen der Weltanschauung und 'Ariereigenschaft' eindeutig genug, abgesehen davon werden durch den Begriff

93 *Ebenda*, Dienstanweisung, S. 1.

94 *Ebenda*, Oberbürgermeister Althaus in einem Begleitschreiben vom 3. September 1940 an Wimmer und die Ministerialreferenten Jäckl, Stüler, Klemm, Schwarz, Reuter, Pschorr, Plutzar und Wehofsich. Dieses Begleitschreiben ist allerdings von Rabl verfaßt worden (siehe Brief vom 3. September 1940).

95 *Ebenda*, Rabl an Althaus, 30. August 1940.

Weltanschauung auch Homosexuelle, Kommunisten usw. 'erfaßt'. Die niederländischen Generalsekretäre allerdings bekommen am 28. August 1940 ein eigenes Schreiben von Wimmer (im Auftrag von Seyß-Inquart) zur Ausführung der Verordnung, mit den Anweisungen speziell gegen den jüdischen Teil der Bevölkerung gerichtet:

> "dafür Sorge zu tragen, daß die niederländischen Behörden und Körperschaften des öffentlichen Rechts in Zukunft keine Personen zu Beamten ernennen, ohne Beilegung der Beamteneigenschaft anstellen oder befördern, die ganz oder teilweise jüdischen Blutes sind. [...] Wer ganz oder teilweise jüdischen Blutes ist, kann ferner weder zu ehrenamtlicher Tätigkeit, gleichgültig welcher Art, herangezogen werden, noch kann er Beschäftigung im öffentlichen oder privaten Schuldienst finden, es sei denn, daß die betreffende Schule ausschließlich von jüdischen Schülern besucht wird."

Dieser Brief schließt mit der den Nationalsozialisten geläufigen Definition einer 'jüdischen Person':

> "Als ganz oder teilweise jüdischen Blutes ist eine Person anzusehen, die auch nur von einem Großelternteil jüdischen Blutes abstammt. Wer der jüdischen Religionsgemeinschaft angehört oder angehört hat, ist in jedem Fall als Person jüdischen Blutes anzusehen."[96]

Die Reaktion der Generalsekretäre, in einer Sitzung am 30 August 1940 auf dieses Schreiben ist, daß es nur limitiert interpretiert werden soll.[97]

Aus dem Protokoll ist jedoch nicht ersichtlich, wie weit eine 'limitierte' Interpretation reicht. Die Generalsekretäre entschließen sich nämlich, die erwünschten Angaben über die Religionszugehörigkeit zu verschaffen, jedoch mit einem Schreiben vom Vorsitzenden Snouck Hurgronje an Seyß-Inquart begleitet, daß man sich mit dieser Entscheidung abfinden muß, obwohl dies ungern geschehen wird, und dem wiederholten Argument, daß in den Niederlanden kein *jodenvraagstuk* besteht.[98] Obendrein wird im selben Brief darauf hingewiesen, daß man dem Wunsch der deutschen Autoritäten folgen wird, diese Maßnahme nicht zu publizieren, jedoch bei einer Ausführung derselben soviel Personen beziehen

96 *Ebenda*, Wimmer an die Generalsekretäre in den niederländischen Ministerien, 23. August 1940.

97 Vgl. Gerhard Hirschfeld, 'Niederlande', in: Wolfgang Benz (Hg.), *Dimension des Völkermords. Die Zahl der jüdischen Opfer des Nationalsozialismus* (München 1991) S. 140.

98 "...dat men zich dezerzijds bij deze beslissing zal moeten neerleggen, doch dat zulks ongaarne zal geschieden" (frei übersetzt vom Verfasse, I.G.); *Notulen en circulairestukken secretarissen-generaal, Verslag no. 43*, 30. August 1940, Punkt 4; NIOD, Kollektion 216A, Karton 1, Mappe 1.

muß, daß sie dann bekannt werden wird - was wiederum der Stimmung der Bevölkerung nicht gut tun wird.[99]

Die Generalsekretäre besinnen sich erst 5 Tage später darauf, am 4. September 1940, daß sie versäumt haben, in allererster Linie darauf hinzuweisen, daß die Maßnahme gegen Artikel 5 des Grundgesetzes verstößt, so daß das College nicht bereit - und es ihm gesetzlich nicht möglich ist - bei der Ausführung zu kooperieren.[100] Wie wird das Problem nun gelöst? Wimmer wird eine Verordnung verkünden, die den Artikel 5 des Grundgesetzes aufhebt, so daß die gegebenen Instruktionen doch ausgeführt werden können, wobei er allerdings 'Ausnahmen nicht ausschließt.'[101]

Daß es der Besatzungsmacht jedoch nicht nur um eventuelle zukünftige Beamte geht, erweist ein ähnliches Schreiben Wimmers, das die Generalsekretäre zwei Wochen später erhalten. Auch dieser Brief gehört noch zur Ausführung der Verordnung:

> "... weise ich Sie an, mir alsbald eine Zusammenstellung aller derjenigen Personen zukommen zu lassen, die innerhalb Ihres Zuständigkeitsbereiches im Dienst des Staates, einer Provinz, einer Gemeinde oder einer anderen Körperschaft des öffentlichen Rechts stehen und entweder ganz oder teilweise jüdischen Blutes sind oder mit einer Person ganz oder teilweise jüdischen Blutes verheiratet sind."

Es folgt dieselbe, schon zitierte Definition einer 'jüdischen Person', als auch das Ersuchen,

> " ... von allen Personen, die in der Zusammenstellung Aufnahme finden, die Amts- oder Dienstbezeichnung anzugeben, ihren Wohnsitz, ihren Geburtsort sowie ihr Alter und ihr Einkommen, das letztere getrennt nach dem Einkommen aus dienstlicher oder amtlicher Tätigkeit und aus Privatvermögen."[102]

Es ist eindeutig, daß das Ziel dieses 'Ersuchens' ist, Juden und politisch unerwünschte Personen aufspüren und später entlassen zu können. Nicht nur die Diskriminierung, sondern auch die Verfolgung der Juden, Kommunisten, Homosexuellen und Andersdenkenden hat also schon mit der Verordnung Nr. 108, verkündet am 20. August 1940, eingesetzt, obwohl in der offiziellen Politik der Besatzungsmacht davon keine Rede ist. Die Generalsekretäre verfolgen weiterhin ihre bisherige Politik der Zusammenarbeit mit dem Reichskommissariat - weil sie Angst vor

99 *Ebenda* (frei übersetzt vom Verfasser, I.G.).

100 Artikel 5 des niederländischen Grundgesetzes: "Ieder Nederlander is tot elke landsbediening benoembaar"; siehe J.A. Fruin (Hg.), *De Nederlandsche Wetboeken*, (Den Haag 1940) S. 2; *ebenda*, *Verslag no. 45* vom 5. September 1940, Punkt 2.

101 *Ebenda*, *Verslag no. 46* (Punkt 2) und *47* (Punkt 1) vom 6. und 9. September 1940.

102 Brief Wimmers an die niederländischen Generalsekretäre, 11. September 1940; NIOD, *Archiv Rechtsetzung*, Kollektion 21, Karton 51, Mappe 4.

dem Chaos haben, das durch ein eventuelles Abtreten entstehen könnte - und befolgen, nach einigen Protesten, letztendlich stets dessen Vorschriften.[103]

Am 13. September erscheint schließlich Verordnung Nr. 137, durch welche Artikel 5 des Grundgesetzes aufgehoben wird:

> "Die rechtlichen und finanziellen Verhältnisse der Beamten, Staatsangestellten und Arbeiter im Staatsdienst, insbesondere die Voraussetzungen, unter denen sie angestellt und entlassen werden können, werden nötigenfalls unter Abweichung von dem bisher geltenden Recht geregelt."[104]

Dies ist eine Verordnung, die das Recht offiziell der nationalsozialistischen Weltanschauung anpaßt in der Weise, daß das Recht sich der Situation (*konkreten Ordnung*) zu fügen hat - ohne näher bestimmt zu werden. Die Verordnung schafft sozusagen legalen Spielraum für nicht rechtliche, illegale Maßnahmen, um diese zu legitimieren.

Mitte Oktober 1940 wird dann von allen Beamten und Angestellten der Landes-, Provinz- und Gemeindeverwaltungen verlangt, einen Fragebogen ('Ariererklärung') auszufüllen, der wörtlich den Anweisungen des Reichskommissariats entspricht und außer den eigenen Eltern und Großeltern auch die Ehegatten sowie deren Eltern und Großeltern berücksichtigt, für den schriftlichen Nachweis über die Zugehörigkeit zur jüdischen Konfession.[105] Vermutlich nicht einmal zwei Dutzend der öffentlich Bediensteten - also sehr, sehr wenige - haben sich geweigert, eine entsprechende Erklärung zu unterzeichnen.[106] Die Generalsekretäre führen auch die weiteren notwendigen Schritte aus, die am 4. November 1940 zur Entlassung aller jüdischen Beamten und Angestellten des niederländischen Staates führen. Am 27. November folgt die Entlassung aller Juden aus staatlichen Ehrenämtern und am 10 Dezember 1940 dasselbe für die Gemeinden.[107] Die (neue) Ernennung jüdischer Angestellter ist durch Verordnung Nr. 108 ebenfalls ausgeschlossen worden. Die zwei verwaltungsrechtlichen Maßnahmen Nr. 108 und 137 haben somit, in knapp drei Monaten, zu der Ausschaltung aller jüdischen Beamten und Angestellten geführt, ohne daß im *Verordnungsblatt* das Wort 'Jude' aufzuspüren ist.

103 Siehe *Notulen*, *Verslag no. 58* vom 7. Oktober 1940, Punkt 2; NIOD, Kollektion 216A, Karton 1, Mappe 1E. Dazu De Jong, *Het Koninkrijk*, Bd. 4, II, S. 757-758.

104 Verordnung Nr. 137, §1, Punkt 1; *Verordnungsblatt*, 1940, S. 425.

105 Abdruck eines Formulars der 'Ariererklärung' in Jacques Presser, *Ondergang. De vervolging en verdelging van het Nederlands jodendom 1940-1945*, Bd. 1 (Amsterdam 1965; 8. Aufl. 1985) S. 32a. Dazu B.A. Sijes, *Studies over Jodenvervolging* (Assen 1974) S. 134-135.

106 De Jong, *Het Koninkrijk*, Bd. 4, II, S. 763ff.

107 Siehe auch K.P.L. Berkley, *Overzicht van het ontstaan, de werkzaamheden en het streven van den Joodsche Raad voor Amsterdam* (Amsterdam 1945) S. 16.

Im Jahr 1940 gibt es nur zwei Verordnungen, in denen wörtlich von Juden die Rede ist. Erstens Verordnung Nr. 189 vom 22. Oktober über die Anmeldung von Unternehmen, die in § 4 den Begriff 'Jude' bestimmt.[108] Diese Verordnung ist im Rahmen der Judenverfolgung sehr wichtig, da es über den Besitz hin später möglich wird, auch die Personen zu erfassen und außerdem die Begriffsbestimmung ab dieser Verordnung gebraucht wird. Zweitens Verordnung Nr. 231 vom 19. Dezember über die Beschäftigung Deutscher in jüdischen Haushaltungen, die verboten wird.[109] Interessant bei diesen Verordnungen ist vor allem eine Schlußvorschrift der Verordnung Nr. 189, in welcher bestimmt wird, daß der Reichskommissar "über Zweifelsfragen, die sich aus der Anwendung der Vorschriften dieser Verordnung ergeben, allgemein rechtsverbindliche Entscheidungen treffen [kann]." Für diese Zweifelsfälle wird später eigens eine Entscheidungsstelle, unter der Leitung von Hans Georg Calmeyer, zuständig gemacht.[110] Es ist das Führerprinzip, das bei dieser Gelegenheit noch einmal wiederholt wird. Da diese Verordnung Unternehmen, also Vermögen, behandelt *und* Judenpolitik, ist sie dem Besatzer wichtig und somit läßt er keine Zweifel aufkommen, wer die letzte entscheidende Instanz ist - mit anderen Worten, wer hier die Macht besitzt. Abgesehen von dem Tarnungsargument der Formulierung, kann das Erscheinen der Begriffsbestimmung jetzt wohl auch als eine Art Kriegserklärung an den jüdischen Bevölkerungsteil interpretiert werden. Es ist ein erstes Indiz für die sich ändernde Haltung der Besatzungsmacht, die ab 1941 schon viel weniger getarnt rassenpolitische Elemente aufzeigt - obgleich sich die offiziellen Zielsetzungen nicht ändern.

108 Siehe zur Anmeldung aller 'jüdischen' Unternehmungen als Voraussetzung für die geplanten 'Arisierungen': A.J. van der Leeuw, 'Reichskommissariat und Judenvermögen in den Niederlanden'; ders.,' Die 'Arisierung' eines jüdischen Betriebs in den Niederlanden'; in: A.H. Paape (Hg.), *Studies over Nederland in oorlogstijd*, Bd. 1 (Amsterdam 1972) S. 237-249 und S. 250-257; De Jong, *Het Koninkrijk*, Bd. 4, II, S. 760.

109 Siehe *Verordnungsblatt*, 1940, S. 546-552 und S. 701-703 sowie zu Verordnung Nr. 231 De Jong, *Het Koninkrijk*, Bd. 4, II, S. 870.

110 IV. Abschnitt, § 11 Punkt 2; *ebenda*, S. 551. Siehe zu Calmeyer auch Kapitel 6, § 6.1, dieser Studie.

5. Das Recht der Machtsetzung

Die wichtigsten Komponenten oder Dogmen der nationalsozialistischen Weltanschauung sind erstens das grenzenlos vertretene Führerprinzip und zweitens die Rassenideologie. Demzufolge ist auch der Expansionsdrang als wichtiger Faktor der NS-Weltanschauung zu betrachten. Zur Rassenideologie gehört der Gedanke an die arisch-nordische Überlegenheit, der ungezügelte Judenhaß und die Vergötzung des biologischen Auslesekampfes mit der Absage an alle humanen Gesichtspunkte.[1] Wie dieses Gedankengut in die Rechtsetzung für das besetzte Land umgesetzt wird, soll im nächsten Kapitel behandelt werden, während dasselbe jetzt erst für das Führerprinzip untersucht werden soll. Es ist schließlich der Führer, das heißt sein Wille, der den Inhalt der NS-Weltanschauung bestimmt und der somit die Prioritäten - wie die der Rassenideologie oder der Expansionsrichtung - der herrschenden Gewalt setzt.

5.1 Das Führerprinzip

Mittels der rechtstheoretischen Grundlagen der nationalsozialistischen Rechtslehren hat man das Führerprinzip als Begriff im Zweiten Kapitel dieser Untersuchung vorstellen können. Grundvoraussetzung für das Führerprinzip ist die Zentralisation der Macht auf eine Person, nämlich den Führer. Wichtig dabei ist die ins Mythische vergrößerte Auffassung vom Führer. Der Führer, der über dem Gesetz steht, das Recht "schützt" (Schmitt) und dessen Wille letztendlich die NS-Weltanschauung bestimmt - dieser Führer ist als Mythos und Medium bis zum Ende der zentrale Bezugspunkt des nationalsozialistischen Herrschaftssystems.[2] Der einzige Führer der diesen Namen wirklich trägt und der damit auf diese beinahe mythische Art und Weise gemeint ist, ist Adolf Hitler. Als Herrschaftssystem jedoch - als Führerprinzip - wird hier die politische Struktur verstanden, in welcher es einen Mann an der Spitze gibt, der die oberste Gewalt vertritt und der die absolute Macht besitzt. Eine Frau wäre in dieser Konstellation des Nationalsozialismus als "Führerin" übrigens vollkommen undenkbar, da die Rolle der Frau im NS-Staat auf die der Ehefrau und Mutter beschränkt ist.

Der Führer muß aber beim Führerprinzip notwendigerweise seine Regierungsaufgaben delegieren - selbstverständlich nach seinem eigenen Willen und Gutdünken, da es ja der Führerwille ist, der ihn leitet. Er kann schließlich rein technisch gesehen nicht vollständig alleine alle Regierungsaufgaben übernehmen. In der Praxis des sogenannten Führerstaates gibt es somit viele kleine - vom

1 Siehe Kapitel 2, § 2.1, dieser Studie.

2 Siehe Norbert Frei, *Der Führerstaat. Nationalsozialistische Herrschaft 1933 bis 1945*, (München 1987) S. 165.

Führer selber auserwählte - Führer, die aber im Idealfall in direktem Bezug zum wirklichen Führer Adolf Hitler stehen.

Man erinnere sich für dieses System an den formellen Aufbau der Machtstruktur im Reichskommissariat Niederlande: Seyß-Inquart als Reichskommissar untersteht dem Führer unmittelbar und erhält von ihm seine Befehle. Der Reichskommissar selber wiederum befiehlt seine vier Generalkommissare, die ihm unterstehen und so weiter. So sieht die formelle Machtstruktur des Führerstaats aus.

Ebenso wie die formelle Struktur des Reichskommissariates Niederlande aber ziemlich wenig über die wirklichen Verhältnisse und Machtbeziehungen aussagt, sollte man auch bei diesem formellen Gebilde des Führerprinzips niemals die Praxis vollständig aus dem Auge verlieren. Obwohl Hitlers Festhalten an bestimmten ideologischen wie politischen Grundvorstellungen als ausschlaggebende Triebfeder der nationalsozialistischen Politik gelten kann, ist, nach Hermann Weiß, auch der Führer keineswegs imstande, souverän über das Ob, Wann und Wie bestimmter Maßnahmen zu entscheiden. Seine 'spontanen' Entschlüsse sind immer auch Reflex und Ergebnis des inneren Verfassungszustandes und der äußeren Position des Regimes.[3]

Für das Führerprinzip als Herrschaftssystem ist es aber letztendlich egal *ob* der Führer entscheidet, *wann* er dies tut und - vor allem - *wie* er zu seinem Entschluß gekommen ist. Die Hauptsache ist nämlich, *daß* er sich entscheidet und somit seinen Willen durchsetzt, der weiterhin als Befehl befolgt wird - oder sich aber auch die Freiheit nehmen kann, sich nicht zu entscheiden wenn es ihm aus taktischen oder opportunistischen Gründen nützlicher erscheinen mag. Er kann aber auch eine Entscheidung an eine andere Stelle weiterleiten wenn er es für richtig hält. Wie schon eher dargestellt wurde, legt Schmitt in seiner *Politischen Theologie* dar, daß souverän ist, wer die Macht hat, Recht zu setzen - also *wer* entscheidet, wobei die ursprüngliche Rechtsidee aufgegeben wird zugunsten des Dezisionismus.[4] Diese allmächtige Person im Dritten Reich ist der Führer Adolf Hitler und in den Niederlanden während der Besatzung ist es sein von ihm dazu bestellter Vertreter, der Reichskommissar Arthur Seyß-Inquart.

Es ist ja gerade dieser unbeschränkte Faktor der Macht der Dezision, des Führerprinzips, der das NS-Herrschaftssystem so dynamisch, aber gleichzeitig auch so unberechenbar macht. Im Vergleich ist es eine andere Art der Diktatur als die des Kommunismus, wo es schließlich formell die Partei und nicht eine Person ist, die den Inhalt der kommunistischen Doktrin bestimmt.

3 Hermann Weiß, 'Der "schwache" Diktator. Hitler und der Führerstaat'; in: Wolfgang Benz, Hans Buchheim, Hans Mommsen (Hg.), *Der Nationalsozialismus. Studien zur Ideologie und Herrschaft* (Frankfurt/Main 1993) S. 65. Weiß bezieht sich bei seiner Stellungnahme auf Martin Broszat, *Der Staat Hitlers. Grundlegung und Entwicklung seiner inneren Verfassung* (Stuttgart 1969; Taschenbuchausgabe 1978, 7. Aufl.).

4 Siehe zu Schmitt Kapitel 1, § 1.4 und Kapitel 2, § 2.1 dieser Studie.

In der nationalsozialistischen Rechtsetzung der Besatzungsmacht in den Niederlanden ist das Führerprinzip der Form nach und als Struktur ganz eindeutig wiederzufinden. Wie weiter ersichtlich sein wird, unterscheidet schon die Bezeichnung die Wichtigkeit einer Maßnahme wenn sie vom Führer stammt.

5.2 Die Führererlasse in den Niederlanden

Hitlers relatives Desinteresse an den besetzten niederländischen Gebieten erkennt man an der Tatsache, daß er sie während der fünf Besatzungsjahre nicht ein einziges mal besucht hat. Auch Arbeitsbesprechungen mit dem Reichskommissar Seyß-Inquart kommen nicht sehr häufig vor. Sie treffen sich genau elfmal, wobei die ersten sechs Besprechungen in den ersten zwei Jahren, bis zum 31. Dezember 1941, stattfinden. Daneben soll der Reichskommissar monatlich einen Rapport nach Berlin verschicken, der nach Aussage Lammers "zum größten Teil gar nicht gelesen" wird und von denen nur zwei bewahrt geblieben sind.[5]

Die Rechtsetzung in den Niederlanden wird - abgesehen von nur vier Ausnahmen - dem Reichskommissar und den zuständigen Behörden überlassen. Diese Ausnahmen sind zwei Führererlasse (Nr. 1/40 und Nr. 1/41) und zwei Verordnungen des Führers (Nr. 1/42 und Nr. 93/42), die sich schon in der Bezeichnung von den gewöhnlichen Verordnungen unterscheiden. Der wichtigste und folgenreichste Erlaß von diesen ist der erste, Nr. 1/1940, der die Rechtsgrundlage bilden soll für die gesamte weitere Rechtsetzung, und der schon behandelt worden ist.[6]

Der Führererlass vom 20. Dezember 1940, der als Nr. 1 vom Jahr 1941 bezeichnet wird und am 7. Januar 1941 erscheint, betrifft die Ausübung des Gnadenrechts in den besetzten niederländischen Gebieten. Hierin überträgt der Führer "mit dem Recht der Weiterübertragung die Ausübung des Niederschlagungsrechts sowie die Befugnis zu Gnadenerweisen und ablehnenden Entschließungen in Gnadensachen dem Reichskommissar."[7] Diese Übertragung der Befugnisse gefährdet jedoch selbstverständlich keineswegs das Führerprinzip, denn der folgende Satz bestimmt ganz ausdrücklich: "Ich behalte mir vor, in einzelnen Fällen selbst zu entscheiden." Nach demselben Prinzip verkündet der Reichskommissar danach am 6. Januar 1941 die Verordnung Nr. 2, in welcher er sich auf Grund dieses Erlasses des Führers die Entschließung über die Ausübung des Begnadigungsrechts in allen wesentlichen Sachen vorbehält.[8] Neben der Zuständigkeit des Deutschen Landes- oder Obergerichtes, wird die Wichtigkeit eines Falles gemessen am Strafmaß. Wenn nämlich die Freiheits- oder Ersatzfreiheitsstrafe drei Monate übersteigt oder eine Geldstrafe über eintausend Gulden, behält

5 Hirschfeld, *Fremdherrschaft und Kollaboration*, S. 26-27, Anm. 136 (S. 214).
6 Siehe Kapitel 3, § 3.3, dieser Untersuchung.
7 *Verordnungsblatt*, 1941, S. 2.
8 Ebenda, S. 4; De Jong, *Het Koninkrijk*, Bd. 4, I, S. 93 und Bd. 6, II, S. 642.

sich der Reichskommissar die Entschließung vor (§ 1). Nur die restlichen, seines Erachtens unwesentlichen, Sachen werden dem Generalsekretär Tenkink im Ministerium für Justiz übertragen, aber auch hier mit dem Zusatz "...soweit ich mir nicht im Einzelfall die Entscheidung vorbehalte."[9] Dieses Prinzip der Delegation ist typisch für das Funktionieren des Führerprinzips im NS-Staat, vor allem durch den Vorbehalt der letzten Dezision, der schließlich immer zugunsten der letzten höchsten Instanz gemacht wird, das heißt des 'Führers'.

Die nächste vom Führer unterzeichnete Rechtsbestimmung ist auch wieder, zum dritten Mal, die erste des neuen Jahres 1942. Diesmal ist es eine Verordnung vom 23. Dezember 1941, die gleichzeitig im "Großdeutschen Reich, im Generalgouvernement und in den von deutschen Truppen besetzten Gebieten" gilt und die Todesstrafe einführt für denjenigen, der "... sich an gesammelten oder vom Verfügungsberechtigten zur Sammlung bestimmten Sachen bereichert oder solche Sachen sonst ihrer Verwendung entzieht." Die Motivation für solch eine rigorose Strafe besteht aus der Argumentation, daß "die Sammlung von Wintersachen für die Front ein Opfer des deutschen Volkes für seine Soldaten [ist]."[10] Gleich danach erscheint am 2. Januar 1942 eine Durchführungsverordnung des Reichskommissars, der die Führerverordnung mit Rückwirkung in Kraft treten läßt.[11]

Am 28. Juli 1942 erscheint dann ausnahmsweise noch einmal im selben Jahr eine Verordnung, die vom Führer unterzeichnet wird und die auch gleich die letzte ist. Es betrifft Verordnung Nr. 93 "über die Betreuung von Kindern deutscher Wehrmachtangehöriger in den besetzten Gebieten."[12] Diese Verordnung, die im internen Schriftwechsel allerdings *Führererlaß* genannt wird und somit deren Belang auszeichnet, wird gleichzeitig für Norwegen und die Niederlande entworfen und bedient sich der üblichen nationalsozialistischen Ausdrucksweise hinsichtlich Rasse und Erbe:

> "Zur Erhaltung und Förderung rassisch wertvollen germanischen Erbgutes wird Kindern, die in den besetzten norwegischen und niederländischen Gebieten von deutschen Wehrmachtangehörigen erzeugt und von Norwegerinnen oder Niederländerinnen geboren sind, auf Antrag der Mütter eine besondere Fürsorge und Betreuung durch Dienststellen der Reichskommissare für die besetzten norwegischen und niederländischen Gebiete gewährt."[13]

Zu dieser Verordnung wird, auf Anweisung des Reichskommissars, eine Pressenotiz vom Landgerichtsdirektor Böttcher angefertigt:

9 *Verordnungsblatt*, 1941, S. 4.

10 Verordnung Nr. 1 vom 23 Dezember 1941, *Verordnungsblatt*, 1942, S. 2.

11 Verordnung Nr. 2 vom 2. Januar 1942; *ebenda*, S. 4-5.

12 *Ebenda*, S. 408-412; dazu De Jong, *Het Koninkrijk*, Bd. 5, I, S. 247.

13 Archiv Rechtsetzung, NIOD, Koll. 21, Karton 28, Mappe 6, beispielsweise Brief vom 29. September 1942; *Verordnungsblatt*, 1942, S. 408.

> "Mit der nunmehr erlassenen Verordnung des Führers eröffnet sich auch für niederländische und norwegische Mütter, die ein Kind von einem Wehrmachtangehörigen besitzen oder erwarten, die Möglichkeit, an all den vorbildlichen Einrichtungen teilzuhaben, die das nationalsozialistische Deutschland unter der bereits zu einem festen Begriff gewordenen Bezeichnung "Mutter und Kind" aufgebaut hat."[14]

Gerade diese "vorbildlichen Einrichtungen" jedoch, die bestehen aus materiellen Leistungen der Fürsorge und Hilfe (§ 2), greifen in das niederländische Recht ein, da durch § 4 bestimmt wird, daß die gesetzlichen Unterhaltsansprüche auf das Reich übergehen.[15] Es betrifft hier niederländische Frauen und somit niederländische Staatsangehörige, die jetzt die Kasse des Reichs beanspruchen. In der Pressenotiz steht dazu folgende Rechtfertigung:

> "Hinter der Bedeutung, die diese Maßnahmen für Mütter und Kinder im einzelnen haben, steht die grundsätzliche Bedeutung der Verordnung nicht zurück. Mitten im Krieg, in der schärfsten Auseinandersetzung mit dem Bolschewismus zeichnen sich die Umrisse der germanischen Schicksalsverbundenheit nicht nur durch die Reihen der Freiwilligen ab, die im Osten für die Sicherheit und den Frieden Europas ihr Leben einsetzen; es wird auch bewußt, daß alle bisher im Reich getroffenen Maßnahmen zur Förderung und Erhaltung des rassisch wertvollen Erbgutes in den Kindern des Volkes auch auf die durch das gemeinsame Blut gebildete Gemeinschaft aller Völker zu erstrecken, die sich ihrer europäisch-germanischen Sendung bewußt werden."[16]

Ironisch dabei sind natürlich die gewöhnlichen nationalsozialistischen Propagandaformulierungen, daß die 'Freiwilligen' im Osten für die 'Sicherheit und den Frieden Europas' kämpfen, wenn man bedenkt, daß es von Anfang an das Deutsche Reich gewesen ist, das den umliegenden Staaten den Krieg erklärt hat. Die Volksgemeinschaft derer, die sich ihrer 'rassischen Sendung' bewußt sind, ist auch so eine bekannte Formel des Nationalsozialismus, die quasi Verhältnisse zwischen deutschen Soldaten und niederländischen Frauen als beabsichtigt und erwünscht erscheinen läßt. In jeder Kriegssituation aber kommen Beziehungen zwischen der Besatzungsmacht und den Einwohnern der besetzten Gebieten vor, und die Notwendigkeit einer solchen Rechtsvorschrift besagt höchstens etwas über das anscheinend häufige Vorkommen von Verhältnissen zwischen deutschen Männern und niederländischen Frauen. In den Niederlanden, wo diese Beziehungen tatsächlich oftmals vorgekommen sind, wird von Monique Diederichs an der Universität von Amsterdam eine Dissertation zu diesem Thema geschrieben, die solche Beziehungen und ihre Folgen untersucht.

14 Siehe Entwurf einer Pressenotiz vom 25. August 1942, S. 3; Archiv Rechtsetzung, NIOD, Koll. 21, Karton 28, Mappe 6.

15 *Ebenda*, siehe Brief vom 18. August 1942.

16 Siehe Entwurf einer Pressenotiz vom 25. August 1942, S. 4; *ebenda*.

Aus den Führererlassen kann man erkennen, daß dieselbe Politik des Führerprinzips angewendet wird, wie es auch der Reichskommissar den Generalsekretären gegenüber macht. Der Führer bestimmt, und der Reichskommissar führt Näheres durch oder aus, genauso wie die Generalsekretäre die Verordnungen des Reichskommissars ausarbeiten müssen. Selbstverständlich finden die Führererlasse auf einer höheren Ebene statt und betreffen nur die wichtigsten Themen. Erstens gilt es, die Grundlage für die Besatzungsmacht einzurichten (Nr. 1/1940) und zweitens Rechte zu delegieren (Nr. 2/41). Danach bleiben nur noch die zwei Maßnahmen übrig, die sich auf deutsche Angelegenheiten beziehen und nicht speziell nur für die Niederlande geschaffen worden sind (Nr. 1 und 93/1942). Es ist das Delegieren der Regierungsaufgaben, das das Führerprinzip funktionsfähig macht, wobei die letzte Instanz niemals außer acht gelassen und immer respektiert wird. Die gesamte Rechtsetzung in den Niederlanden beruht schließlich auf dem ersten Führererlaß, genau so wie sich auch die persönliche Macht der einzelnen Mitspieler der Besatzungsgewalt auf die direkten Beziehungen zum Brennpunkt der Macht, also zum Führer (Hitler), stützt.

Dieser Bezug auf die Macht in Berlin gilt selbstverständlich auch für die Rechtsetzung. Verordnung Nr. 90 vom 25. September 1943 über die Sozialversicherung deutscher Staatsangehöriger ist dafür ein gutes Beispiel.[17] Diese Verordnung, die bezweckt für deutsche Staatsangehörige und ihnen gleichgestellte Personen die Vorschriften der Reichsversicherung festzustellen, wird vom Reichskommissar Seyß-Inquart im *Verordnungsblatt* verkündet.[18] Er fügt ihr allerdings den Text der ursprünglichen Verordnung, unterzeichnet von Göring und Lammers, sowie des Reichsarbeitsministers Seldt, bei. Diese Art der Veröffentlichung, die sehr selten im *Verordnungsblatt* vorkommt, ist das Resultat von Streitigkeiten über Machtbereiche und Befugnisse der verschiedenen Ministerien.

Es fängt damit an, daß der Ministerrat für die Reichsverteidigung in Berlin, aus dem Zentrum der Macht, am 4. August 1941 eine im Reichsgesetzblatt veröffentlichte Verordnung über die Sozialversicherung erläßt.[19] Diese Verordnung, die auch für die besetzten niederländischen Gebiete gelten soll, bringt den Reichskommissar Seyß-Inquart dazu, in Berlin bei Lammers nachzufragen, ob der Ministerrat für die Reichsverteidigung überhaupt befugt ist, auch Verordnungen für die besetzten niederländischen Gebiete zu erlassen.[20] Die Rechtsauffassung die Lammers vermittelt, daß dies der Fall ist, teilt der Reichskommissar anschließend auch seinen Generalkommissaren mit, ohne weiter Einwände zu erheben. Im März 1942 erstellt der Reichsarbeitsminister einen Verordnungsentwurf zur Durchfüh-

17 *Verordnungsblatt*, 1943, S. 288-304.

18 Spanner an Seyß-Inquart und Wimmer, 31. August 1943; Archiv Rechtsetzung, NIOD, Koll. 21, Karton 44, Mappe 5A.

19 *Reichsgesetzblatt*, 1941 I, S. 486.

20 Aktenvermerk vom 25. Juni 1943; Archiv Rechtsetzung, NIOD, Koll. 21, Karton 44, Mappe 5A.

rung der Verordnung, der verschiedenen Einflußmöglichkeiten des Reichsarbeitsministers für den Bereich der besetzten niederländischen Gebiete vorsieht.[21] Es ist anzunehmen, daß Seyß-Inquart hier protestiert hat, denn jetzt greift der Führer selber ein:

> "Der Führer wünscht, daß die Rechtsetzungs-Befugnis des Ministerrats für die Reichsverteidigung auf das Großdeutsche Reich und das Generalgouvernement beschränkt bleibt. In Fällen, in denen eine einheitliche Regelung für den gesamten großdeutschen Machtbereich erforderlich ist, wird daher der Führer die gleiche Regelung, die für das Reichsgebiet und das Generalgouvernement durch den Ministerrat erfolgt, seinerseits für die besetzten Gebiete treffen, falls nicht die Regelung überhaupt einheitlich für das Reichsgebiet wie das Generalgouvernement und die besetzten Gebiete durch einen Erlaß oder eine Verordnung des Führers erfolgt."[22]

Wie soll nun aber die obenerwähnte Rechtsauffassung Lammers, der laut § 7 des Ersten Führererlasses vom 18. Mai 1940 als Vertreter des Führers in diesen (zivilen) Angelegenheiten gilt, mit dieser Stellüngnahme des Führers über die Rechtsetzungsbefugnisse vereint werden? Das Vorgehen des Reichsarbeitsministers ist schließlich rechtmäßig gewesen und seine rechtsetzenden Befugnisse werden erst hinterher formell eingeschränkt.

Die Lösung ist genauso simpel wie einfach. Die Verordnungen vom Reichsarbeitsminister werden mit einer Rahmenverordnung des Reichskommissars publiziert, so daß indirekt zum Ausdruck gebracht wird, "daß die Geltung dieser Verordnungen in den besetzten niederländischen Gebieten auf dem Willen des Reichskommissars beruht."[23] Dieser sogenannten Rahmenverordnung wird außerdem ein Paragraph hinzugefügt, in welchem die Verhältnisse zwischen dem Reichsarbeitsminister und dem Reichskommissar bestimmt werden:

> "Der Reichsarbeitsminister übt die nach den im § 1 genannten Verordnungen zustehenden Befugnisse, soweit sie die besetzten niederländischen Gebiete betreffen, im Einvernehmen mit dem Reichskommissar für die besetzten niederländischen Gebiete aus."[24]

Der Reichskommissar, der als Chef der Zivilverwaltung dem Führer unmittelbar untersteht und ihm für die Verwaltung seines Gebietes verantwortlich ist, hat somit seine Position behauptet und seinen Machtbereich in diesem Falle Berlin gegenüber erfolgreich verteidigt. Der Ablauf der Veröffentlichung dieser Verord-

21 Dieser Entwurf wird am 10. Februar 1943 im *Reichsgesetzblatt*, 1943 I, S. 90 als Ergänzung zur vorigen Verordnung veröffentlicht.

22 Lammers an die Reichsminister, 26. Oktober 1942; Archiv Rechtsetzung, NIOD, Koll. 21, Karton 44, Mappe 5A.

23 Aktenvermerk vom 23. März 1943; *Ebenda.*

24 *Verordnungsblatt*, 1943, S. 288.

nung sorgt dafür, daß nun auch formell bestimmt wird, daß die Stellungnahme des jeweiligen Reichskommissars von vornherein eingeholt werden soll, wenn das Reichsministerium für die Reichsverteidigung Fragen regeln muß, die eine einheitliche Behandlung der besetzten Gebiete erfordern.[25]

5.3 Die Erlasse des Reichskommissars

Die Rechtsvorschriften von extra Belang des Reichskommissars, neben den gewöhnlichen Verordnungen, erscheinen als Erlasse. Wie auch bei den Führererlassen betrifft es in der Mehrzahl der Fälle Rechtsvorschriften, die sich auf deutsche Angelegenheiten beziehen oder die Macht delegieren. Von diesen Erlassen verkündet er fünfzehn Stück (Nr. 4/1940, 186/1940, 37/1941, 45/1941, 96/1941, 163/1941, 214/1941, 47/1942, 2/1943, 10/1943, 48/1943, 76/1943, 3/1944, 15/1944 und 33/1944), nebst genau einem Aufruf (Nr. 2/1940). Daneben verkündet er noch drei Kundmachungen (Nr. 40/1941, 72/1942 und 4/1943), drei Anordnungen (Nr. 124/1941, 30/1943 und 43/1943) und eine Bekanntmachung (Nr. 118/1943). Über diese letztgenannte Rechtsvorschrift, die Bekanntmachung vom 11. Dezember 1943, kann man kurzgefaßt sein, da es sich nur um die Berufung vom neuen Generalkommissar zur besonderen Verwendung W. Ritterbusch handelt, der den im Juni 1943 unter nicht geklärten Umständen in Frankreich verstorbenen Schmitt ersetzt.[26]

Die Terminologie der Rechtsvorschriften ist auch hier insofern bestimmend, daß neben dem Führer nur der Reichskommissar Erlasse verkünden kann. Er ist schließlich für die besetzten niederländischen Gebiete quasi der Führer und die letzte und höchste Instanz der Macht der Besatzungsgewalt. Seine Erlasse betreffen dann auch die von der Besatzungsgewalt besonders wichtig erachteten Themen, wie die schon zuvor behandelte Bestätigung als neuer Machthaber durch den ersten *Aufruf an die niederländische Bevölkerung* vom 25. Mai 1940 klarmacht, sowie der Erlaß über den organisatorischen Aufbau der Dienststellen des Reichskommissariates vom 3. Juni 1940, in dem die verschiedenen Machtbereiche delegiert werden.[27]

Ungefähr drei Monate später, am 22. Oktober 1940, wird der nächste Erlaß des Reichskommissars verkündet, durch den er die Stiftung "Winterhilfe Niederlande" errichtet.[28] Das Führerprinzip in dieser Stiftung, mit dem Zweck niederländischen Staatsangehörigen ohne Ansehen der Person Hilfe und Unterstützung zu leisten, findet man im § 6 wieder. Im vierten Punkt nämlich bestimmt Seyß-

25 Brief Lammers an die Reichsminister, 28. Oktober 1941; Archiv Rechtsetzung, NIOD, Koll. 21, Karton 44, Mappe 5A.
26 *Verordnungsblatt*, 1943, S. 376.
27 Siehe 3. Kapitel, § 3.4, dieser Untersuchung.
28 *Verordnungsblatt*, 1940, S. 538-541; dazu De Jong, *Het Koninkrijk*, Bd. 4, II, S. 685ff.

Inquart, daß "die Satzung meiner Bestätigung [bedarf]."[29] Durch die Satzung werden wiederum alle essentiellen Angelegenheiten bestimmt, wie der organisatorische Aufbau der Verwaltung der Stiftung (§ 6 Punkt 1), die Art und Weise der Berufung der Mitarbeiter (§ 6 Punkt 2), die Befugnisse der Verwaltungsorgane der Stiftung (§ 6 Punkt 3) usw., so daß auch hier der Reichskommissar die oberste Verantwortlichkeit trägt.[30]

Im Jahr 1941 erscheint am 1. März der Erlaß des Reichskommissars "zur Durchführung der ersten Verordnung über außerordentliche Maßnahmen auf verfassungs- und verwaltungsrechtlichem Gebiet."[31] Die betreffende Verordnung ist Nr. 36 vom selben Datum, durch welche Seyß-Inquart "Gemeinden, für die der Reichskommissar (...) es als notwendig erachtet, gemäß den nachfolgenden Bestimmungen verwaltet [werden]."[32] Unter diesen Bestimmungen sind die Auflösung der Gemeinderäte, die Kollegien des Bürgermeisters und der Beigeordneten ('Wethouder') und aller gemeindlichen Ausschüsse zu verstehen, sowie Übertragung der Befugnisse und Obliegenheiten der genannten Körperschaften auf einen Regierungskommissar (§ 2). Dieser neue Regierungskommissar wird also einem Bürgermeister der Funktion nach gleichgestellt, obwohl diese Begriffe ursprünglich eine unterschiedliche Bedeutung haben. Durch diese Maßnahme wird es legal möglich, in der Verwaltung der niederländischen Gemeinden Mitarbeiter nach Wunsch zu ersetzen und deutsch gesinnte Mitarbeiter einzuführen. Durch den Erlaß des Reichskommissars nun wird diese Möglichkeit für die Gemeinden Amsterdam, Hilversum und Zaandam angewendet - die Orte, in denen der Februarstreik stattgefunden hatte.[33] Durch den nächsten Erlaß, vom 5. März 1941, gilt dies auch für die Gemeinde Haarlem und am 17. Mai 1941 gilt schließlich dasselbe für die Gemeinde Maassluis durch den Erlaß Nr. 96.[34] Eine Notsituation - wie der Februarstreik - hat somit zu einer spezifischen Maßnahme geführt, die schließlich jedoch auf ein viel breiteres Gebiet angewendet wird.

Am 28. Februar 1941 bestellt Seyß-Inquart per Kundmachung Nr. 40 je einen deutschen Standesbeamten mit Dienstsitz in Den Haag, Amsterdam, Zwolle und Heerlen, zuständig für die betreffenden Provinzen.[35]

29 *Verordnungsblatt,* 1943, S. 288.

30 Der Erlaß Nr. 76 des Reichskommissars vom 21. August 1943 fügt dem Erlaß Nr. 186/1940 einige geringfügige Änderungen und Ergänzungen zu; *Verordnungsblatt,* 1943, S. 76-77.

31 *Verordnungsblatt*, 1941, S. 139.

32 Verordnung Nr. 36 § 1; *ebenda*, S. 137.

33 Dazu De Jong, *Het Koninkrijk,* Bd. 4, II, S. 630-631.

34 *Verordnungsblatt*, 1941, S. 158-159 und S. 368.

35 *Ebenda*, S. 147-148; dazu De Jong, *Het Koninkrijk*, Bd. 5, I, S. 245. Diese Kundmachung wird später durch eine weitere ergänzt (durch die auch ein Standesbeamte in Nimwegen bestellt wird), Nr. 4 vom 26. Januar 1943; *Verordnungsblatt*, 1943, S. 45-46; dazu De Jong, *Het Koninkrijk*, Bd. 5, I, S. 248.

In der Anordnung Nr. 124 des Reichskommissars vom 5. Juli 1941, über die Versorgung entlassener Beamter, erkennt man die Allmacht des Führerprinzips.[36] In dieser Anordnung, in der Juden übrigens nicht genannt werden, wird nämlich im ersten Paragraphen bestimmt:

> "Den Beamten, die auf Grund geltender Rechtsvorschriften vom Reichskommissar für die besetzten niederländischen Gebieten oder auf seine Anweisung hin von der zuständigen niederländischen Behörde aus ihrem Amt entlassen werden, wird, wenn sie mit Aussicht auf Ruhegeld angestellt waren, Ruhegehalt und Hinterbliebenenfürsorge auf Grund der Bestimmungen dieser Anordnung gewährt."[37]

Mit anderen Worten entscheidet der Reichskommissar, wer entlassen wird, und zwar erstens durch seine Rechtsvorschriften, aber zweitens auch durch eine individuelle Anweisung hin, und was diesem Beamten weiterhin geschieht. Denn im § 8 derselben Anordnung kommt wieder der übliche Vorbehalt, durch den das Führerprinzip mit der letzten Dezision vertreten wird: "Der Reichskommissar für die besetzten niederländischen Gebiete behält sich vor, in einzelnen Fällen eine von den Vorschriften der §§ 2 bis 7 abweichende Regelung zu treffen."[38]

Es ist leicht vorstellbar wie diese Regelung aussieht wenn der betreffende Beamte beispielsweise jüdischen Glaubens ist. Dieser Paragraph ist ganz bewußt eingefügt worden, da Oberbürgermeister Althaus, verantwortlich für den ersten Verordnungsentwurf, in einem Brief vom 3. Juli 1941 an Rabl darauf besteht "die rechtlichen Unterlagen, auf Grund deren der Reichskommissar die Entlassung eines Beamten ausspricht" ausdrücklich zu nennen, denn "es ist viel besser, den Niederländern bei dieser Gelegenheit klarzumachen, daß der Reichskommissar diese Entlassungen *intra legem* verfügt."[39] Rabl antworten ihm sofort noch am selben Tag mit einer zweiten Fassung des Verordnungsentwurfes, in dem diese Kommentare verarbeitete sind, und pflichtet Althaus bei:

> "Die Richtigkeit Ihres Arguments, daß es von Anfang an klar ausgesprochen werden sollte, daß Entlassungen, die der Reichskommissar selbst oder die in seinem Auftrage von niederländischen Behörden ausgesprochen, *intra legem* erfolgen, wird hierseits voll und ganz anerkannt."[40]

Es ist interessant zu vermerken, daß so viel wert auf die Feststellung gelegt wird, daß die Entlassungen des Reichskommissars *intra legem*, das heißt innerhalb des Gesetzes, stattfinden. Von der Art der Argumentation her ist es dieselbe, die auch

36 *Verordnungsblatt*, 1941, S. 523-526; dazu De Jong, *Het Koninkrijk*, Bd. 5, I, S. 251.
37 *Verordnungsblatt*, 1941, S. 523.
38 *Ebenda*, S. 525.
39 Althaus an Rabl, 3. Juli 1941, S. 2; Archiv Rechtsetzung, NIOD, Koll. 21, Karton 10A, Mappe 4.
40 Rabl an Althaus, 3. Juli 1941, S. 1; *ebenda*.

die gesamte Rechtsetzung aus der Sicht des Besatzers rechtsgültig macht, da sie sich auf den ersten Führererlaß stützt. Abgesehen davon paßt das Argument zu dem Nachdruck, der wiederholt von der Besatzungsmacht auf die rechtlichen Grundlagen der Rechtsvorschriften gelegt wird. Dem Reichskommissar ist diese Formulierung allerdings nicht genug, denn sein Vorbehalt wird noch erweitert: "Sie [diese Anordnung] kann auch auf Fälle Anwendung finden, in denen der Reichskommissar für die besetzten niederländischen Gebiete bereits eine Regelung verfügt hat."[41] Diese Bestimmung des § 12 handelt nach Althaus "nicht um eine Vorverlegung des Inkrafttretens der Verordnung, sondern um ihr tatsächliches Anwendungsgebiet."[42] Durch diese zwei Bestimmungen schafft der Reichskommissar sich vollkommene Freiheit nach eigenem Gutdünkeln handeln zu können und die letzte Dezision zu besitzen. Das Führerprinzip kommt somit voll und ganz zur Geltung, sozusagen 'zu seinem Recht'.

Am 22. August 1941 erscheint wieder ein Erlaß des Reichskommissars.[43] Diesmal betrifft es die Ausführung der Bestimmungen der Verordnung Nr. 153 vom 13. August 1941 für die Universitäten von Delft und Leiden. Der Form nach wird durch diese Verordnung in den Universitäten das Führerprinzip eingeführt, da nun alle Befugnisse, Rechte und Pflichten des Kuratoriums ('college van curatoren') auf den Vorsitzenden Kurator übertragen werden (§ 2). Es spricht für sich, daß dieser neu bestellt werden kann und daß nun in Delft und Leiden dem Besatzer gut gesinnte Kuratoren angestellt werden.[44] Am 22. November 1941 publiziert Seyß-Inquart wieder einen Erlaß, durch welchen diese Regelung auch auf die Universitäten von Utrecht, Groningen, Wageningen, Amsterdam und Rotterdam angewendet wird.[45]

Die Errichtung der *Niederländischen Arbeitsfront* (N.A.F.) am 30. April 1942 erfolgt auch durch einen Erlaß des Reichskommissars, der auffallend schnell, in ungefähr einem Monat, hergestellt wird.[46] Diese Organisation, die eine Kopie der *Deutschen Arbeitsfront* (D.A.F.) sein soll, beabsichtigt, die Personen, die im Erwerbsleben tätig sind, zu bündeln - außer natürlich den Juden, denen die Mitgliedschaft verboten wird (§ 5).[47] Gleichzeitig werden alle anderen Gewerk-

41 *Verordnungsblatt*, 1941, S. 526.

42 Althaus an Rabl, 3. Juli 1941, S. 4; Archiv Rechtsetzung, NIOD, Koll. 21, Karton 10A, Mappe 4.

43 Nr. 163 vom 22. August 1941; *Verordnungsblatt*, 1941, S. 693-694.

44 Dazu De Jong, *Het Koninkrijk*, Bd. 6, II, S. 575.

45 *Verordnungsblatt*, 1941, S. 920-921.

46 Erlaß des Reichskommissars, Nr. 47vom 30. April 1942, *Verordnungsblatt*, 1942, S. 211-216; dazu De Jong, *Het Koninkrijk*, Bd. 5, I, S. 410.

47 Hitler gründet die *Deutsche Arbeitsfront* per Verordnung am 24. Oktober 1934, mit dem Wortlaut: "Die Deutsche Arbeitsfront ist die Organisation der schaffenden Deutschen der Stirn und der Faust"(§ 1). Siehe Abdruck der Führerverordnung; Archiv Rechtsetzung, NIOD, Koll. 21, Karton 24, Mappe 10.

schaften verboten, so daß deren Mitglieder automatisch vom N.A.F. übernommen werden können.

Ziel der N.A.F ist es, eine "Organisation der Gemeinschaft" zu sein wie die D.A.F es in Deutschland ist:

> "In Deutschland ist die NSDAP durch die DAF als der verlängerte Arm in der Masse des Volkes und vor allem in den Betrieben fest verankert und kann es m. E. auch für die NSB in den Niederlanden nur dieses eine Ziel als Endergebnis geben. Auf diesem Wege gilt es zu arbeiten."[48]

Der Struktur nach wird auch hier das Führerprinzip eingesetzt: der Reichskommissar beruft einen Leiter (H.J. Woudenberg), der ihm direkt untersteht und Verantwortung schuldig ist (§ 7). Der Leiter ist zuständig für die Satzung der N.A.F, muß sie aber bestätigen lassen durch den Reichskommissar (§ 8 Punkt 1). Somit besitzt der Reichskommissar die höchste Macht, übt oberste Kontrolle über die N.A.F. aus und delegiert die ausführende Macht. Wörtlich wird zitiert, daß diese Form der Stiftung gewählt wird, "um der Organisation eine starke Grundlage zu geben."[49]

Das Datum des Erscheinens dieses Erlasses ist übrigens nicht zufällig gewählt. Während der Text am 30. April publiziert wird, errichtet Seyß-Inquart die N.A.F ganz bewußt "mit Wirkung zum 1. Mai 1942" (§ 2), mit folgendem Argument:

> "Entscheidend für diesen Vorschlag ist nicht nur die symbolische Bedeutung des Tages, sondern auch die Tatsache, daß, wie insbesondere die letzten Betriebsappelle gezeigt haben, die niederländische Arbeiterschaft bis in die Reihen der ehemaligen kommunistischen Wähler hinein durchaus bereit ist, die neuen sozialen Ideale aufzunehmen, wenn sie ihr in überzeugender Form dargelegt werden."[50]

Ob dies der Besatzungsmacht gelungen ist, bleibt recht fragwürdig: während die ursprüngliche niederländische Gewerkschaft vor der Besetzung 700.000 Mitglieder zählte, muß die neu gegründete N.A.F. sich mit ungefähr 100.000 Mitgliedern begnügen.[51]

Im Jahr 1942 erscheint noch eine besondere Rechtsmaßnahme im *Verordnungsblatt*, und zwar die Kundmachung über die Deutsche Gerichtsbarkeit in Strafsachen, durch welche diese für die besetzten niederländischen Gebiete errichtet wird.[52] Der Reichskommissar bestellt hierbei, dem delegierenden Element

48 Vorschlag Eftgers zur Errichtung der N.A.F. vom 26. März 1942; *ebenda*, S. 2.
49 Aktenvermerk nach einer Besprechung vom 10. April 1942 über die Errichtung der N.A.F.; *ebenda*, S. 1.
50 Rabls Schreiben über die Errichtung der N.A.F., 1. April 1942; *ebenda*, S. 3.
51 De Jong, *Het Koninkrijk*, Bd. 5, I, S. 437.
52 *Verordnungsblatt*, 1942, S. 346-356.

des Führerprinzip gemäß, die Richter an den Deutschen Gerichten auf Widerruf (§ 5).

Wiederum eine vom Besatzer wichtig erachtete Angelegenheit bildet der Erlaß Nr. 2 des Reichskommissars vom 26. Januar 1943, durch welchen er eine "Stiftung für die Pflege der deutsch-niederländischen Beziehungen" errichtet.[53] Diese Stiftung erhält den Namen *Reichsstiftung Niederlande*, und der Vorstand besteht aus dem Reichskommissar selber, der als solcher allein vertretungs- und verfügungsberechtigt ist (§ 2 Punkt 1), obgleich er einen Vertreter bestimmen kann (§ 2 Punkt 2). Außerdem bestimmt der Reichskommissar weiter, daß "das Nähere von mir durch Satzung geregelt [wird]" (§ 4) - eine Formulierung die vollkommen dem Wesen des Führerprinzips entspricht. Aber außer dieser Errichtung, die diese Stiftung quasi zu Seyß-Inquarts Eigentum macht, bildet die Stiftung eigentlich nur einen Vorwand, einen Teil des den Freimaurern entzogenen Vermögens unterzubringen und für die Nachkriegszeit sicherzustellen - ein schönes Beispiel für die rechtsetzende Macht des Reichskommissars.[54]

Ein merkwürdiger Erlaß des Reichskommissars folgt am 30. Januar 1943.[55] Zu diesem, retrospektiv betrachtet relativ späten Zeitpunkt, entscheidet der Reichskommissar sich zur "Einschaltung des Staatspolitischen Sekretariats der Nationaal Socialistische Beweging der Nederlanden in die öffentliche Verwaltung." Dazu formuliert Seyß-Inquart:

> "Es entspricht der mir vom Führer gestellten Aufgabe, das niederländische Volk zur verantwortlichen Mitbestimmung bei der Verwaltung dieses Landes heranzuziehen. Träger des politischen Willens des niederländischen Volkes ist die Nationaal-Socialistische Beweging der Nederlanden."

Jetzt also soll die NSB, die niederländische Partei der Nationalsozialisten, quasi auch mitbestimmen dürfen, unter der Leitung von Anton Mussert - und zwar als einzig erlaubter politischer Repräsentant des niederländischen Volkes. Selbstverständlich aber wird, dem Führerprinzip gemäß, schon von vornherein auch formell eine Einschränkung des Einflusses der NSB gemacht, so daß es keinen Zweifel darüber geben kann, wer hier wirklich die Macht besitzt:

> "Insoweit es sich um Angelegenheiten handelt, in denen unter den gegebenen Verhältnissen vordringlich und in erster Linie der Standpunkt der Besatzungsmacht gewahrt werden muß, behalte ich mir die Schlußfassung vor."[56]

Auch in der Praxis hat dieser Erlaß nicht mehr Wert als der einer Scheinvorführung. Das Sekretariat der NSB bekommt in der Realität keine wirkliche Macht

53 *Verordnungsblatt*, 1943, S. 43-44.
54 Dazu De Jong, *Het Koninkrijk*, Bd. 5, I, S. 417 (Anm. 3) und II, S. 1005 (Anm. 1).
55 *Verordnungsblatt*, 1943, S. 63-64.
56 *Ebenda*, S. 64.

von Seyß-Inquart und wird auch weiter nicht an der Verwaltung oder der Erstellung der rechtsetzenden Maßnahmen beteiligt.[57]

Der Krieg läuft mittlerweile für die Deutschen nicht mehr so günstig ab. Im Frühjahr 1943 wird die Katastrophe von Stalingrad (Kapitulation der 6. Armee am 2. Februar 1943) deutlich und in Deutschland demnach der 'Totale Krieg' ausgerufen. Demzufolge verschärfen sich auch die Rechtsmaßnahmen der Besatzungsmacht in den Niederlanden. In zwei speziellen Anordnungen des Reichskommissars, Nr. 30, vom 15. März "über die Schließung von Betrieben" und der anschließenden Anmeldung der Arbeitskräfte beim Bezirksamt (Abschnitt IX), sowie der nächsten, Nr. 43, vom 6.Mai 1943 "über die Meldepflicht zum Arbeitseinsatz" kommt dies zum Ausdruck.[58] Diese zwei Anordnungen, die übrigens ausnahmsweise vom Generalkommissar für Finanz und Wirtschaft Fischböck und dem Generalkommissar zur besonderen Verwendung Schmidt im Namen des Reichskommissar verkündet werden, dienen vor allem dem Arbeitseinsatz im Reich. Aber auch hier handelt der Reichskommissar konform dem Führerprinzip, denn nur der Reichskommissar,

> "oder eine von ihm bestimmte Stelle kann durch Einzelverfügungen auch andere Betriebe und die Ausübung anderer Tätigkeiten bezeichnen, auf die die Bestimmungen dieser Anordnung insoweit Anwendung finden, als er dabei nicht etwas anderes bestimmt."[59]

Auch bei der Anordnung über die Schließung der Betriebe also, die er Fischböck hat aufstellen lassen, behält er sich seine Sonderstellung vor. Dabei werden grundsätzlich nur noch "solche industrielle Betriebe zugelassen, die kriegs- oder lebensnotwendig sind."[60]

Bei der Arbeitseinsatzanordnung ist es wiederum gleichfalls offiziell nur der Reichskommissar, der eventuelle Befreiungen von der Meldepflicht zulassen darf.[61] In der Praxis aber erweist sich diese Maßnahme als unzureichend. Während De Jong von nicht einmal 5400 Anmeldungen beim Bezirksamt spricht, etwa vier Monate nach dem Erscheinen der Anordnung Mitte Juli 1943, ist die Besatzungsmacht schon länger unzufrieden.[62] Also entscheidet Seyß-Inquart sich Ende Juni 1943 ein Rundschreiben zu verfassen, in dem er seine Mitarbeiter aufruft, sich ernsthaft mit diesem Problem zu befassen:

57 De Jong, *Het Koninkrijk*, Bd. 6, II, S. 568-571.

58 Nr. 30/1943: *Verordnungsblatt*, 1943, S. 135-145; Nr. 43/1943: *ebenda*, S. 173-176.

59 Siehe Abschnitt XIX der Nr. 30/1943; *ebenda*, S. 145.

60 *Ebenda*, S. 135; dazu De Jong, *Het Koninkrijk*, Bd. 6, II, S. 788-789.

61 Verteiler C und D, vom 22. Juni 1943, S. 1 (gezeichnet Seyß-Inquart, von Eftger aufgestellt); Archiv Rechtsetzung, NIOD, Koll. 21, Karton 41, Mappe 3.

62 De Jong, *Het Koninkrijk*, Bd. 7, I, S. 617.

> "Die Notwendigkeit, einerseits den Einsatz ausländischer Arbeitskräfte im Reich in möglichst kurzer Frist erfolgreich zu gestalten, andererseits durch einfache, möglichst wenige Ausnahmen und Deutungen zulassende Verwaltungsmaßnahmen die Autorität der Besatzungsmacht in den besetzten niederländischen Gebieten zu erhalten, veranlaßt mich, an meine Arbeitseinsatzbehörde nachstehende Anweisung zu erlassen."[63]

Resultat dieser Anweisung ist die Absicht des Besatzers, acht Jahrgänge von 1917 bis 1924 geschlossen in den Niederlanden aufzurufen und dem Reich zur Verfügung zu stellen.[64] Auch diese Maßnahme hat jedoch schließlich nicht den von der Besatzungsmacht erhofften Erfolg, da die Niederländer Auswege suchen und finden, sich den Bestimmungen zu entziehen.[65]

Interessant bei Seyß-Inquarts Formulierung ist sein gleichzeitiges Bestehen auf die Autorität der Besatzungsmacht und die Position seiner eigenen Person. Mit einer ähnlichen Wiederholung, die die Autorität seiner Funktion ausdrücklich betonen soll, beschließt er seinen Rundschreiben:

> "Grundsätzliche Reklamationen irgendwelcher Stellen sind nicht von der Dienststelle für den Arbeitseinsatz zu behandeln, sondern direkt an mich zu verweisen. Auch für die Rüstung zuständige Stellen im Reich haben sich nicht unmittelbar an meine Arbeitseinsatzbehörde, sondern an mich als den vom Führer bestellten Vertreter der Reichsinteressen in den besetzten niederländischen Gebieten zu wenden. Ich werde meinen Dienststellen jede Autorität und Exekutive zur Verfügung stellen, die notwendig sind, um meinen Willen durchzusetzen."[66]

Seyß-Inquart spricht hier nicht länger von seinem Auftrag, den er vom Führer erhalten hat, sondern von seinem 'Willen', den er 'durchsetzen' wird. Schließlich droht er notfalls den Führer zu verständigen: "Ich werde meine Verantwortung jedermann gegenüber tragen und sie im gegebenen Fall an oberster Stelle geltend machen."[67] Denn mit der 'obersten Stelle' kann für jeden selbstverständlich nur der Führer selber gemeint sein. Das Problem des mangelnden Erfolges des Arbeitseinsatzes in den Niederlanden kann der Reichskommissar jedoch auch mit der Berufung auf das Führerprinzip nicht lösen. Schließlich fehlt ihm dazu der An-

63 Verteiler C und D, vom 22. Juni 1943, S. 1 (gezeichnet Seyß-Inquart, von Eftger aufgestellt); Archiv Rechtsetzung, NIOD, Koll. 21, Karton 41, Mappe 3.
64 *Ebenda.*
65 Dazu De Jong, *Het Koninkrijk*, Bd. 7, I, S. 618ff. Zum gesamten Themenkomplex des Arbeitseinsatzes ist die detaillierte Studie von B.A. Sijes maßgebend, *De arbeidsinzet. De gedwongen arbeid van Nederlanders in Duitsland 1940-1945*, NIOD Monographien Nr. 11 (Den Haag1966/1990).
66 Verteiler C und D, vom 22. Juni 1943, S. 3 (gezeichnet Seyß-Inquart, von Eftger aufgestellt); Archiv Rechtsetzung, NIOD, Koll. 21, Karton 41, Mappe 3.
67 *Ebenda.*

hang des Volkes. Als Haupt der Besatzungsmacht ist die Beziehung zu den 'Untertanen' ja eine gänzlich andere als die des Führers zu Hause im Reich.

Der letzte Erlaß des Reichskommissars im Jahr 1943, Nr. 48 vom 14. Mai, dient dazu, das Polizeistandrecht der Ordnungsschutzverordnung vom 5. Januar 1943 aufzuheben, nach der gewaltsamen und aus der Sicht des Besatzers erfolgreichen Niederschlagung des April/Mai Streiks.[68]

Es folgen weiterhin nur noch drei Erlasse des Reichskommissars im Jahre 1944. Inzwischen hat Anfang 1944 der Kriegsverlauf für die Deutschen katastrophale Formen angenommen. Italien hat schon kapituliert (8. September 1943), die alliierten Mächte rücken immer näher, und die Russen erobern ihr Land zurück. Das Problem für die Besatzungsmacht in den Niederlanden besteht jetzt durch die veränderte Kriegssituation, wie die immer näher rückende Drohung des Zweifrontenkrieges, aus der Möglichkeit, daß die Niederlande auch bald Kampfzone werden könnte. In dem Fall muß es der Wehrmacht möglich sein, sehr schnell und direkt Aufträge an die niederländischen Verwaltungsinstanzen weiterleiten zu können. Die Wehrmacht vertritt dann auch den Standpunkt, daß das gesamte Reichskommissariat aufgelöst werden und durch eine Militärverwaltung, wie die in Frankreich und Belgien, ersetzt werden soll. Selbstverständlich geht dem Reichskommissar dieser Vorschlag viel zu weit, da er dann seine Machtbasis zugunsten der Wehrmacht aufgeben müßte.[69] Als Kompromiß verkündet er am 19. Februar 1944 einen Erlaß über die "Verwaltung in der Kampfzone."[70] Erstmal bestimmt er, daß die "bestehende Verwaltungs- und Gerichtsorganisation des Reichskommissars (...) und der ihm angegliederten Dienststellen sowie die der niederländischen Dienststellen aufrecht" (§ 1) bleibt. Für den Fall, daß die Niederlande Kampfzone sein wird, bestimmt er weiter, daß Generalkommissar Wimmer für Verwaltung und Justiz des Reichskommissars allgemeiner Stellvertreter im zivilen Bereich ist (§ 2). Für die Wahrnehmung der polizeilichen Angelegenheiten ernennt er Rauter, den Generalkommissar des Sicherheitswesens (§ 3). Somit führen der Reichskommissar und seine beiden ernannten Stellvertreter jetzt

> "die Anordnungen durch, die der Wehrmachtbefehlshaber in den Niederlanden für den zivilen Bereich in der Kampfzone an sie richtet, soweit nicht die Erfüllung seines militärischen Auftrages die Erteilung unmittelbarer militärischer Weisungen an die deutschen und niederländischen Dienststellen des Transportwesens, des Nachrichtenwesens einschließlich des Post- und Fernmeldewesens, des Straßen- und Brückenbauwesens und der Wasserwirtschaft erforderlich macht."[71]

68 *Verordnungsblatt*, 1943, S. 184-189 und S. 1-39. Zum Ablauf des April/Mai Streiks siehe De Jong, *Het Koninkrijk*, Bd. 6, II, S. 799-861.

69 Siehe De Jong, *Het Koninkrijk*, Bd. 7 II, S. 1354.

70 Erlaß des Reichskommissars Nr. 3 im *Verordnungsblatt*, 1944, S. 7-9.

71 *Ebenda*, S. 8-9.

Da diese Bestimmungen eigentlich nur auf Anordnungsmöglichkeiten für den Transport (Straßen, Brücken, Wasserwege) und das Nachrichtenwesen beschränkt sind, reichen der Wehrmacht und vor allem Rauter die Rechtsvorschriften dieses Erlasses nicht.[72] Im Falle einer alliierten Invasion wollen sie die Möglichkeit besitzen, direkt eigenständig und ohne Verzögerung durch Verwaltungsinstanzen, auftreten zu können. Die niederländische Bevölkerung könnte ja so eine Situation der Invasion ausnutzen, sich der Besatzungsmacht zu widersetzen und beispielsweise zu streiken. Mit diesen Argumenten an sich ist der Reichskommissar eigentlich einverstanden, obgleich er sich keineswegs seiner Macht berauben lassen möchte. Also verkündet er knapp zwei Monate später, am 12. Mai 1944, seinen Erlaß Nr. 15 "über den Ausnahmezustand."[73]

Interessant bei diesem Erlaß ist die Tatsache, daß Seyß-Inquart den Ausnahmezustand zu diesem Zeitpunkt noch gar nicht verkündet, sondern sich ausschließlich das Recht vorbehält, ihn verhängen zu können "sofern es die militärische Lage erfordert."[74] Er weicht also grundsätzlich noch kein Jota von seiner Machtposition ab. Der Ausnahmezustand, der "jede Widersetzlichkeit gegen Maßnahmen der Besatzungsmacht" (§ 2) mit dem Tode bestraft, bietet dem Besatzer die notwendig erachtete Waffe, die öffentliche Ordnung aufrechterhalten zu können. Die Verhängung des Ausnahmezustandes kann übrigens einfach "durch die Presse, den Rundfunk, durch Anschlag oder auf sonstige geeignete Weise"(§ 1 Punkt 2) verkündet werden und bedarf keiner eigenen Verkündung mehr im *Verordnungsblatt*.

Ein letztes Mal noch läßt der Reichskommissar am 16. Juni 1944 einen Erlaß verkünden.[75] Er errichtet eine "Stiftung für industrielle Siedlung" mit dem Zweck der "Förderung industrieller Siedlung", wobei er den Bevollmächtigten für industrielle Umsiedlung als Vorstand ernennt. Das Führerprinzip erscheint hier insofern, daß es nur eine Person ist, die alles bestimmen kann, aus der die ganze Stiftung besteht.

5.4 Das Führerprinzip in den Verordnungen

Da das Führerprinzip von Anfang an und strukturell in die nationalsozialistische Rechtsetzung in den Niederlanden eingebaut wird, kann man es als die zentrale Machtbasis der nationalsozialistischen Diktatur während der Besetzung betrachten. Während der eigentliche Führer Adolf Hitler für die niederländische Bevölkerung nur im Hintergrund sichtbar ist, personifiziert der Reichskommissar Arthur Seyß-Inquart stellvertretend den Führer als offizielle Instanz der Besatzungs-

72 De Jong, *Het Koninkrijk*, Bd. 7, II, S. 1355.
73 *Verordnungsblatt*, 1944, S. 37-43.
74 *Ebenda*, S. 37.
75 Erlaß des Reichskommissars, Nr. 33; *ebenda*, S. 75.

macht. Dieser Bezug der Macht - und somit des Rechts - aus einer Person wird in der offiziellen Rechtsetzung schriftlich festgelegt und in einer Vielfalt von Formen in den verschiedenen Rechtsmaßnahmen auf unterschiedlichen Ebenen wiedergefunden. Beispiele dafür sind in der gesamten deutschen Rechtsetzung in den Niederlanden während der Besatzungszeit wiederzufinden, von denen hier noch einige Rechtsbestimmungen genannt werden sollen, die weniger direkt auffallen als die Führererlasse selber oder die des Reichskommissars. Schließlich wird dieses System der Zentralisation der Macht auf eine Person bis in die niedrigeren Machtniveaus durchgeführt.

Um im Bereich der letztgenannten Erlasse des Reichskommissars zu bleiben, bildet die wichtige Ordnungsschutzverordnung vom 5. Januar 1943 (Nr. 1/1943), die durch die Aufhebung des Polizeistandrechts später von Seyß-Inquart leicht abgeändert wird, einen interessanten Ansatzpunkt. In dem 64. Paragraphen, Punkt 1 dieser Verordnung, die bezweckt, alle eher erschienenen Ordnungsschutzbestimmungen zusammenzufassen und gleichfalls eventuell entstandene Unklarheiten der Polizeizuständigkeiten zu klären, wird nämlich bestimmt, daß "der Höhere SS- und Polizeiführer alle Maßnahmen [trifft], die ihm zur Aufrechterhaltung oder Wiederherstellung der öffentlichen Ordnung oder der Sicherheit des öffentlichen Lebens erforderlich erscheinen." Anschließend wird die Bestimmung hinzugefügt, daß "der Höhere SS- und Polizeiführer bei der Durchführung seines Auftrags vom geltenden Recht abweichen [kann]."[76] Rauter, denn er ist gemeint, bekommt also dadurch die Freiheit, nach eigenem Ermessen handeln zu können, ohne auf das geltende Recht besonders achten zu müssen. Nur als Beispiel für die Folgen in der Realität einer solchen Bestimmung: Rauter hat bei der Niederschlagung des April/Mai Streiks 1943 seine Position als Gerichtsherr der Polizeistandgerichte ausreichend genutzt, wenn er über achtzig Personen ohne weiteren Prozeß füsilieren und auf der Straße insgesamt fünfundneunzig Niederländer erschießen läßt.[77]

De facto wird also die polizeiliche Tätigkeit der Besatzungsmacht durch derartige Bestimmungen unbegrenzt und von hemmenden Kontrollinstanzen erst einmal befreit. Der im politischen Apparat des NS-Staates üblichen Kompetenzstreitigkeiten wegen jedoch bedarf so eine Regelung einer gewissen juristischen Absicherung den anderen Behörden gegenüber, so daß auch die innere Kohärenz des Führerstaates besser verfestigt werden kann. Aber nach außen hin soll die Rechtsetzung der Besatzungsmacht ebenfalls möglichst stimmen. In den Niederlanden soll der niederländischen Bevölkerung nämlich das eventuelle Argument eines 'unrechtmäßigen' Handelns der Besatzungsmacht genommen werden. Der Leiter der *Abteilung Rechtsetzung* Rabl stellt zu diesem Sachverhalt schon am 29. Januar 1942 für seinen Chef Wimmer auftragsgemäß einen Entwurf auf, in wel-

76 Verordnung Nr. 1/1943, § 64, Punkt 3; *Verordnungsblatt*, 1943, S. 35.
77 Dazu De Jong, *Het Koninkrijk*, Bd. 6, II, S. 843.

chem er dieses Problem umschreibt und der unter anderem schließlich zu den obenangeführten Bestimmungen geführt hat:

> "Von verschiedenen niederländischen Seiten, und insbesondere auch aus einwandfrei nationalsozialistischen Kreisen ist mir gegenüber in der letzten Zeit in steigendem Maße das Problem des Reichskommissariates und seiner tatsächlichen Verwaltungspraxis erhoben worden. In diesem Zusammenhang wurden insbesondere auch die verschiedenen sicherheitspolizeilichen Maßnahmen, insbesondere die sicherheitspolizeiliche Inhaftnahme zur Sprache gebracht, für welche eine Rechtsgrundlage angeblich nicht bestehe."[78]

Die rechtliche Grundlage besteht nach Rabl sehr wohl, und er referiert dafür wie üblich an die Verordnung Nr. 3 (§ 5, Absatz 2) 1940, durch welche die Bekämpfung deutsch- und reichsfeindlicher Bestrebungen Sache der deutschen Polizei ist. Daß diese Referenz allerdings nur wenigen Personen, und von denen eigentlich nur den Juristen, als ausreichend erscheint, ist auch Rabl klar, wenn er weiter argumentiert:

> "Die erdrückende Mehrheit der niederländischen Bevölkerung ist hingegen der Ansicht, daß die erwähnten Maßnahmen ohne jede rechtliche Grundlage getroffen werden. Dies hat einen doppelten Nachteil: einmal können sich die Träger allfälliger Widerstandsbewegungen der Bevölkerung gegenüber dieser propagandistischen Argumentation bedienen, die bei dieser - wie leicht festzustellen ist - auch in hohem Maße verfängt. Andererseits fehlt die andernfalls mit Sicherheit zu erwartende präventive Wirkung einer Rechtsvorschrift, die Personen, hinsichtlich welcher der begründete Verdacht einer deutschfeindlichen Gesinnung oder begangener deutschfeindlicher Handlungen besteht, mit einer auf bestimmte oder unbestimmte Zeit erfolgenden Inhaftierung bedroht, die von der deutschen Sicherheitspolizei angeordnet und vollstreckt wird."[79]

Also um der präventiven Wirkung der Bevölkerung willen, als auch um die möglicherweise entstehende deutschfeindliche Propaganda zu unterdrücken, wünscht Rabl schriftliche Rechtsvorschriften. Diese Rechtsvorschriften wiederum münden, aus der Sicht der Besatzungsgewalt, situationsbedingt in die juristische Legitimation und Kodifizierung der nationalsozialistischen Diktatur ein.

Das Schwierige bei derartigen Rechtsbestimmungen, wie die oben zitierte, daß der Höhere SS- und Polizeiführer vom geltenden Recht abweichen darf, wenn er es für richtig hält, ist, daß es sich hier genau um das unbestimmbare Grenzgebiet handelt, *wann* der Maßnahmenstaat vor dem Normenstaat zurückzuweichen hat. Die schon zuvor problematisierte Charakterisierung Fraenkels' des diktatori-

78 Entwurf Rabls an Wimmer vom 29. Januar 1942; S. 1. Diese (und andere) Korrespondenz hat letztendlich zur Ordnungsschutzverordnung 1943, geführt. Archiv Rechtsetzung, NIOD, Koll. 21, Karton 36, Mappe 1.

79 *Ebenda*, S. 1-2.

schen NS-Regimes in einen Normen- und Maßnahmenstaat liefert schließlich eine zutreffende Beschreibung des Sachverhalts, ohne aber das eigentliche Problem zu lösen.[80] Es ist ja gerade dieser Spielraum, der für die Machthaber der NS-Diktatur so wichtig ist, den sie sich offen halten möchten und der auch bewußt eingesetzt wird. Man kann Ulrich Herberts in seiner Studie über Werner Best beipflichten, wenn er darüber behauptet:

> "Denn die eigentümliche Verschränkung von willkürlicher, normativ nicht geregelter Polizeiherrschaft einerseits und der Kontinuität bürgerlicher Rechtssicherheit in weiten Teilen der Rechtsordnung andererseits als eines der Kennzeichen der nationalsozialistischen Diktatur stellte in Bests Augen gerade den Mittelpunkt revolutionären Fortschritts im "völkischen Staat" dar, was durch die Zuspitzung der Kritik am NS-Staat auf eben diesen Punkt durch die Opposition ex negativo nur bestätigt wurde."[81]

Diese aus Bests' Sicht fortschrittliche Entwicklung des "völkischen" Denkens, die von Fraenkel schon früh erkannt und sofort kritisiert wird, besteht aus dem unbestimmten Moment wo der Spielraum der Dezision anfängt, und wo er aufhört.

Theoretisch könnte man diesen Spielraum abgrenzen durch das Führerprinzip, daß heißt durch den von der Vorsehung auserwählten Führer und seinen Willen. Wie anders können diffuse und nicht definierte Bestimmungen wie beispielsweise die des oben zitierten erlaubten "Abweichens vom geltenden Recht" sonst ausgelegt werden? Man hat ja schon im allerersten Führererlaß vom 18. Mai 1940 sehen können, daß auch dort der Wehrmachtbefehlshaber das Recht bekommt, "die Maßnahmen anzuordnen die zur Durchführung seines militärischen Auftrags und zur militärischen Sicherung notwendig sind."[82] Diese gelten natürlich neben den Zuständigkeiten des Reichskommissars, der durch Verordnung Recht setzen kann, während "das bisher geltende Recht in Kraft [bleibt], soweit es mit der Besetzung vereinbar ist."[83] Wie leer solche Formulierungen oder Versprechungen der nationalsozialistischen Gewalt über das gültig bleibende, bisherige 'geltende Recht' eigentlich sind, wird am schrecklichsten deutlich bei der Rechtsetzung der Judenverfolgung, die im folgenden Kapitel näher dargestellt werden soll.

80 Siehe Kapitel 2, § 2.1, dieser Studie.
81 Vgl. Herbert, *Best*, S. 180.
82 *Verordnungsblatt*, 1940, S. 2.
83 *Ebenda*, S. 4.

6. DIE GEWALT DER MACHTSETZUNG

Das Problematische der deutschen Rechtsetzung während des Zweiten Weltkrieges in den Niederlanden sind die weitreichenden, dramatischen und tragischen Folgen, die auf den ersten Blick kaum dem Wortlaut und - hinsichtlich der rassenpolitischen Verordnungen - der Anzahl oder dem Inhalt der Verordnungen zu entnehmen sind. Die Ausführung der 'Endlösung' der Judenverfolgung findet schließlich, wie auch Raul Hilberg schlußfolgert, ohne 'jurisdictional Guidelines' statt.[1] Obgleich die Rechtsetzung das offizielle Instrument des Machthabers ist, seine politischen Ziele durchzusetzen, wird es bei der Judenverfolgung zwar zur Diskriminierung, Registrierung (oder Erfassung), sowie der Enteignung des jüdischen Teils der Bevölkerung eingesetzt, nicht aber bei der eigentlichen Vernichtung. Dazu soll noch bemerkt werden, daß diese Registrierung der Juden nach der Definition stattfindet, die es erlaubt, die größte Anzahl von Personen als 'jüdisch' zu identifizieren.[2]

Knapp formuliert findet im NS-Doppelstaat die Registrierung der Juden und die Aneignung des jüdischen Vermögens über Normen, das heißt Verordnungen, statt, die eigentliche Verfolgung und Vernichtung aber über polizeiliche Maßnahmen. Dies ist ein Dualismus des nationalsozialistischen Regimes, der gerade bei der Judenverfolgung und -vernichtung eine eindeutige und vollkommene Analyse der Rechtsetzung erschwert. Auf dem Gebiet der Judenverfolgung nämlich deckt eine Studie, die sich ausschließlich auf die offizielle Rechtsetzung beschränkt, kaum den Inhalt und die Folgen des Geschehenen. In der offiziellen Rechtsetzung des *Verordnungsblatts* sind höchstens die Ansätze der Diskriminierung wiederzufinden, nicht aber die eigentliche Verfolgung und schließliche Vernichtung der Juden. Was der Geschichtsschreibung jedoch hinzuzufügen ist, ist die Methodik der Entstehung der Gesetze, das heißt der offiziell verkündeten, schriftlichen Verordnungen, die vor allem für die wirtschaftliche Erfassung des jüdischen Kapitals verantwortlich gewesen sind. Eine Verwertung dieser Dokumente also, die das Entstehen der betreffenden Verordnungen und die dazugehörigen Überlegungen des Besatzers enthalten.

1 Raul Hilberg, *The Destruction of the European Jews*, Vol. III (New York/London 1961; ergänzte und definitive Ausg. 1985) S. 993. Siehe zu diesem Standardwerk und dessen Rezeptionsgeschichte auch den Aufsatz von Guus Meershoek, 'Raul Hilberg: een glashard relaas van de moord op de joden'; in: *Vijfde Jaarboek van het Rijksinstituut voor Oorlogsdocumentatie* (Amsterdam 1994) S. 211-225; insbes. S. 217.

2 Siehe auch De Jong, *Het Koninkrijk*, Bd. 4, II, S. 742-743.

6.1 Die Niederlande und die Judenverfolgung

Zuerst die Fakten: In den Niederlanden produziert die *Abteilung Rechtsetzung* 1941 insgesamt 231 Verordnungen, von denen sich allerdings nur fünfzehn (Nr. 6, 27, 28, 41, 48, 102, 114, 138, 148, 154, 180, 198, 199, 200 und 211) direkt auf die Juden beziehen. Neben den fünf Verordnungen des Jahres 1940 (Nr. 80, 108, 137, 189 und 231), die direkt und indirekt rassenpolitische Ziele verfolgen, werden dann nur noch vier weitere (eine, Nr. 58, im Jahr 1942 und drei, Nr. 37, 54, 89 im Jahr 1943) offizielle Verordnungen im *Verordnungsblatt* verkündet, die sich auf den jüdischen Bevölkerungsteil richten. Abgesehen von den offiziellen Verordnungen im *Verordnungsblatt* werden ab Anfang 1941 auch noch einige antijüdische Maßnahmen in den Tageblättern, sowie ab April 1941 regelmäßig im *Jüdischen Wochenblatt* (*Joodsche Weekblad)* veröffentlicht. Speziell diese polizeilichen Maßnahmen und Mitteilungen sind das Kennzeichen der NS-Diktatur, für die Maßnahmenseite des Doppelstaates, sowie ein Indikator für deren juristische Entstehung, da sie fundamental etwas anderes darstellen als eine Verordnung oder ein Gesetz.

Die erste dieser in den Tageblättern veröffentlichten Mitteilungen betrifft zum Beispiel am 7. Januar 1941 das Kinoverbot des Niederländischen Kinobundes (*Nederlandse Bioscoopbond*): Juden dürfen nicht mehr ins Kino gehen, da ihnen der Eintritt verboten wird. Begründet wird diese Maßnahme durch gestörte Vorführungen mit Unruhestiftern, angeblich Juden, und zum Schutze der Kinos und deren Betreiber. Diese im täglichen Leben tiefeinschneidende Maßnahme wird jedoch ohne offizielle Verordnung ein- und durchgeführt.[3] Eigens für derartige Maßnahmen, die die 'Judenangelegenheiten' regulieren soll, wird später im Oktober 1941 das Referat IVB 4, unter der Leitung von H. Böhmker, errichtet.[4]

Sehr wohl im *Verordnungsblatt* allerdings erscheint dann drei Tage später, am 10. Januar 1941, die Verordnung Nr. 6 "über die Meldepflicht von Personen, die ganz oder teilweise jüdischen Blutes sind."[5] Diese Verordnung - nach De Jong möglicherweise die wichtigste der Judenverfolgung in den Niederlanden - hat schließlich zu der nahezu vollkommenen Erfassung und letztendlichen Vernichtung des jüdischen Bevölkerungsteils in den Niederlanden geführt, da dem Melderuf wahrscheinlich beinahe ausnahmslos Gefolge geleistet worden ist.[6] Sie definiert im zweiten Paragraphen, Punkt 1, Personen als "ganz oder teilweise jüdischen Blutes" wenn "sie auch nur von einem der Rasse nach volljüdischen Groß-

3 Siehe auch Abel J. Herzberg, *Kroniek der Jodenvervolging 1940-1945*, (Amsterdam 1985) S. 69-70; K.P.L. Berkley, *Overzicht van het ontstaan, de werkzaamheden en het streven van den Joodsche Raad voor Amsterdam* (Amsterdam 1945) S. 17; De Jong, *Het Koninkrijk*, Bd. 4, II, S. 873-874.
4 *Ebenda*, Bd. 5, II, S. 1030-1031.
5 *Verordnungsblatt*, 1941, S. 19-23.
6 Vgl. De Jong, *Het Koninkrijk*, Bd. 4, I, S. 874.

elternteil abstammt."[7] "Volljüdisch" wird dabei definiert als ein Großelternteil, der der jüdischen Religionsgemeinschaft angehört hat oder angehört, so daß die vorher nur für Beamten bestimmte Definition der Dienstanweisung vom August 1940 nun auch öffentlich übernommen wird.[8] Durch diese Begriffsbestimmung wird auch gleich ein Unterschied mit der Diskriminierung der Juden gegen die der Homosexuellen deutlich. Während Juden verfolgt und später vernichtet werden sollen, ganz gleichgültig ob sie ihren Glauben praktizieren oder praktiziert haben, werden Homosexuelle mehr oder weniger in Ruhe gelassen, wenn sie ihrer Homosexualität nicht nachgehen.[9]

Für diese Entscheidungsstelle, das heißt Verordnung Nr. 6/1941, wird als Referent der Rechtsanwalt Dr. Hans Georg Calmeyer aus Osnabrück zuständig gemacht. Calmeyer, der nicht Nationalsozialist ist und dem es trotzdem gelingt, für die gesamte Dauer der Deportationszeit in seinem Amt zu bleiben, schafft es wenigstens in einer Reihe von zweifelhaften Fällen für die Betroffenen eine günstige Entscheidung zu erreichen.[10] Die Diskussion über seine Person und die Motive seines Handelns hat bis auf den heutigen Tag noch nicht aufgehört, wie auch eine - bislang unveröffentlichte - Notiz seines damaligen niederländischen Mitarbeiters, des Juristen Jacob van Proosdijs, erweist. Van Proosdij schreibt diese Notiz im Juni 1998 um seine eigene Beurteilung Calmeyers darzustellen. Er geht auf die Launenhaftigkeit desselben ein und rechnet ihm das Fehlen "essentieller Motive" für sein Tun an, das ihn daran hindert Calmeyer als Widerstandshelden anzusehen.[11] Coen Stoeldreher, der gegenwärtig in Amsterdam eine große Untersuchung zum Thema der (jüdischen) Mischehen ausführt, wird vielleicht mehr über die Person Calmeyers aussagen können.

7 *Verordnungsblatt*, 1941, S. 19.

8 Siehe auch Kapitel 4, § 4.4, dieser Studie.

9 Vgl. Jellonnek, *Homosexuelle unter dem Hakenkreuz. Die Verfolgung von Homosexuellen im Dritten Reich* (Paderborn 1990) S. 327ff.

10 Siehe zu Calmeyer auch sein Dossier beim NIOD, Doc.I-271; De Jong, *Het Koninkrijk*, Bd. 5, I, S. 535ff.; sowie Bd. 6, I, S. 305ff. und Presser, *Ondergang*, Bd. 2, S. 50ff. Das hoch interessante Calmeyer Archiv befindet sich beim Centraal Bureau voor Genealogie in Den Haag.

11 Siehe auch Jacob van Proosdij, *Mijn werk met Calmeyer aan Portugese en afstammingszaken* (Voorburg 1998) S. 8. Es ist das erste Mal, daß Van Proosdij sich schriftlich über sein Handeln im Kriege äußert und er tut dies aufgrund eines Aufsatzes von Y.H.M. Nijgh aus dem Jahre 1981, von dem er erst 1998 Kenntnis genommen hat (Van Proosdij lebt in Südafrika). Zu der Person Van Proosdijs siehe seine Polizeiaussage vom 20. Februar 1946; NIOD, Doc. I-271; sowie die Niederschrift Pressers, die Presser nach zwei Gesprächen mit Van Proosdij, am 23. und 31 August 1955, aufgestellt hat; NIOD, Doc. II-1005, Karton Nr. 148. Presser benutzt diese Niederschrift für die betreffenden Passagen über Van Proosdij in seinem Buch; Presser, *Ondergang*, Bd. 2, S. 65, 70ff., 74 und 81; auf welche sich wiederum auch De Jong in seiner Darstellung stützt. Vgl. De Jong, *Het Koninkrijk*, Bd. 6, II, S. 611 und 612.

Und nun zurück zu den Zahlenangaben und Fakten: Insgesamt sind also nur vierundzwanzig Verordnungen das *offizielle* Instrument gewesen für die Rassenpolitik nach nationalsozialistischer Weltanschauung, die letztendlich für die Deportation, die in den Niederlanden am 14. Juli 1942 begann, von ungefähr 102.000 Personen jüdischen Glaubens gesorgt hat.[12] Während die niederländische Bevölkerung bei Ausbruch des Zweiten Weltkriegs rund neun Million Einwohner zählt, besteht der jüdische Anteil aus ungefähr 140.000 Personen, das heißt ungefähr 1,4%.[13] Nach Kriegsende sind drei Viertel davon gestorben, so daß in Westeuropa während des Zweiten Weltkrieges *prozentuell* gesehen am meisten Juden in den Niederlanden vernichtet worden sind.[14]

Zur Verdeutlichung dafür ein Vergleich: im Deutschen Reich (rund 65 Millionen Einwohner) zählt man 1933 knapp 500.000 Glaubensjuden, also 0,77%, von denen rund 160.000 durch den Krieg umkommen.[15] Wenn man dem hinzufügt, daß im Deutschen Reich die Judenverfolgung von 1933 bis 1945 dauert, also zwölf Jahre lang, indessen die Besatzung in den Niederlanden nur fünf Jahre gedauert hat, dann sind dies - im Vergleich mit anderen westeuropäischen Ländern - Zahlenangaben mit unverständlichen Proportionen.

Über dieses Problem - warum der Anteil der ermordeten Juden gerade in den Niederlanden so ungeheuer hoch sein konnte - wird in der wissenschaftlichen Literatur immer wieder heftig diskutiert und nach einer möglichen Erklärung gesucht.[16] J.C.H. Blom argumentiert, daß drei Faktoren dafür gesorgt haben,

12 Siehe zu den Zahlenangaben, dazugehörigen Schätzungsproblemen sowie Erklärungen mit Nachweisen Wolfgang Benz (Hg.), *Dimension des Völkermords. Die Zahl der jüdischen Opfer des Nationalsozialismus* (München 1991) S. 14-20.

13 Siehe für genaue Zahlenangaben Gerhard Hirschfeld, 'Niederlande', S.137.

14 Dazu auch Raul Hilberg, *Perpetrators, Victims, Bystanders. The Jewish Catastrophe 1933-1945* (New York 1992) S. 209-211.

15 Ino Arndt und Heinz Boberach, 'Deutsches Reich'; in: Benz (Hg.), *Dimension des Völkermords*, S. 23 und S. 65.

16 Studien mit einer möglichen Erklärung für diese Tatsache erhalten eine Aufmerksamkeit der Medien und der niederländischen Gesellschaft, die die Grenzen der wissenschaftlich Interessierten weit überschreitet, ähnlich wie Daniel Goldhagens umstrittenes Buch *Hitler's Willing Executioners. Ordinary Germans and the Holocaust* (New York/London 1996) direkt nach dem Erscheinen 1996 eine gewaltige, weltweite Diskussion - vor allem in Deutschland - ausgelöst hat. Bis jetzt ist es allerdings noch niemandem vollkommen überzeugend gelungen, das 'Unvorstellbare' zu erklären und man kann sich fragen, ob es überhaupt jemals jemandem gelingen *kann*. Das Interesse an diesem Problem bleibt jedoch in vielen Hinsichten und Arten bestehen und äußert sich in den unterschiedlichsten Studien, wie zum Beispiel Ido de Haans *Na de ondergang. De herinnering aan de Jodenvervolging in Nederland 1940-1945* (Den Haag 1997), über die Erinnerung an die Judenverfolgung in den Niederlanden nach dem Kriege, oder auch die Dissertation Connie Kristels, *Geschiedschrijving als opdracht. Abel Herzberg, Jacques Presser en Loe de Jong* (Amsterdam 1998), in welcher sie die Geschichtsschreibung *über* die Judenverfolgung von den bedeutenden niederländischen Historikern Herzberg, Presser und De Jong ver-

warum es den Juden in den Niederlanden schlechter ergangen ist als in anderen westeuropäischen Ländern. Dafür weist er auf die Macht und Effektivität des Besatzungsregimes und der verfolgenden Instanzen, die Traditionen der Fügsamkeit und Gehorsam den Autoritäten gegenüber hin, als auch auf das falsche Sicherheitsgefühl, das Juden ihrer Assimilation entliehen.[17] Die fortschreitende Judenverfolgung während der Besatzung in den Niederlanden, die dazugehörigen Maßnahmen und Folgen wurden schon früh in der wissenschaftlichen Literatur - abgesehen von Loe de Jong - unter mehreren auch von Jacques Presser auf systematische, B.A. Sijes auf detaillierte und Abel Herzberg auf eher impressionistische Weise, unterschiedlich beschrieben und analysiert.[18] Bob Moore hat im Jahr 1997 weiterhin eine aufschlußreiche Studie geliefert, die außerdem deutlich macht, daß sich das Interesse der Historiker auch international auf die niederländische Geschichte richtet.[19] Pim Griffioen und Ron Zeller hingegen legen Nachdruck auf komparative Studien und vergleichen die Judenverfolgung in den Niederlanden und Belgien.[20] J.C.H. Blom hatte schon ab 1983 die Tendenz zu solchen vergleichenden Untersuchungen angegeben.[21]

Bei all diesen Studien beschränkt sich das Interesse an der nationalsozialistischen Rechtsetzung jedoch schlechthin auf ihren Inhalt und deren Auswirkung, das heißt deren Folgen. Obwohl schon früh von Cohen und Berkley Übersichten der anti-jüdischen Verordnungen und Maßnahmen aufgestellt worden sind, wurden diese bis heute nicht als solche verwertet.[22] Der folgende Beitrag hat daher den Ansatz, die bisher unbeachtet gebliebenen, noch bewahrten Dokumente zur Herstellung der Verordnungen der *Abteilung Rechtsetzung* zu analysieren. Diese illustrieren schließlich das Zustandekommen der Verordnungen, die in den Nie-

gleicht und analysiert. Eine Übersicht der Judenverfolgung, inklusive der historiographischen Debatte darüber mit zahlreichen Literaturverweisen, liefert Peter Romijn in 'De oorlog (1940-1945)', in: J.C.H. Blom, R.G. Fuks-Mansfeld, I. Schöffer, (Red.), *Geschiedenis van de Joden in Nederland* (Amsterdam 1995) S. 313-347.

17 J.C.H. Blom, 'De vervolging van de Joden in Nederland in international vergelijkend perspectief', in: ders., *Crisis, bezetting en herstel. Tien studies over Nederland 1930-1950* (Amsterdam 1989) S. 149.

18 Ein kurzgefaßter, übersichtlicher Beitrag bildet auch Gerhard Hirschfelds Aufsatz 'Niederlande'; in: Benz (Hg.), *Dimension des Völkermords*, S. 137-166.

19 Bob Moore, *Victims and Survivors. The Nazi Persecution of the Jews in the Netherlands 1940-1945* (London/New York 1997) S. IX und S. 4ff.

20 Pim Griffioen und Ron Zeller, 'Jodenvervolging in Nederland en België tijdens de Tweede Wereldoorlog: een vergelijkende analyse'; in: *Achste Jaarboek van het Rijksinstituut voor Oorlogsdocumentatie* (Amsterdam 1997) S. 10ff. Dieser Aufsatz bildet die Grundlage für eine größere Studie, die voraussichtlich 1999 abgeschlossen wird.

21 J.C.H. Blom, *In de ban van goed en fout? Wetenschappelijke geschiedschrijving over de bezettingstijd in Nederland*, Inaugurale Rede (Bergen 1983) S. 21-22.

22 K.P.L. Berkley, *Overzicht*; Cohen, *Kroniek inzake de maatregelen in Nederland tegen de Joden genomen* (nicht publiziert, Kopie im NIOD anwesend).

derlanden auf jeden Fall eindeutig für die Registrierung der Juden und die gründliche Erfassung des jüdischen Kapitals gesorgt haben.

6.2 Die Verordnungen der Judenverfolgung (1941)

Im Jahr 1940 haben die gegen die Juden gerichteten Verordnungen eingesetzt. Erst wird, sehr getarnt, im Juli 'Tierquälerei' (Nr. 80/1940) verboten, dann werden ab August alle jüdischen Beamten und Angestellten ausgeschaltet (Nr. 108 und Nr. 137), danach müssen im Oktober jüdische Unternehmen angemeldet werden (Nr. 189/1940) und anschließend wird es im Dezember Deutschen verboten, in jüdischen Haushaltungen beschäftigt zu sein (Nr. 231/1940).

Im Jahr 1941 werden die offiziell verkündeten Verordnungen gegen die Juden im *Verordnungsblatt* häufiger, wobei auch stets das Wort 'Jude' erwähnt wird. Die Maßnahmen sind jetzt nicht länger mehr oder weniger getarnt, sondern ganz eindeutig gegen die Juden gerichtet. Nachdem bereits Anfang Januar die Meldepflicht für Juden eingeführt wird (Nr. 6/1941), wird für Juden und jüdische Studenten im Februar durch Verordnung Nr. 27 und 28 der Numerus Clausus für Immatrikulation an den niederländischen Universitäten verordnet.[23] Damit auch ja kein Zweifel entsteht, um welche Personen es sich hier handelt, wird bei Verordnung Nr. 27 auf die Definition der meldepflichtigen Personen der Verordnung Nr. 6/1941 verwiesen (§ 1, Punkt 1) und außerdem noch in Punkt 2 auf "Personen, die der jüdischen Religionsgemeinschaft angehören."[24]

Während diese ersten Verordnungen der Jahre 1940 und 1941 alle - von einigen Ausnahmen an den Universitäten abgesehen - recht wenig öffentliche Proteste der niederländischen Bevölkerung erwecken, da die Maßnahmen einen quasi ordentlichen, organisierten und relativ unschuldigen Eindruck machen, finden nebenher ab Dezember 1940 immer öfter willkürliche, gegen die Juden gerichtete, Gewaltaktionen statt und schließlich auch die erste Razzia.[25] Diese resultiert in den ersten - und gleich auch letzten - öffentlichen Protest der niederländischen Bevölkerung: Der Februarstreik vom 25. und 26. Februar 1941.[26] Die gewaltsame Niederschlagung des Streiks innerhalb von drei Tagen hat die Depor-

23 Verordnung Nr. 27 und 28, beide vom 11. Februar 1941; *Verordnungsblatt*, 1941, S. 99-101. Siehe auch De Jong, *Het Koninkrijk*, Bd. 4, II, S. 871-873.

24 *Verordnungsblatt*, 1941, S. 100.

25 Dazu De Jong, *Het Koninkrijk*, Bd. 4, II, S. 876ff.; H. Wielek, *De oorlog die Hitler won* (Amsterdam 1947) S. 30ff.

26 Dazu grundlegend B. A. Sijes, *De Februari-staking. 25-26 Februari 1941*, NIOD Monographie Nr. 5 (Den Haag 1954); De Jong, *Het Koninkrijk*, Bd. 4, II, S. 861ff.; Hilberg, *The Destruction of the European Jews*, Bd. 3, S. 581-582.

tation nach Buchenwald und schließlich Mauthausen von 389 Männern zufolge - von denen kein einziger zurückkehrt.[27]

Der Februarstreik kann als Anfang der Kursänderung der Haltung der Besatzungsmacht interpretiert werden. Die bisher relativ milde nationalsozialistische Besatzung Seyß-Inquarts, der den Alltag der niederländischen nichtjüdischen Bevölkerung ziemlich wenig beeinflußt hat, ändert sich zugunsten eines Regimes, das zur Unterdrückung immer häufiger Mittel der Abschreckung und schließlich offenen Terror benutzt.[28] Die Maßnahmen gegen die Juden ändern sich dementsprechend und verraten jetzt das Ziel der Besatzungsmacht, das niemals offiziell als Besatzungszielsetzung genannt worden ist.[29] Man kann jedoch darüber diskutieren, inwiefern Seyß-Inquarts Antrittsrede als Reichskommissar im Mai 1940 diese zukünftige Rassenpolitik schon implizit angedeutet hat.[30]

Bevor auf die weitere Enteignung des jüdischen Besitzes durch Verordnungen eingegangen wird, soll noch das Entstehen des Judenrats (*Joodsche Raad*) erwähnt werden.[31] Dieser entsteht nämlich am 12. Februar 1941 durch einen mündlichen Auftrag des Beauftragten für Amsterdam Böhmckers und wird also nicht per Verordnung dekretiert, so daß der Judenrat keine rechtliche Basis erhält. Dan Michman weist zurecht darauf hin, daß die Niederlande somit das einzige besetzte Gebiet in Westeuropa ist, das nicht eine *Judenvereinigung* bekommt, sondern den in Osteuropa üblichen *Judenrat*.[32] Bei den Deportationen der Juden ab Juni 1942 brauchen die Besatzungsmächte dann auch keine Diskussionen mit den jüdischen Häuptern zu fürchten, die sich auf irgendein Gesetz oder eine Autorität stützten können.[33] Der Vorteil - aus der Sicht der Besatzungsmacht - ist eindeutig und die Folgen sind dementsprechend tragisch für alle Beteiligten.

Für die gründliche Erfassung und Aneignung des jüdischen Besitzes, die Raul Hilberg in ihrer Konsequenz und Gründlichkeit der Vernichtung der niederländischen Juden gleichstellt:

27 De Jong, *Het Koninkrijk*, Bd. 4, II, S. 890-895.

28 Siehe auch Hirschfeld, *Fremdherrschaft und Kollaboration*, S. 28.

29 Dazu Allan Mitchell, 'Elites under the German Occupation'; in: *The Holocaust: Ideology, Bureaucracy and Genocide. The San José Papers*, Hg. von Henry Friedlander und Sybil Milton (New York 1980; 2. Druck 1982) S. 233-235.

30 Dazu Herzberg, *Kroniek der Jodenvervolging*, S. 20ff.; Presser, *Ondergang*, S. 16ff.

31 Dazu K.P.L. Berkley, *Overzicht*; De Jong, *Het Koninkrijk*, Bd. 4, II S. 884ff.

32 Dan Michman, 'De oprichting van de 'Joodsche Raad voor Amsterdam' vanuit een vergelijkend perspectief', in: *Derde Jaarboek van het Rijksinstituut voor Oorlogsdocumentatie* (Amsterdam 1992) S. 92.

33 *Ebenda*, S. 95.

> "The confiscation of Jewish property in Holland were as thorough as the killings of its owners. In no other occupied territory of the great semicircle did the Germans manage, in one form or another, to collect so much Jewish wealth"[34]

werden offizielle Verordnungen angewendet. Dieses Phänomen des Gelingens auf beiden Niveaus, von dem Raul Hilberg hier spricht, erklärt sich einerseits durch die Effizienz der deutschen Verwaltung in den Niederlanden und andrerseits durch das Fehlen von materiellen Konzessionen an indignierte niederländische Autoritäten - im Gegensatz zu anderen besetzten Ländern - da diese sich im großen und ganzen kooperativ bei den Deportationen verhalten.[35]

Wie sahen nun die Verordnungen aus, die dies zustande gebracht haben? In erster Linie wird der Vorgehensweise nach dem deutschen Beispiel gefolgt: Erst erfolgt die Entlassung der Beamten und Angestellten, dann die Einschränkung bei der Ausübung ihrer Berufe, danach das Anmelden der 'feindlichen' Vermögen, ohne daß in ihr das Wort 'Jude' erwähnt wird.[36] Am 28. Februar 1941 wird die dem Anschein nach unbedeutende Verordnung Nr. 41 im *Verordnungsblatt* verkündet "zur Neuordnung auf dem Gebiete der nichtwirtschaftlichen Personenvereinigungen und Stiftungen."[37] Diese Verordnung bezieht sich auf die eher erschienene Verordnung Nr. 145 vom 20. September 1940, durch welche nichtwirtschaftliche Personenvereinigungen und Stiftungen verpflichtet wurden, sich bei dem zuständigen Polizeidirektor (Generalstaatsanwalt) anzumelden.[38] Jetzt allerdings wird obendrein durch die nächste Verordnung Nr. 41/1941 ein Kommissar zur Durchführung der Bestimmungen dieser Verordnung Nr. 145/1940 angestellt. In der Praxis bedeutet dies, daß jetzt ernsthaft mit der Gleichschaltung nichtwirtschaftlicher Personenvereinigungen und Stiftungen begonnen wird. Der dazu bestellte Kommissar, Hans Werner Müller Lehning, ein in Deutschland geborener Niederländer, bekommt die Macht, nach eigenem Gutdünken und Ermessen in Vereinigungen einzugreifen, sie aufzulösen oder andere einschneidende Maßnahmen zu treffen.[39] Da man der ersten Verordnung der Anmeldung vollständig Folge geleistet hat, kann der Besatzer jetzt ganz leicht die Gleichschaltung erzielen und nebenbei auch über 360 jüdische Vereinigungen und Stiftungen auflösen.[40] Für das Gesellschaftsleben der jüdischen Niederländer - aber auch für die in den Niederlanden verbleibenden ausländischen Juden - ist diese Verordnung also von großer Bedeutung, da ihnen all ihre nichtwirtschaftli-

34 Hilberg, *The Destruction of the European Jews*, Bd. 3, S. 596.
35 *Ebenda*, S. 596-597. Zu diesem Thema auch Gerard Aalders, *Roof. De ontvreemding van Joods bezit tijdens de Tweede Wereldoorlog* (Den Haag 1999).
36 Verordnung Nr. 33/1940; siehe Kapitel 4, § 4.1, dieser Untersuchung.
37 *Verordnungsblatt*, 1941, S. 148-152.
38 *Verordnungsblatt*, 1940, S. 445-447. Dazu De Jong, *Het Koninkrijk*, Bd. 4, II, S. 750 Anm. 2 und Bd. 5, I, S. 418ff.
39 Siehe zu Müller-Lehning: De Jong, *Het Koninkrijk*, Bd. 5, I, S. 419ff.
40 *Ebenda*, S. 418 und 420.

chen Verbände abgenommen werden.[41] Kombiniert mit den Bestimmungen der Verordnung Nr. 33 vom 4 Juli 1940, die die Vermögensbeschlagnahme von Vereinigungen erlaubt, ist die Reichweite der Verordnung bedeutend.

Am 12. März schließlich wird die Wirtschaft direkt angepackt durch die Erscheinung der sogenannten "Wirtschaftsentjudungsverordnung", Verordnung Nr. 48, die schon seit einigen Monaten vorbereitet wurde und die nun auch Unternehmen anmeldepflichtig macht.[42] Das Interessante bei dieser Verordnung ist, das sie sich augenscheinlich erstmal auch nur auf Registrierung von Unternehmen bezieht und im ganzen Verordnungstext der Begriff oder die Begriffsbestimmung 'Jude' nicht vorkommt - bis auf den allerletzten Paragraphen 20, Punkt 2, in welchem sie den Titel "Wirtschaftsentjudungsverordnung" bekommt.[43] Der Sinn dieser Verordnung wird somit gleich deutlich, und dies erweist sich auch aus der über diese Maßnahme geführten Korrespondenz - obgleich der Titel in der ersten Fassung noch nicht anwesend ist.[44]

Auf Nachfrage Dr. Kramms, bei der Wirtschaftsprüfstelle tätig, entsteht später allerdings eine Diskussion über den Paragraphen 8, der die Treuhänder behandelt, und Rabl antwortet in einem Schreiben, daß die "Verordnung [...] sehr wohl die rechtliche Möglichkeit begründet, die auf den Namen eines Juden lautenden Namensaktien eines Unternehmens rechtsgültig zum Verkauf zu bringen."[45] Auffallend ist außerdem, daß ganz nachdrücklich auf die Zuständigkeit der deutschen Gerichtsbarkeit (§ 18) bestanden wird, "da die holländischen Gerichte möglicherweise nicht mit der notwendigen Konsequenz und Strenge die Durchsetzung der Verordnung unterstützen werden."[46] Die "Wirtschaftsentjudungsverordnung" ist für die Besatzungsmacht eine wichtige Verordnung, da in ihr wirtschaftliche Motive mit rassischen kombiniert werden. Wie bei der persönlichen Judenverfolgung, wird auch hier erst mit Registrierung angefangen, die schließlich zur vollkommenen Erfassung der jüdischen Unternehmen führt.

Dieselbe Vorgehensweise gilt zwei Monate später für die sogenannte "Landwirtschaftsentjudungsverordnung", Verordnung Nr. 102 vom 27. Mai 1941 "über die Anmeldung und Behandlung landwirtschaftlicher Grundstücke in jüdischen Händen."[47] Grundstücke in jüdischem Besitz, 0,9% des gesamten niederlän-

41 Siehe dazu auch Berkley, *Overzicht*, S. 22ff.

42 *Verordnungsblatt*, 1941, S. 164-170. Dazu De Jong, *Het Koninkrijk*, Bd. 4, II, S. 932.

43 *Ebenda*, S. 170.

44 Archiv Rechtsetzung, NIOD, Koll. 21, Karton 1, Mappe 9.

45 Rabl an Kramm, 22. Januar 1942; Archiv Rechtsetzung, NIOD, Koll. 21, Karton 1, Mappe 9.

46 Nach Dr. von Muck besteht der Kammergerichtsrat Dr. Schröder auf diese Zuständigkeit der deutschen Gerichtsbarkeit, gegen die der Amtsgerichtsrat Müller vom Justizministerium wegen der zu erwartenden Belastung Bedenken erhoben hatte. Vermerk vom 27. Februar 1941; *ebenda*.

47 *Verordnungsblatt*, 1941, S. 388-396.

dischen Landwirtschaftsgebietes, werden angemeldet und somit registriert. Bis spätestens 1. September 1941 sind sie zwangsweise verkauft und den gesamten Erlös dafür, 17 Millionen Gulden, erhält die *Vermögensverwaltungs- und Rentenanstalt* und keineswegs die ehemaligen jüdischen Besitzer.[48] Daneben gibt es aber auch noch Grundstücke in jüdischem Besitz, die nicht für landwirtschaftliche Zwecke verwendet werden.[49] Dieser Grundbesitz wird wiederum zwei Monate später, durch Verordnung Nr. 154 vom 11. August 1941, vom Besatzer erfaßt.[50]

Die in der Korrespondenz "Grundstücksentjudungsverordnung" genannte Verordnung hat den Zweck, "den nicht bereits durch die Verordnung Nr. 102/1941 erfaßten (nichtwirtschaftlichen) Grundbesitz in jüdischen Händen zu erfassen und zu arisieren."[51] Die Vorgehensweise ist abermals dieselbe: erst Anmeldungspflicht, dann Übernahme der Verwaltung und schließlich Veräußerung des Grundstücks, wobei der materielle Erlös dem Besatzer zufällt und nicht dem ursprünglichen (jüdischen) Eigentümer. Aus einem Brief des Generalkommissars für das Sicherheitswesen Rauter an Wimmer werden die wirklichen Motive oder Grundsätze allerdings weit deutlicher formuliert:

> "Bei der Entjudung der gewerblichen Wirtschaft mag der Gedanke der Entkleidung des Juden von seiner wirtschaftlichen Position, die im Interesse einer reibungslosen Lenkung der Wirtschaft, - insbesondere soweit sie mit den Kriegserfordernissen zusammenhängt, - erforderlich ist, im Vordergrund gestanden haben. Dieses trifft bei der Entjudung des Liegenschaftsbesitzes jedoch nicht zu. Hier tritt dieses Moment gegenüber dem Hortungs-Gedanken in den Hintergrund. Es wäre daher nur folgerichtig, die Hortungsmaßnahmen möglichst umfassend zu gestalten."[52]

Die Formulierung Rauters - einer der mächtigsten Personen des Reichskommissariates - des "Hortungs-Gedankens", entspricht vollkommen der nationalsozialistischen Weltanschauung. Hier wird 'germanisch' gedacht und an den Hort der Nibelungen erinnert, an das Schätzesammeln und heroisches Kämpfen gegen den (jüdischen) Feind. Rauter ist es an Gründlichkeit gelegen und er möchte noch rückwirkend die Anmeldepflicht von vorher verkauften Grundstücken schon ab dem 9. Mai 1940 einführen.[53] Diese Bestimmung, die nicht im Vorentwurf der Verordnung steht, findet man dann erst in der dritten Fassung, die kurz nach

48 Dazu De Jong, *Het Koninkrijk*, Bd. 5, I, S. 604-605. Der dort zitierte Brief von Graf Grote, Leiter der *Hauptabteilung Ernährung und Landwirtschaft*, an Fischböck ist nicht mehr im Archiv Rechtsetzung auffindbar. Das Dossier zur Verordnung Nr. 102/1941 gilt bis jetzt als verloren.

49 Dazu De Jong, *Het Koninkrijk*, Bd. 5, I, S. 605ff.

50 *Verordnungsblatt*, 1941, S. 655-663; dazu Berkley, *Overzicht*, S. 33-34.

51 Anlage Dr. Muck, 19. Juli 1941, zur 1. Entwurfsfassung der Verordnung Nr. 154/1941; Archiv Rechtsetzung, NIOD, Koll. 21, Karton 14, Mappe 1.

52 Rauter an Wimmer, 5. August 1941, S. 1; *ebenda*.

53 *Ebenda*, S. 2.

Rauters Brief verfaßt wird, und somit in der definitiven Verordnung im *Verordnungsblatt* wieder (Abschnitt II, § 5).[54] Rauters Wunsch wird also nach nur einem Brief Folge geleistet. Der Raub der jüdischen Besitztümer erstreckt sich dann später auch auf die von ihren Eigentümern zuvor verlassenen Grundbesitze.[55] Die dafür angestellte niederländische Grundstücksverwaltung hat übrigens auftragsgemäß ihre Aufgabe der Verwaltung und Verkauf der Grundbesitze ausgeführt.

Zwischen diesen offenen "Entjudungsverordnungen" erscheint aber auch noch am 26. Juni 1941 eine augenscheinlich unbedeutende kleine Verordnung, in der einige "gewerbe- und arbeitsrechtliche Bestimmungen" des niederländischen Rechts abgeändert werden.[56] Diese Verordnung Nr. 114 ist allerdings beispielhaft für das Auftreten der Besatzungsmacht und hoch interessant, da sie gleichzeitig wirtschaftliche, "völkisch-rassische" und religiöse Diskussionen entfacht, sowie Elemente der öffentlichen Ruhe, das heißt der öffentlichen Ordnung, in sich verbirgt. Sie trifft den jüdischen Bevölkerungsanteil insofern, daß es nicht länger erlaubt wird, statt am Sonnabend (Sabbat) am Sonntag zu arbeiten. Erstaunlich ist, daß darüber schon Korrespondenz vom August 1940 vorliegt, in welcher über die Sonntagsruhe folgendes festgestellt wird:

> "Abgesehen davon, daß dadurch eine Beeinträchtigung der arischen Geschäfte eintritt, bitte ich um Prüfung, ob es im Interesse des Sonntagsfriedens verantwortet werden kann, jüdische Ladengeschäfte weiterhin am Sonntag offen zu halten."[57]

Auf seine Nachfrage erhält Wimmer dann vom Generalsekretär Frederiks einen vier Seiten langen, detaillierten Brief über alle niederländischen Ladenschlußgesetze. Anschließend jedoch läßt er die Angelegenheit bis auf weiteres ruhen. Die Besatzungsmacht ist schließlich im August 1940 noch nicht ganz so an der öffentlichen, direkten Judenverfolgung interessiert, da sie auf die 'Selbstnazifizierung' der niederländischen Bevölkerung hofft. Dann erhält das Generalkommissariat für Verwaltung und Justiz jedoch am 7. Januar 1941 einen weitergeleiteten Brief von einem niederländischen Bäcker aus Arnheim vom 28. Dezember 1940 über die Sonntagsruhe,

> "... wodurch den bodenständigen holländischen Bäckern Schaden zugebracht wird und wo ich überzeugt bin, daß es Ihnen nicht gleichgültig läßt, daß Juden sich bereichern können auf Kosten der holländischen Bäcker, so möchte ich Sie dringend bitten, gibt es keine Möglichkeit, auf kurze Frist ein Gesetz zu bringen,

54 Dazu die Entwürfe im Archiv Rechtsetzung, NIOD, Koll. 21, Karton 14, Mappe 1.

55 Brief der niederländischen Grundstücksverwaltung, 13. März 1942; *ebenda.*

56 *Verordnungsblatt*, 1941, S. 488-489; dazu Berkley, *Overzicht*, S. 32; Presser, *Ondergang*, Bd. 1, S. 125ff.

57 Graf Grote an Wimmer, 7. August 1940; Archiv Rechtsetzung, NIOD, Koll. 21, Karton 9, Mappe 2.

wodurch es ein für allemal Juden strengstens verboten wird, an den oben angegebenen Tagen frisches Brot zu verkaufen, sodaß es z.B. diesen Leuten schon verboten ist, Neujahr Brot zu backen und zu verkaufen."[58]

Auf den Bäcker wird insofern gehört, daß ein Vorentwurf "über die Beseitigung jüdischer Vorrechte im Erwerbs- und Betriebsleben" aufgestellt wird - aber erst im März 1941.[59] Inzwischen hat schließlich der Februarstreik stattgefunden und ist das Klima der Besatzung verändert. Außerdem kommen mehr Unterlagen über das Sonntagsgesetz, wie zum Beispiel eine Ausarbeitung des Gerichtsrefendars Krell vom 20. November 1940, der das Gesetz auch mit der öffentlichen Ruhe verbindet.

Wimmer zögert jedoch immer noch, den an sich gebilligten Verordnungsentwurf in das Umlaufverfahren zu leiten, da er zweifelt, inwiefern die zu erwartende Ghettoregelung Bestimmungen dieser Art überflüssig macht.[60] Es wird noch an dem genauen Wortlaut der Verordnung gearbeitet, bis der Reichskommissar am 20. Mai 1941 entscheidet, "daß die von dem Entwurf erfaßten Fragen nunmehr einer Regelung unterworfen werden sollen."[61] Es ist interessant, daß die Verordnung schon in der ersten Fassung nicht länger den obenerwähnten Titel "zur Beseitigung der jüdischen Vorrechte" erhält, sondern ihre neutralere Bezeichnung über die Abänderung "einiger gewerbe- und arbeitsrechtlichen Bestimmungen."[62] Abgesehen von besatzungspolitischen Gründen werden schließlich nicht nur Juden, sondern auch Angehörige einiger christlichen Sekten, wie zum Beispiel die Adventisten vom Siebten Tag, von dieser Verordnung getroffen.

Am 25. Juli 1941 wird die für die Juden folgenschwere Verordnung Nr. 138 'über den Ordnungsschutz' verkündet. Diese Verordnung wird folgendermaßen von Rabl in einem Begleitschreiben motiviert:

> "In der Anlage übersende ich die Druckprobe eines Verordnungsentwurfes über den Ordnungsschutz der als Ergebnis wiederholter Dienstbesprechungen ausgearbeitet wurde und bezweckt, sämtliche die öffentliche Ordnung betreffenden Verordnungen zu kodifizieren."[63]

Diese Verordnung, die viele unterschiedliche Bereiche berührt, sorgt für interne Streitereien und Zuständigkeitsfragen. Die Motivierung der Verordnung vom Kammergerichtsrat Seiffert beispielsweise deutet einen gänzlich anderen Zweck an:

58 Brief der Luxe-Bakkerij B.C. Ratelband; *ebenda.*
59 Rabl an Schmidt, 20. März 1941; *ebenda.*
60 *Ebenda.*
61 Wimmer an Fischböck, 20. Mai 1941; *ebenda.*
62 Erste Fassung, S. 1, in der Handschrift Rabls; *ebenda.*
63 Rabl an Schmidt, 8. Mai 1941; Archiv Rechtsetzung, NIOD, Koll. 21, Karton 11, Mappe 2a.

> "Bei der ursprünglichen Anlage des Entwurfs ist man von dem Gedanken ausgegangen, eine scharfe und schlagkräftige Waffe zu schaffen, die der deutschen Polizei und den deutschen Gerichten die Möglichkeit geben sollte, gegen ernste Ordnungsstörungen mit allen verfügbaren Mitteln einzuschreiten."[64]

Währenddessen notiert Rabl am Rande dieses Briefes : "Nein - Der Grundgedanke war vielmehr, die Materie übersichtlich zusammenzufassen."[65] Die Verordnung Nr. 138 ist so wichtig, weil sie viele andere Behörden berührt und sie obendrein durch ihr Inkrafttreten sechzehn andere Verordnungen außer Kraft treten läßt.[66] Über den § 6 des 2. Abschnittes, der "die Gefährdung des Arbeitsfriedens und verbotene Berufsausübung" behandelt, schreibt Rabl obendrein in einem Brief an Wimmer einen bemerkenswerten Kommentar, der unterschiedliche Rechtsauffassungen der verschiedenen Instanzen andeutet:

> "Wir in der Abteilung haben nach wie vor Bedenken gegen den § 6. Die Formulierung ist etwas sehr unbestimmt. Allerdings behauptet Seiffert, daß unser Gericht gerade deswegen eine elastische und zweckdienliche Rechtsprechung hat aufbauen können. Ich kann darüber nicht urteilen; immerhin ist auf den mangelhaften Eindruck hinzuweisen, den derartige ins Uferlose reichende Gummiformulierungen auf die niederländische Öffentlichkeit im allgemeinen zu machen pflegen."[67]

Es ist interessant, daß hier, in Rabls Zitat, angeblich wörtlich von Seiffert ausgesprochen wird, daß eine unbestimmte Formulierung einer 'elastischen' und vor allem 'zweckdienlichen' Rechtsprechung dient.

Wie sieht im Gedankengut der Nationalsozialisten eine 'elastische' und 'zweckdienliche' Rechtsprechung aus? Mit den Anhaltspunkten der nationalsozialistischen Weltanschauung wird die Elastizität zugunsten des Zwecks der Rechtsprechung vorstellbar. Im Kontext der Ordnungsschutzverordnung bedeutet dies das notfalls gewalttätige Durchsetzen der 'völkisch-rassischen' Grundsätze, allerdings in der verschleiernden Sprache der Nationalsozialisten. Interessant ist allerdings, daß diese Ausdrücke hier von Rabl selber als 'Gummiformulierungen' betitelt werden, obgleich er sich nicht traut, deren eventuellen Sinn nicht direkt in Frage zu stellen, sondern sich eines Urteils entzieht und die Angelegenheit seinem Vorgesetzten überläßt.

Die Uneinigkeiten zwischen den Generalkommissaren gehen so weit, daß auch Rauter sich erlaubt, die *Abteilung Rechtsetzung* zurechtzuweisen:

64 Kammergerichtsrat Seiffert an die *Abteilung Rechtsetzung*, 6. Mai 1941; Archiv Rechtsetzung, NIOD, Koll. 21, Karton 11, Mappe 2a.

65 *Ebenda.*

66 Aufzählung in Verordnung Nr. 138, § 56; *Verordnungsblatt*, 1941, S. 589-590.

67 Rabl an Wimmer, 16. April 1941; Archiv Rechtsetzung, NIOD, Koll. 21, Karton 11, Mappe 2a.

> "Zu dem mir übersandten Verordnungsentwurf möchte ich zunächst allgemein feststellen, daß er fast ausschließlich Sachgebiete berührt, für die innerhalb der Gesamtbehörde des Reichskommissars meine Verantwortung und damit die Notwendigkeit der federführenden Sachbearbeitung gegeben ist. Die Abteilung Rechtsetzung tritt überhaupt erst in Tätigkeit, wenn ihr ein solcher Entwurf mit der Bitte um Durchführung des formalen Rechtsetzungsverfahrens zugeleitet wird. Auch bei dieser Gelegenheit muß ich bitten, im Interesse einer Klarheit in der Frage der Verantwortung und zur Vermeidung eines Nebeneinanderarbeitens das Arbeitsgebiet des Generalkommissars für das Sicherheitswesen genau so zu beachten, wie dies auch gegenüber dem Generalkommissar für Verwaltung und Justiz geschieht."[68]

In Antwort auf dieses Schreiben jedoch beruft Rabl sich - im Auftrage Wimmers - auf den Auftrag des Reichskommissars:

> "Außerdem ist - wie sowohl der Herr Reichskommissar selbst wie auch der Generalkommissar Dr.Dr. Wimmer den Unterzeichneten gegenüber verschiedentlich gesprächsweise erwähnt haben - der letztere vom Herrn Reichskommissar in einer Generalkommissardienstbesprechung ausdrücklich beauftragt worden, für die Zusammenfassung der verschiedenen zerstreuten Vorschriften auf dem Gebiete des Ordnungsschutzes Sorge zu tragen."[69]

Die im Reichskommissariat Niederlande üblichen Kompetenzstreitereien werden ja meist so gelöst, daß das Führerprinzip über die eigentlichen ursprünglichen Zuständigkeitsbereiche der Generalkommissare gestellt wird und es abhängig ist von der Macht die hinter einem steht, ob man den Kampf gewinnt.

Die Verordnung Nr. 138, die als Muster für ihr Verwaltungsstrafrecht das österreichische Bundesgesetzblatt 1937 hat, hat auch für die jüdische Bevölkerung weitgehende Folgen, da sie jetzt vollkommen von dem öffentlichen Leben ausgeschlossen wird.[70] Aufgrund des § 45 dieser Verordnung nämlich, der die rechtliche Grundlage für viele weitere anti-jüdische Maßnahmen bildet, kann "im Interesse der öffentlichen Ordnung und der Sicherheit des öffentlichen Lebens", der Generalkommissar für das Sicherheitswesen jetzt die "erforderlichen Maßnahmen treffen und zu diesem Zweck insbesondere Rechtsvorschriften polizeilicher Natur (allgemeine Anordnungen, Befehle, Bekanntmachungen) erlassen."[71]

Also dürfen Juden ab dem 15. September 1941 - außer mit spezieller Genehmigung - keine öffentlichen Anlagen (Park, Zoo, Café, Restaurant, Hotel, Museum, Bibliothek usw.) mehr betreten, nicht länger an Märkten oder Versteige-

68 Rauter an Wimmer, 27. Mai 1941 (S. 1); *ebenda.*

69 Wimmer (Rabl) an Rauter, 28. Mai 41 (S. 1); *ebenda.*

70 Siehe Brief vom 4. Mai 1941 (S. 2) der *Abteilung Rechtsetzung*; *ebenda.* Für die betreffende Kopie des *Bundesgesetzblatts*: *ebenda*; Mappe 2b.

71 *Verordnungsblatt*, 1941, S. 583-584.

rungen teilnehmen und wird das Wohnen mit Genehmigungen verbunden.[72] Für das tägliche Leben der Juden in den Niederlanden sind die Konsequenzen enorm.[73] Gerade der den Juden jetzt verwehrte Zugang zu den Bibliotheken und also zu ihrem eigenen Kulturgut bedeutet, nach Herzberg und auch Presser, ein Rieseneingriff in das Leben und die Kultur der Juden.[74] Die Isolierung der jüdischen Bevölkerung wird immer vollkommener ausgeführt.

Am 8. August 1941 wird wiederum eine Verordnung verkündet, die sich unverschleiert an die Juden wendet, und zwar Verordnung Nr. 148 über "die Behandlung jüdischen Kapitalvermögens."[75] Der Inhalt dieser Verordnung: 'Volljuden' mit einem Vermögen von mindestens zehntausend Gulden, die außerdem im Jahre 1940 mehr als dreitausend Gulden verdient haben, sollen unverzüglich all ihre Barbeträge, Schecks, Effekten, Guthaben und Depots usw. usw., bei dem Bankhaus Lippmann, Rosenthal & Co. in Amsterdam einzahlen, mit einer Freigrenze der Einzahlungspflicht die festgesetzt wird auf eintausend Gulden (§ 1.1).[76] Diese auf ausdrücklichen und eiligen Wunsch des Generalkommissars für Finanz und Wirtschaft Fischböcks hergestellte Verordnung hat im internen Umlaufverfahren das Ziel der "Sicherung des jüdischen Kapitalvermögens."[77] Auch diese Bezeichnung wird letztendlich in der definitiven Version abgeschwächt in die neutralere "Behandlung" statt "Sicherung" des jüdischen Kapitalvermögens.[78] Aus dem Briefwechsel werden die Motive der Verordnung deutlich:

> "Die Verordnung über die Sicherung des jüdischen Vermögens bezweckt, eine genaue Übersicht über den Umfang des jüdischen Kapitals und der jüdischen Beteiligungen, sowie deren Flucht und deutschfeindlichen Einsatz zu verhindern."[79]

Hier wird also das schon beim "feindlichen Vermögen" gebrauchte Argument benutzt, daß die Vermögen gesichert werden sollen, um einen "deutschfeindlichen Einsatz" zu verhindern.[80] Wie wird dieses Ziel der Verordnung am besten erreicht? Durch einfache Beschlagnahme: "Sie [= die Verordnung] kann dieses Ziel aber

72 Vgl. Berkley, *Overzicht*, S. 36ff.

73 Vgl. Moore, *Victims & Survivors*, S. 83ff.

74 Herzberg, *Kroniek der Jodenvervolging*, S. 74ff.; Presser, *Ondergang*, Bd. 1, S. 146ff.

75 *Verordnungsblatt*, 1941, S. 624-628.

76 Dazu De Jong, *Het Koninkrijk,* Bd. 5, I, S. 609; Sijes, *Studies over Jodenvervolging*, S. 69ff. Im Dezember 1997 sind in Amsterdam auf einem Dachboden an der Herengracht auf erstaunliche Weise noch Karteikarten der Lippmann, Rosenthal & Co. Bank gefunden worden, die dem *Joods Maatschappelijk Werk* übergeben worden sind.

77 Brief vom 9. Juni 1941, Archiv Rechtsetzung, NIOD, Koll. 21, Karton 12, Mappe 4.

78 Vgl. Presser, *Ondergang*, Bd. 1, S. 127ff.

79 Brief vom 17. Juni 1940, Archiv Rechtsetzung, NIOD, Koll. 21, Karton 12, Mappe 4.

80 Verordnung Nr. 33/1940; vgl. Kapitel 4, § 4.1, dieser Studie.

nur unter der selbstverständlichen Voraussetzung erreichen, daß den Juden die Verfügung über die von der Amsterdamer Bank betreuten Werte entzogen wird."[81]

Grundsätzlich folgt auch diese Verordnung dem Prinzip aller anderen "Entjudungsverordnungen" auf wirtschaftlichem Gebiet. Zuerst die Anmeldungspflicht, dann der Übergang der Verwaltung in deutsche Hände oder dafür speziell angewiesene niederländische Instanzen und schließlich der Verkauf oder die Aneignung der betreffenden Gelder, Güter, Grundstücke usw. Die Grenzbestimmungen der Beträge der Verordnung Nr. 148/1941 werden übrigens am 21. Mai 1942 durch Verordnung Nr. 58 auch noch aufgehoben und erweitert, so daß alle restlichen jüdischen Vermögenswerte vollkommen erfaßt werden können.[82]

Abgesehen von diesen Verordnungen wird auch das Vermögen der in die Niederlande emigrierten Juden beschlagnahmt. Hierbei handelt es sich um Verordnung Nr. 180 vom 18 September 1941, "wodurch eine Anordnung des Reichswirtschaftsministers über die Sperre des Inlandvermögens der nach den Niederlanden ausgewanderten Juden für verbindlich erklärt wird."[83]

Auch die weiteren Verordnungen beschränken den jüdischen Bevölkerungsteil im wirtschaftlichen Bereich. Am 22. Oktober 1941 erscheinen drei Verordnungen (Nr. 198, 199 und 200/1941) die berufliche Konsequenzen für Juden haben. Unter dem Titel *Die Juden im öffentlichen Leben. Verordnungen des Reichskommissars zur grundsätzlichen Regelung wichtiger Fragen* erscheint in der *Deutschen Zeitung*, von der Besatzungsmacht herausgegeben, am 24. Oktober 1941 zu diesen Verordnungen folgender Bericht:

> "Die Verordnung Nr. 198 macht die Ausübung einer beruflichen oder gewerblichen Tätigkeit durch Juden von einer Genehmigung abhängig. Die Beendigung von Arbeitsverträgen und ihre Abwicklung wird durch diese Verordnung im einzelnen geregelt. Verordnung Nr. 199 verbietet einem Juden, eine nichtwirtschaftliche Personenvereinigung im Sinne der früheren Verordnung Nr. 145/1940 zu gründen oder an ihrer Gründung in irgendeiner Funktion mitzuwirken beziehungsweise Mitglied zu sein. Ausgenommen sind nur solche Vereine, deren Mitglieder ausschließlich Juden sind. Verordnung Nr. 200 verbietet Nichtjuden die Beschäftigung in jüdischen Haushaltungen. Dabei wird dieser Begriff auch insofern weiter gefaßt, als unter jüdischen Haushaltungen auch solche Hausgemeinschaften zu verstehen sind, denen Juden auch vorübergehend, aber länger als vier Wochen angehören. [...] Wird in einem nichtjüdischen Haushalt ein Jude in die Hausgemeinschaft aufgenommen, so haben nichtjüdische Hausangestellte nach vier Wochen zu kündigen. Die Verordnung Nr. 231/1940, nach der die in einem jüdischen Haushalt deutsche Staatsangehörige

81 Brief vom 17. Juni 1940; Archiv Rechtsetzung, NIOD, Koll. 21, Karton 12, Mappe 4.

82 Vgl. De Jong, *Het Koninkrijk*, Bd. 5, I, S. 609. Es handelt sich nicht nur um ein Rundschreiben, sondern auch um die Bestimmungen der Verordnung Nr. 58/1942.

83 *Verordnungsblatt*, 1941, S. 785. Bei der betreffenden Anordnung handelt es sich um Juden die nach dem 3. August 1931 aus dem Deutschen Reich auswanderten. Dazu Berkley, *Overzicht*, S. 47.

deutschen oder artverwandten Blutes nicht beschäftigt werden dürfen, erfährt durch diese neue Verordnung eine wesentliche Erweiterung und tritt außer Kraft."[84]

Daß es sich hier grundsätzlich um die vom Besatzer erwünschte Ausschaltung der Juden aus dem Berufsleben handelt, also um die so schnell wie möglich erwünschte Lösung von Arbeitsverträgen, steht nur zwischen den Zeilen zu lesen.[85] Durch Verordnung Nr. 198 wird erstmal nur beabsichtigt, eine Rechtsgrundlage für diese "Regelung" über die berufliche oder nichtberufliche Tätigkeit der Juden zu schaffen, während die Einzelheiten den noch zu ergehenden Verwaltungsanordnungen überlassen werden.[86] Die Verordnung hat der *Abteilung Rechtsetzung* allerdings viel Kopfzerbrechen bereitet, denn es liegen mehr als neun Fassungen der Verordnung vor, und die Arbeit daran erstreckt sich über sechs Monate, vom 12. Mai bis zum Erscheinen am 22. Oktober 1941.[87] Die Lösung von Arbeitsverträgen bringt nämlich auch Pensionsfragen und Entschädigungsgelder mit sich. Rauter schreibt Wimmer darüber am 30. September 1941 in seinem Begleitschreiben zum unterzeichneten Eilumlauf-Verfahren der Verordnung:

> "Ich habe mich stets auf den Standpunkt gestellt, daß es nach Möglichkeit zu vermeiden sei, unter der Judenschaft unnötige Arbeitslosigkeit zu schaffen, weil hierdurch nur eine Belastung öffentlicher Mittel bezw. des zu hortenden jüdischen Vermögens eintritt. Andererseits darf aber nicht verkannt werden, daß die arische Wirtschaft eines Tages auf die Mitwirkung jüdischer Arbeitskräfte verzichten muß. Bis dahin bedarf es einer gewissen Überleitung, die, solange eine anderweitige Beschäftigung der abzubauenden jüdischen Kräfte nicht in Frage kommt, zwangsläufig Arbeitslosigkeit unter der Judenschaft herbeiführen muß."[88]

Rauters Argumentation ist eindeutig: das Vermögen der Juden soll nicht durch deren Arbeitslosigkeit verloren gehen, indem sie gezwungen werden, ihr eigenes Geld aufzuzehren. Dies muß vermieden werden, da das Geld und die Vermögenswerte der Juden so komplett wie möglich 'gehortet' werden sollen.

Die gefundene Lösung für dieses Problem ist allerdings sehr einfach. Statt Ansprüche auf Ruhegehalt oder ähnliches des jüdischen Arbeitnehmers an seinen (ehemaligen) Arbeitgeber, kann so ein Anspruch vom Arbeitgeber in eine einmalige Abfindung umgewandelt werden, die obendrein noch in Raten bezahlt werden kann (§ 6). Für alle anderen Ansprüche gilt auch so eine Abfindung (§ 7).[89] Da später allerdings sowieso alle Vermögen und Gelder bei der Lippmann, Rosenthal

84 Archiv Rechtsetzung, NIOD, Koll. 21, Karton 19, Mappe 1

85 Brief vom Kammergerichtsrat Seiffert, 20. Juli 1941; *ebenda.*

86 Anlage II zur 1. Fassung der Verordnung, am 8. Juli 1941 von Rabl aufgestellt; *ebenda.*

87 Archiv Rechtsetzung, NIOD, Koll. 21, Karton 19, Mappe 1.

88 Rauter an Wimmer, 30. September 1941; *ebenda.*

89 *Verordnungsblatt*, 1941, S. 842-844; dazu De Jong, *Het Koninkrijk*, Bd. 5, I, S. 602-603.

& Co. Bank in Amsterdam eingezahlt werden müssen, und somit schließlich wieder beim Besatzer landen, verliert letztendlich nur der ehemalige jüdische Arbeitnehmer alle seine Rechte, die sozialen Sicherungen und seine wirtschaftliche Position in der Gesellschaft.[90]

Auch hier wird allerdings noch innerhalb der Judenpolitik vom Besatzer differenziert, wie der Vertreter des Auswärtigen Amtes Bene in einem Schreiben an Rabl formuliert:

> "Gegen die in Aussicht genommene Verordnung über die Regelung der Berufsausübung der Juden habe ich keine außenpolitischen Bedenken, bitte aber, in allen Judenfragen interne Anweisung zu geben, daß bei Juden mit einer fremden Staatsangehörigkeit Ausnahmen gemacht bezw. gemacht werden können und daß ich in diesen Fällen gehört werde. Ich könnte mir denken, daß man bei einem Juden mit ungarischer oder rumänischer Staatsbürgerschaft sich anders einstellen kann als bei einem Juden mit USA-Staatsangehörigkeit."[91]

Anscheinend wird von Bene hierbei an die Höhe und Bezahlung der betreffenden Abfindungen gedacht und es ist bemerkenswert, daß auch differenziert wird zwischen den verschiedenen Staatsangehörigkeiten. Während die Juden mit niederländischer Staatsangehörigkeit einfach unter die Bestimmungen der Verordnung fallen, die beispielsweise deutschen Juden freilich wenig Chance auf eine gleichwertige Behandlung haben dürfen, hat man sich bei den amerikanische Juden wohl etwas mehr angestrengt, um so noch weitere, 'unnötige' außenpolitische Probleme zu vermeiden.

Bei der nächsten Verordnung Nr. 199 "über die Betätigung von Juden bei nichtwirtschaftlichen Personenvereinigungen und Stiftungen" ist interessant, daß davon ausgegangen wird, daß die Juden selber die nichtwirtschaftlichen Vereine zu verlassen haben - da ihnen ihre Mitgliedschaft per Verordnung (§ 1) schließlich verboten wird.[92] Die betreffenden Vereinigungen und Stiftungen haben diese diskriminierende Maßnahme übrigens ohne Proteste übernommen.[93] Es muß für die betreffenden ehemaligen jüdischen Mitglieder schon erniedrigend gewesen sein, auch noch selber um den Abschied zu bitten, anstatt noch zumindest einfach ausgestoßen zu werden. Im Klartext nämlich beabsichtigte diese Verordnung, von dem Beauftragten für die Stadt Amsterdam Böhmker formuliert, die "Notwendigkeit", daß es "unbedingt der alsbaldigen Klarstellung [bedarf], daß die Juden aus dem nichtjüdischen Vereinsleben zu verschwinden haben."[94]

90 Vgl. Berkley, *Overzicht*, S. 48.

91 Bene an Wimmer, zu Händen von Rabl, 19 September 1941; Archiv Rechtsetzung, NIOD, Koll. 21, Karton 19, Mappe 1

92 *Verordnungsblatt*, 1941, S. 844-846.

93 Dazu De Jong, *Het Koninkrijk*, Bd. 5, I, S. 571-572 und S. 216 Anm. 1.

94 Böhmker an Wimmer, 14. Oktober 1941; Archiv Rechtsetzung, NIOD, Koll. 21, Karton 19, Mappe 2.

All diese Verordnungen, wie auch die folgende Nr. 200 "wodurch die Beschäftigung in jüdischen Haushaltungen geregelt wird" bezwecken das Ausstoßen und Isolieren der Juden aus der niederländischen Gesellschaft, wobei ihnen jede mögliche Position abgenommen wird.[95] Diese Verordnungen werden übrigens selbstverständlich alle ausnahmslos und grundsätzlich mit Strafdrohungen abgeschlossen.

Verordnung Nr. 211 vom 22. November schließlich führt die Niederländische Kulturkammer ein und die nächste Verordnung, Nr. 212 vom selben Datum die dafür notwendigen Änderungen der Verordnung Nr. 108/1940.[96] Die Niederländische Kulturkammer wird ganz nach dem Vorbild der im Deutschen Reiche errichteten Kulturkammer aufgebaut. Abgesehen vom Ziel der Gleichschaltung sorgt diese Verordnung auch für die offizielle Entfernung der Juden aus dem kulturellen Bereich, da ihnen die Mitgliedschaft in der Niederländischen Kulturkammer untersagt wird (§ 10).[97] Weil jedoch die Kulturkammer nicht den gewünschten Erfolg in den Niederlanden hat, da viele Künstler sich nicht anmelden und die Juden eigentlich sowieso schon aus dem allgemeinen, kulturellen Leben ausgestoßen sind, hat diese Verordnung nicht all zu viele Änderungen für die Juden im tagtäglichen Leben bedeutet.[98]

Die Tatsache allerdings, daß im Archivmaterial über diese Verordnung die Juden oder deren Mitgliedschaft nicht ein einziges Mal genannt werden, ist bemerkenswert. Anscheinend bedurfte man zu diesem Thema nicht einmal mehr der Diskussion oder weiterer Kodifizierung, weder bei der deutschen Besatzungsbehörde, noch bei irgendwelchen niederländischen Instanzen.[99] Daß sich die deutschen, nationalsozialistischen Instanzen einig sind, erstaunt kaum, da sie ja die selbe Politik durchführen wie zu Hause im Reich. Daß aber auch von niederländischer Seite keine Kommentare zu diesem Thema zu finden sind, sagt schon etwas aus über das veränderte Klima der Besatzung.

Eigentlich ist die 'rassisch-völkische' Politik, auf die Juden bezogen, somit in weniger als einem Jahr durchgeführt worden. Innerhalb von ungefähr einem Jahr hat die Besatzungsmacht die wichtigsten Verordnungen dafür erstellt. Obwohl im Februar 1941 einmalig öffentlich gegen das gewalttätige Auftreten der deutschen Besatzungsmacht protestiert wird, ist die Judenpolitik Ende November 1941 - teilweise per Verordnung veröffentlicht - dermaßen ausgeführt worden, daß schon sieben Monate später, am 14. Juli 1942, mit den ersten Deportationen begonnen werden kann.

95 *Verordnungsblatt*, 1941, S. 846-848; vgl. De Jong, *Het Koninkrijk*, Bd. 5, I, S. 572-573; Presser, *Ondergang*, Bd. 1, S. 163-165.

96 *Verordnungsblatt*, 1941, S. 901-915 und S. 916.

97 Dazu De Jong, *Het Koninkrijk*, Bd. 5, I, S. 276ff.

98 Berkley, *Overzicht*, S. 50.

99 Archiv Rechtsetzung, NIOD, Koll. 21, Karton 19, Mappe 10.

6.3 Letzte "rassisch-völkische" Verordnungen (1942-1945)

Kurz vor dem Anfang der Deportationen jedoch erscheint noch Verordnung Nr. 58, vom 21. Mai 1942, abermals "über die Behandlung jüdischer Vermögenswerte."[100] Dies ist übrigens die einzige Verordnung im *Verordnungsblatt* des Jahres 1942 die direkt Bestimmungen über Juden zum Inhalt hat. Diese Verordnung Nr. 58 schließt an die Verordnung Nr. 148/1941 an und erweitert jetzt die Forderungen der Besatzungsmacht, wieder über die Lippmann, Rosenthal & Co. Bank in Amsterdam. Schließlich sollen noch vor Beginn der Deportationen die jüdischen Vermögenswerte sichergestellt - 'gehortet' - werden. Diese Verordnung ist sehr interessant, da man ihrer Entstehungsgeschichte Hinweise der geführten Rassenpolitik entnehmen kann, sowie wie diese in die Rechtssprache umgesetzt werden sollen.

Auf das Wichtigste zusammengefaßt bestimmt die Verordnung Nr. 58, daß kein Jude nach dem 30. Juni 1942 über mehr als 250 Gulden pro Monat für sich und seine Familie verfügen kann.[101] Diese Freigrenze ist allerdings ursprünglich auf nur 100 Gulden pro Monat festgesetzt worden und wird erst nach langen Überlegungen und letzter Entscheidung des Reichskommissars am 7. April 1942, zur Vereinfachung der Durchführung der Verordnung zuliebe, auf eine einheitliche Freigrenze von 250 Gulden festgelegt.[102] Diese Entscheidung ist insofern erstaunlich, daß im Reich im Januar 1942 von einem Freibetrag von nur 150 Reichsmark ausgegangen wird, einem Betrag der in etwa 100 bis 125 Gulden entsprechen würde.[103]

Der erste Vorentwurf dieser Verordnung stammt vom 30. Januar 1942, so daß die *Abteilung Rechtsetzung* insgesamt beinahe vier Monate an ihr gearbeitet hat. Die Probleme umfassen beispielsweise den obenerwähnten Betrag der Freigrenze, Mischehen oder Fragen wie jetzt auch - auf Grund der Elften Verordnung zum Reichsbürgergesetz vom 21. November 1941 - das jüdische Umzugsgut in den niederländischen Seehäfen von der Besatzungsmacht erfaßt und ins Reich befördert werden kann.[104]

In der internen Korrespondenz wird demnach auch ganz offen von der 'Erfassung' oder 'Sicherung' des jüdischen Vermögens gesprochen, anstatt der späteren offiziellen verkündeten Bezeichnung der 'Behandlung'. Daß diese neutralere Bezeichnung und überhaupt die verschleiernde Politik der Judenverfolgung

100 *Verordnungsblatt*, 1942, S. 289-300.

101 Vgl. De Jong, *Het Koninkrijk*, Bd. 5, II, S. 1097.

102 Brief des Generalreferenten Rothe des Generalkommissariats für Finanz und Wirtschaft, 7. April 1942, S. 1, Archiv Rechtsetzung, NIOD, Koll. 21, Karton 19, Mappe 10.

103 Anlage Rabls zum Umlaufverfahren, 21. April 1942, S. 2; *ebenda*.

104 *Reichsgesetzblatt*, I, 1941, S. 722. Siehe Brief vom Dr. Maedel, im Auftrage des Reichsministers der Finanzen, an den Finanzpräsidenten Dr. Rinkefeil; 4. Februar 1942; Archiv Rechtsetzung, NIOD, Koll. 21, Karton 25, Mappe 10.

nicht unabsichtlich gewählt wird, erweist sich aus einem Schreiben Lammers, Reichsminister und Chef der Reichskanzlei, vom 12. Februar 1942, an den Reichskommissar Seyß-Inquart bezüglich "unerwünschte politische Rückwirkungen", über welche der Führer entschieden hat:

1. "Die Beschlagnahme jüdischer Wohnungseinrichtungen soll möglichst wenig Aufsehen erregen. Eine Verordnung ist unnötig.

2. Eine Beschlagnahme kommt nur in Frage, soweit die jüdischen Besitzer der Einrichtungen nicht mehr anwesend und die Wohnungen unbewohnt sind.

3. Bei Lagerhaltern eingestellte Möbel sind nicht zu beschlagnahmen.

4. Die Maßnahme ist möglichst als Requisition oder als Sühnemaßnahme hinzustellen."[105]

Aus dieser Führerentscheidung, die als strikt geheime Reichssache behandelt wird, kann man so manches ableiten. Punkt 1 impliziert, daß eine Maßnahme, die wenig Aufsehen erregen möchte, lieber keine eigene Verordnung erhalten soll. Daher werden alle Bestimmungen, in dem ursprünglichen Verordnungsentwurf hinsichtlich jüdischen Hausrates anwesend, gestrichen.[106] Aus den ersten zwei Punkten zusammen kann man ersehen, wie klar zu diesem Zeitpunkt - der Führer soll diese Entscheidungen am 31. Dezember 1941 getroffen haben - schon mit der Deportation der Juden aus den besetzten westlichen Gebieten gerechnet wird. Die jüdischen Eigentümer der betreffenden Wohnungen sind schließlich nicht alle geflüchtet oder untergetaucht. Die Frage bezieht sich eindeutig nicht auf das Problem, *ob* man anti-jüdische Politik durchführen soll, sondern nur *wie* diese auszusehen hat. Außerdem zeigt Punkt 4, wie die Rassenpolitik nach außen hin möglichst gerechtfertigt - aus der Sicht der Besatzungsmacht und nach 'rassisch-völkischen' Motiven - interpretiert und als Machtmittel eingesetzt werden soll.

Dieser Verordnung Nr. 58/1942 ist außerdem noch ein weiterer Ansatz zu entnehmen, wie Verordnungen interpretiert werden können. Es ist der Beauftragte des Auswärtigen Amtes, der sich wiederum um die Behandlung der Juden mit fremder Staatsangehörigkeit kümmert:

> "Ausländische Juden, die ihre Staatsangehörigkeit zweifelsfrei nachweisen können, sollten eine Ausnahmebehandlung in dem Sinne genießen, daß sie zwar auch ihre Vermögenswerte *anzumelden* haben, aber von den weiteren Wirkungen der Verordnung befreit werden. Falls dies nicht in der Verordnung selbst zum Ausdruck gebracht werden kann, müßte das Bankhaus Lippmann, Rosent-

105 Lammers an Seyß-Inquart, 12. Februar 1942, die "Verwertung jüdischer Wohnungseinrichtungen aus den besetzten westlichen Gebieten betreffend"; *ebenda*.

106 Vgl. Anlage II zum abgekürzten Umlaufverfahren zur Verordnung vom 18. März 1942; *ebenda*.

> hal & Co. eine klare Weisung erhalten, daß es auf keinen Fall über Vermögenswerte ausländischer Juden in irgendeiner Weise verfügen darf."[107]

Diese 'Anregung' des Beauftragten wird dann auch ganz einfach übernommen. Für Juden ausländischer Staatsangehörigkeit gelten also andere Maßstäbe.

Mit der Verkündigung dieser Verordnung scheinen alle Themen mehr oder weniger geregelt zu sein, die die Besatzungsmacht hinsichtlich der Juden interessiert. Im Jahre 1943 allerdings wird deutlich, daß noch einige Details organisiert werden müssen, wenn das wirtschaftliche Eigentum und die Vermögenswerte der Juden vollkommen und beschleunigt 'gehortet' werden sollen.

Am 19. April 1943 erscheint demnach Verordnung Nr. 37 "über die Kündbarkeit hypothekarisch gesicherter Geldforderungen jüdischer natürlicher oder juristischer Personen oder Personenvereinigungen", der Verordnung Nr. 89 vom 25 September 1943 folgt über die Kündbarkeit hypothekarisch *nicht* gesicherter Geldforderungen aller Art.[108] Diese Verordnungen sollen für einen rascheren Ablauf der nur sehr träge in Gang kommenden Behandlung der jüdischen Vermögenswerte sorgen, mittels der einseitigen Kündigung aller Hypotheken- und Geldforderungen, usw. der Juden.[109] Der Entwurf dieser Verordnung Nr. 37, eingereicht vom Persönlichen Referenten des Generalkommissars für Finanz und Wirtschaft, Dr. Freiherr von Langen, wird ohne ein Problem oder lange Diskussionen ausgeführt und die Verordnung verkündet.[110] Auch die zusätzliche Verordnung Nr. 89, folgendermaßen begründet:

> "Durch die Verordnung soll die Möglichkeit geschaffen werden, langfristige Geldforderungen von Juden durch das Bankhaus Lippmann, Rosenthal & Co. und von jüdischen Unternehmen durch die bestellten Treuhänder einziehen zu lassen"[111]

wird ohne Verzögerung im *Verordnungsblatt* verkündet. Das Motiv hierfür wird von Dr. Zander, Generalreferent des Generalkommissars für Finanz und Wirtschaft formuliert: "Im Interesse der baldmöglichsten Liquidation des bei dem Bankhaus Lippmann, Rosenthal & Co. angesammelten Judenvermögens würde ich es begrüßen, wenn die vorgeschlagene Verordnung alsbald veröffentlicht wird."[112] Von ihm wird also klar formuliert, daß die Liquidation des Bankhauses ein Ziel ist, das so schnell wie möglich erreicht werden soll, so daß über das ehemalige jüdische Vermögen alsbald verfügt werden kann.

107 Zitiert von Rabl in einem Brief vom 4. Mai 1942; *ebenda.*
108 *Verordnungsblatt*, 1943, S. 159-160 und S. 287.
109 Dazu De Jong, *Het Koninkrijk*, Bd. 7, I, S. 426ff.
110 Vgl. Archiv Rechtsetzung, NIOD, Koll. 21, Karton 40, Mappe 7.
111 Anlage II zum Umlaufverfahren vom 4. August 1943; Archiv Rechtsetzung, NIOD, Koll. 21, Karton 44, Mappe 4.
112 Brief an die *Abteilung Rechtsetzung*; 1. September 1943; *ebenda.*

Zwischendurch werden dann noch durch Verordnung Nr. 54 vom 11. Juni 1943 auch die Versicherungsverhältnisse von Juden beendet.[113] Diese Verordnung, die "die Abwicklung der Versicherungsverhältnisse erleichtern [soll], aus denen sich Ansprüche in der Verwaltung des Bankhauses Lippmann, Rosenthal & Co. finden", wird im Einvernehmen mit der Abteilung Feindvermögen aufgestellt.[114] Ihrem Inhalt gemäß besitzt sie ausnahmsweise einmal keine Strafbestimmungen, da diese vor allem nur in der Richtung einer falschen Berechnung des Rückkaufswertes denkbar wären.[115]

Nach diesen drei Verordnungen des Jahres 1943 werden - hinsichtlich der Juden - keine weiteren mehr von der *Abteilung Rechtsetzung* hergestellt. Im Rückblick sind die letzten drei Verordnungen des Jahres 1943, die die Gründlichkeit der Verfolgungsmaßnahmen so eindeutig illustrieren, recht makaber, da die Deportationen dann schon ein Jahr lang stattfinden und die Konzentrationslager in vollem Betrieb sind. Die *Abteilung Rechtsetzung* hingegen beschäftigt sich mit Geldforderungen, kümmert sich um Versicherungsansprüche und arbeitet mit sprichwörtlicher Gründlichkeit an der vollständigen 'Hortung' des jüdischen Vermögens.

6.4 Die Rassenpolitik: Verordnungen versus Maßnahmen

Wenn man die vom Reichskommissariat in den Niederlanden geführte nationalsozialistische Rassenpolitik untersucht und dazu die von der Besatzungsmacht im *Verordnungsblatt* verkündeten Verordnungen betrachtet, kann man leicht einen irreführenden Eindruck bekommen über das Ausmaß der Judenverfolgung. Die offiziellen Verordnungen nämlich sorgen durch Verordnung Nr. 6/1941 vor allem für die Registrierung der in den Niederlanden ansässigen Juden und weiterhin für die Erfassung des jüdischen Vermögens. Dazu werden Rechtsvorschriften verkündet, die die Juden beruflich einschränken, isolieren und erstmal anscheinend nur wirtschaftliche Folgen haben. Dem Juden wird dadurch seine Stellung in der Gesellschaft geraubt. Diese Verordnungen werden übrigens alle, von einer Ausnahme abgesehen, restlos vom Reichskommissar Seyß-Inquart selber unterschrieben.[116] Ein weiteres Merkmal besteht aus dem immerfort Beschließen der Verordnungen mit extrem hohen Strafbestimmungen.

113 *Verordnungsblatt*, 1943, S. 204-205.

114 Anlage II zum Umlaufverfahren vom 14. April 1943; Archiv Rechtsetzung, NIOD, Koll. 21, Karton 42, Mappe 3.

115 Siehe auch Brief der Lippmann, Rosenthal & C. Bank, 22. April 1943; *ebenda*.

116 Nur Verordnung Nr. 28 vom 11. Februar 1941, über jüdische Studenten, wird ausnahmsweise vom Generalsekretär im Ministerium für Erziehung, Wissenschaft und Kulturverwaltung J. van Dam unterschrieben.

Die Verordnungen beruhen stets auf demselben Prinzip der Verfahrensweise. Erst wird das Subjekt, wie zum Beispiel die Berufsstelle, der Landbesitz oder das Vermögen und dergleichen quasi durch eine Rechtsvorschrift markiert und dem jüdischen Bürger verboten oder genommen. Danach geht die Verwaltung des betreffenden Gutes in andere Hände über und anschließend eignet der Besatzer sich das betreffende Subjekt an. Wenn es sich dabei zum Beispiel um einen Arbeitsplatz handelt bekommt eine andere, nicht jüdische Person die Stelle. Ein Landbesitz wird verkauft, ohne den Erwerb an den ursprünglichen Besitzer zu geben. Das jüdische Vermögen wird durch die Konstruktion über die Lippmann & Rosenthal Bank beschlagnahmt.

Demselben Prinzip nach verläuft die Personenverfolgung der Juden. Auch diese fängt mit der Registrierung der Juden an. Die schon erwähnte Verordnung Nr. 6/1941 ist dafür die effektive Rechtsvorschrift, während auch die zu unterzeichnende Ariererklärung zum Erfassen des jüdischen Bevölkerungsteils beigetragen hat. Alle weiteren Schritte jedoch, die der Anmeldung und anschließenden Deportation mit ungeklärter Bestimmung für die Hinterbliebenen, verläuft über Maßnahmen, die in den Tageblättern und im *Jüdischen Wochenblatt* veröffentlicht werden.

Man kann jedoch einen Unterschied anbringen zwischen den Verordnungen im *Verordnungsblatt*, die sich auf eine gewisse Rechtsgrundlage stützen, und den Maßnahmen, denen so ein Rechtsgrund - wenngleich dieser auch diskutabel sein mag - fehlt. Diese Maßnahmen, die den Juden im tagtäglichen Leben erniedrigt und diskriminiert haben, wie das Kinoverbot, die Kennzeichnung durch den gelben Judenstern und so weiter, berufen sich nur manchmal auf Bestimmungen der betreffenden Verordnungen.[117] Bei so einem Unterschied haben die Verordnungen hauptsächlich zur wirtschaftlichen Erfassung des jüdischen Kapitals gesorgt, während die eigentliche Vernichtung der Juden über polizeiliche Maßnahmen verlaufen ist.

Diese Situation stellt den eher problematisierten Schnittpunkt der nationalsozialistischen Diktatur, durch die tragischen Folgen für das Leben so vieler unschuldig gestorbener Menschen, am grausamsten dar. Dem Führer, der durch seinen Willen die Weltanschauung bestimmt und den Judenhaß zu einem Hauptbestandteil derselben gemacht hat, sind rechtliche Grundlagen des Staates grundsätzlich egal. Wer die Macht hat, besitzt schließlich das Recht. Die rechtliche Legitimation der Diktatur wird letztlich immer nur aus taktischen, politischen oder opportunistischen Motiven eingesetzt und die Rechtsetzung ist das Mittel, über welche diese stattfinden kann. Sobald diese Motive jedoch, aus welchem Grunde auch immer, andersartig gestaltet werden, dann kann auch die rechtliche Legitimation in der nationalsozialistischen Rechtsauffassung schlichtweg ausbleiben. Letztendlich können ja Maßnahmen jeder Art der Besatzungsgewalt fortwährend

117 Vgl. Berkley, *Overzicht*, S. 28-29.

durch die im vorigen Kapitel dargestellten Formulierungen des Führerprinzips gedeckt, und demzufolge gleichermaßen immer noch hinterher quasi legitimiert werden.

Unbegreiflich dabei bleibt jedoch, wie die Verfolgung der Juden in den Niederlanden in so einem Ausmaß dermaßen erfolgreich - aus der Sicht der Besatzungsmacht betrachtet - hat stattfinden können.

7. Die Macht der Rechtsetzung

'Gleichschalten' bedeutet dem Duden nach 'etwas der herrschenden Denkweise anpassen', 'Vereinheitlichung' oder auch 'Vermassung'. Unter dem Begriff 'Gleichschaltung' im Zweiten Weltkrieg versteht man den Versuch der nationalsozialistischen Machthaber, die Gesellschaft nach NS-Weltanschauung umzuformen.[1] Zu dieser Aufgabe gehört dann auch die Vereinheitlichung, das heißt Gleichschaltung, der Medien Film, Presse und Rundfunk, um somit die spätere Aufnahme ins Großdeutsche Reich vorzubereiten. Diese Medien dienen dabei vor allem Propagandazwecken und sind die Mittel, über welche die nationalsozialistische Weltanschauung durch Information, Belehrung und Unterhaltung zum Ausdruck gebracht werden kann.

Zu dem selben Zweck gehört auch die sogenannte 'kulturelle Gleichschaltung'. Wenn Kultur definiert wird als die Gesamtheit der geistigen und künstlerischen Ausdrucksformen (Kunst, Wissenschaft usw.) eines Volkes, dann ist die 'kulturelle Gleichschaltung' der Versuch, die nationalsozialistische Weltanschauung auch auf das Gebiet der Kultur zu übertragen. Dem deutschen Vorbilde nach soll dieser Versuch der 'kulturellen Gleichschaltung' ab Juni 1940 auch in den besetzten niederländischen Gebieten stattfinden. Mit anderen Worten soll auch in den Niederlanden die Kultur vereinheitlicht und der herrschenden nationalsozialistischen Denkweise angepaßt werden.

Die Neugestaltung der kulturpolitischen Beziehungen verläuft im Dritten Reich ab 1933 über vier Hauptbestandteile. Erstens wird Kultur in den Rang einer Staatsaufgabe erhoben. Zweitens wird die Kulturpolitik des Staates stark zentralisiert. Außerdem werden drittens die betreffenden Zuständigkeiten neu verteilt und viertens Aktivitäten, die bisher privaten Initiativen oblagen, nun von der Partei organisiert und kontrolliert, wobei diese obendrein probiert, staatliche Kompetenzen zu usurpieren.[2]

Dem Prinzip nach gilt dieser Prozeß genau so für den Versuch der 'kulturellen Gleichschaltung' in den Niederlanden. Bei dieser Neugestaltung der kulturellen Landschaft konzentriert sich die legislative Aufgabe der Staatsgewalt auf die Inhalte der Gesetzgebung, die Berufszulassung und die Zensur. Die neuen, rechtsetzenden Verordnungen des nationalsozialistischen Machthabers bestimmen somit den Inhalt der Kulturpolitik, wer welchen Beruf ausüben darf, sowie die für eine Diktatur notwendige Zensur. Ohne Zensur schließlich ist eine Vereinheitlichung der Kultur nach vorher gesetzten Werten und Maßstäben gar nicht möglich.

1 Zum Verlauf der Gleichschaltung in den Niederlanden: De Jong, *Het Koninkrijk*, Bd. 5, I, Kapitel 4, S. 241-441.

2 Vgl. Volker Dahm, 'Nationale Einheit und partikulare Vielfalt. Zur Frage der kulturpolitischen Gleichschaltung im Dritten Reich'; in: *Vierteljahrsheft für Zeitgeschichte*, 43. Jg., 2. Heft, April (München 1995) S. 227.

Die Verordnungen während der Besatzungszeit sind dementsprechend stets einer dieser drei Kategorien - aktueller Inhalt, Berufszulassung und Zensur - zuzuordnen.

Die direkte Kulturpolitik, mit neuen inhaltlichen Initiativen, erreicht die Gründung zweier Ministerien, die es in dieser Form in den Niederlanden bisher noch nicht gegeben hatte. Außerdem wird nach deutschem Vorbild der Reichskulturkammer, die Niederländische Kulturkammer, sowie ein sogenannter Kulturrat gegründet. Diese Institutionen werden im folgenden Paragraphen näher erläutert. In der Praxis jedoch beschränkt sich der 'Erfolg' der nationalsozialistischen Kulturpolitk Seyß-Inquarts letztendlich nur auf die Zensurkomponente dieser neuen Institutionen. Juden werden - der NS-Weltanschauung gemäß selbstverständlich - von den Kunstgewerben ausgestoßen und die Mitgliedschaft der Künstler wird erzwungen. Von einer Bildung der niederländischen Gesellschaft der 'neuen Ordnung' nach, mit nationalsozialistischen Idealen, kann jedoch kaum die Rede sein. Künstler, die den Überzeugungen der Besatzer gefolgt sind und noch heute einen artistischen Wert haben, gibt es in den Niederlanden kaum. Die Gefolgschaft der Besatzungsmacht beschränkt sich auf den Teil der Bevölkerung, der von den Idealen der NSB überzeugt war. Mit der Wende des Kriegsglücks gegen die Gewalthaber, ab Anfang des Zweifrontenkriegs im Juni 1942, ist auch der Rest einer eventuell noch übriggebliebenen Überzeugungskraft der Besatzungsmacht gebrochen. Von Kulturpolitik, im Sinne des Strebens nach 'Selbstnazifizierung', kann dann auch offiziell schon nicht mehr die Rede sein. In der letzten Periode bleibt dann nur noch die Repression der Besatzungsmacht bestehen.

Die nun folgende Verwertung der Verordnungen, die dem Ziele der 'Gleichschaltung' dienen, fällt den offiziell formulierten Zielsetzungen der Besatzungspolitik nach, unter die dritte Aufgabe der "(freiwilligen) politischen Willensbildung und Lenkung der niederländischen Bevölkerung." Dazu soll allerdings noch bemerkt werden, daß aus dem Archivmaterial ersichtlich wird, daß diesem Ziel nicht die allerhöchste Priorität zugemessen wird. Verordnungen mit dieser Intention erscheinen nur bis ungefähr Anfang 1943, obwohl die Besatzungsmacht die auf die Selbstnazifizierung gerichtete Politik schon im Frühjahr 1941, nach dem Februarstreik, verläßt. Ab März 1941 bestehen die Prinzipien der Besatzungspolitik aus der politischen Gleichschaltung und der Uniformierung des gesamten Lebens.[3] Zu diesem Zweck erhält die NSB dann auch mehr Spielraum, da sie unentbehrlich ist für den Gleichschaltungsprozeß.

Es ist auffallend, daß die Rechtsetzung für diesen Bereich der Gleichschaltungspolitik eigentlich gewissermaßen hinter den politischen Entwicklungen

3 Vgl. Michael Crone, *Hilversum unter dem Hakenkreuz. Die Rundfunkpolitik der Nationalsozialisten in den Niederlanden 1940-1945*, Kommunikation und Politik, Bd. 15 (München/New York/London/Paris 1983) S. 45.

her hinkt. Ab März 1943 wird die geführte Besatzungspolitik durch das offensichtliche Ausbleiben der erhofften 'Selbstnazifizierung' der niederländischen Bevölkerung unterdrückender und härter. Wenn sich dann auch die militärischen Lage Deutschlands zusehends verschlechtert, wird die Besatzung in den letzten zwei Jahren noch brutaler und rücksichtsloser. Für subtile, kulturpolitische Verordnungen ist dann kaum noch Zeit. Abgesehen davon haben die Verordnungen zur 'Gleichschaltung' dann, im Ansatz, zumindest ihr Ziel der Repression erfüllt, meistens über Zensur- und Berufszulassungsbestimmungen, unterstützt durch Strafbestimmungen.

7.1 Die 'Gleichschaltung' der kulturellen Institutionen

Laut Verordnung Nr. 4 vom 3. Juni 1940 gehören zum Aufgabenbereich des Generalkommissars für Verwaltung und Justiz Friedrich Wimmer - neben der Gesetzgebung, der inneren Verwaltung und allen Justizangelegenheiten - auch "alle Angelegenheiten der Kulturpflege (Kunst, Denkmalsschutz, Wissenschaft, Volksbildung usw.), des Unterrichts und der Kirchen", sowie "alle Angelegenheiten der Volksgesundheit sowie der kulturellen und sozialen Jugendfürsorge."[4] Indem dasselbe Generalkommissariat für Gesetzgebung als auch für Kulturpflege zuständig gemacht wird, ist es relativ einfach zu versuchen, die NS-Weltanschauung mittels Rechtsetzung auch auf das Gebiet der Kultur zu übertragen. Gemäß den oben formulierten Komponenten, zur von der Besatzungsmacht beabsichtigten 'kulturellen Gleichschaltung', soll Kultur allererst in den Rang einer Staatsaufgabe erhoben, die Kulturpolitik des Staates stark zentralisiert und sollen auch die betreffenden Zuständigkeiten neu verteilt werden.

Dementsprechend ist die erste, inhaltliche kulturpolitische Verordnung Nr. 211 vom 25. November 1940, durch welche die Besatzungsmacht eine radikale Änderung veranlaßt.[5] Durch diese Verordnung nämlich treten an Stelle des ursprünglichen niederländischen Ministeriums für Unterricht, Künste und Wissenschaften, zwei neue Ministerien, und zwar beide unter nationalsozialistischer Führung. Dies ist einerseits das Ministerium für Erziehung, Wissenschaft und Kulturverwaltung, unter Führung von van Dam, und andrerseits das Ministerium für Volksaufklärung und Künste, das der NSBer Goedewaagen leitet. Beide Ministerien werden nach deutschem Vorbild und Führerprinzip organisiert. Sie sind dementsprechend als Fremdkörper in der niederländischen Behördenlandschaft anzusehen. Über die Gründung dieser Ministerien bekommt das Streben nach kultureller Gleichschaltung in den besetzten niederländischen Gebieten durch die drastische Neugestaltung mehr Inhalt. Alle weiteren Versuche der

4 *Verordnungsblatt*, 1940, S. 13.
5 *Ebenda*, S. 604-606.

Besatzungsmacht laufen demnach auch über die beiden neuen Ministerien. Das Ministerium für Volksaufklärung und Künste bekommt dabei unter der Führung Goedewaagens unter anderem den Wirkungsbereich über die wichtigen Propagandamedien, nämlich die Presse, den Rundfunk und das Filmwesen.[6]

Eine weitere Verordnung ein Jahr später, Nr. 210 vom 22. November 1941, errichtet den Niederländischen Kulturrat zur Förderung des niederländischen Kulturlebens und der niederländischen Kulturpflege.[7] Zu dieser Aufgabe des Kulturrats gehört es, "alle Erscheinungen des Kulturlebens zu beobachten sowie alle Stellen und Einrichtungen, die für das Kulturleben oder auf dem Gebiet der Kulturpflege tätig sind, durch Rat zu unterstützen und ihnen Anregungen zu geben."[8] Nachdrücklich wird dabei formuliert, daß der Kulturrat eine "rein beratende und anregende", aber keineswegs eine "befehlende oder beschließende" Tätigkeit ausüben soll.[9] Dieser Kulturrat, dessen Kosten laut § 9 der Staat tragen muß, gehört mit der gleichzeitigen Errichtung der Niederländischen Kulturkammer zusammen, sowie der oben genannten Gründung der zwei Ministerien, zu den wichtigsten inhaltlichen Initiativen der Besatzungsmacht, die niederländische Kultur nach NS-Weltanschauung umzubilden.[10]

Die Verordnung Nr. 211 vom 22. November 1941 faßt die Gilden der bildenden Künste, Baukunst und des Kunsthandwerks, der Musik, des Schrifttums, des Theaters, des Films und der Presse, in die sogenannte Niederländische Kulturkammer, zusammen.[11] Vom Prinzip her ist es eine reine Berufszulassungsbestimmung, dem Führerprinzip nach gebildet, da der Präsident, Goedewaagen, auch hier über alles entscheiden kann. Neben der Verpflichtung für die Künstler, Mitglied zu werden um ihre Tätigkeit ausüben zu können, ist es außerdem Juden verboten, Mitglied der Kulturkammer zu werden oder etwa einen eigenen, ähnlichen Verein zu gründen (§ 10-12).[12] Die Verordnung besitzt in diesem Sinne auch einen inhaltlichen Wert, der rassenideologischen Komponente der NS-Weltanschauung gemäß. Die Niederländische Kulturkammer ist gänzlich dem deutschen Vorbilde nach aufgebaut.

6 *Ebenda*, S. 605.

7 *Verordnungsblatt*, 1941, S. 898-900.

8 *Ebenda*, S. 898.

9 Rabls an Oberbürgermeister Althaus, 19. Juni 1941; Archiv Rechtsetzung, NIOD, Koll. 21, Karton 19, Mappe 10.

10 Dazu De Jong, *Het Koninkrijk*, Bd. 5, I, S. 271ff.

11 Verordnung Nr. 211, § 1; *Verordnungsblatt*, 1941, S. 901-915 sowie die folgende Verordnung Nr. 212 vom selben Datum (S. 916), die den Präsidenten des Niederländischen Kulturrates und den der Niederländischen Kulturkammer der Reihe Beamten zufügt, die der Reichskommissar berufen oder entlassen kann (vgl. Verordnung Nr. 108/1940).

12 *Verordnungsblatt*, 1941, S. 904-906.

Probleme entstehen für die *Abteilung Rechtsetzung* eigentlich nur im Bereich der Anmeldungspflicht der Reichsdeutschen, die in den Niederlanden leben.[13] Für diese Angelegenheit wird eigens eine Verordnung veröffentlicht, Nr. 28 vom 23. März 1942, in welcher bestimmt wird, daß Mitglieder der Reichskulturkammer von der Mitgliedschaft der Niederländischen Kulturkammer befreit sind (§ 1).[14] Interessant an dieser Verordnung ist, daß dadurch grundsätzlich Probleme vermieden werden, die entstehen könnten bei einer eventuell andersartig geführten Politik der beiden Kulturkammern. Die Bereiche der Reichskulturkammer und Niederländischen Kulturkammer kreuzen sich auf diese Art nicht, bleiben sorgfältig voneinander abgegrenzt, und Konflikte können auf diesem Gebiet nicht entstehen.

Schließlich ergänzt Verordnung Nr. 34, vom 28. März 1942, die Definition des Begriffes 'Kulturgut' der Kulturkammerverordnung.[15] Während 'Kulturgut' im Sinne dieser Verordnung erst "jede Schöpfung oder Leistung der Kunst, wenn sie der Öffentlichkeit übermittelt wird, sowie jede andere geistige Schöpfung oder Leistung, wenn sie durch Druck, Film, Funk oder Schallband der Öffentlichkeit übermittelt wird" ist, gehört nach der neuen Verordnung auch

> "die Erteilung von Unterricht in künstlerischen Fächern, soweit dieser Unterricht nicht an öffentlichen oder solchen privaten Unterrichts- und Erziehungsanstalten erfolgt, die der Aufsicht des Generalsekretärs im Ministerium für Erziehung, Wissenschaften und Kulturverwaltung unterstehen."[16]

Dieser Zufügung liegt ein Kompetenzstreit zwischen Goedewaagen und van Dam zugrunde, da van Dam die Wissenschaften nicht der Aufsicht Goedewaagens übergeben will. Es ist die neue Struktur in der Behörde nach nationalsozialistischem System, die, ähnlich dem Machtkampf im Reichskommissariat selber, auch die Ursache solcher Streitereien ist.

7.2 Die 'Gleichschaltung' der Propagandamedien: Film, Presse, Rundfunk

Zu der Zielsetzung der 'kulturellen Gleichschaltung' gehört auch die Regulierung der Propagandamedien Film, Presse und Radio. Schließlich ergibt sich der Inhalt der Propaganda, der über die Medien verbreitet werden soll, beinahe von selber, wenn durch Zensur schon reglementiert ist, was überhaupt für die Öffentlichkeit bestimmt ist.

13 Siehe Korrespondenz zu Verordnung Nr. 211; Archiv Rechtsetzung, NIOD, Koll. 21, Karton 19, Mappe 10.
14 *Verordnungsblatt*, 1942, S. 157.
15 *Ebenda*, S. 177-178.
16 Siehe *Verordnungsblatt*, 1941, S. 902 und *Verordnungsblatt*, 1942, S. 177.

Konform der Auffassung des Reichskommissars Seyß-Inquart allerdings, sich gewissermaßen im Hintergrund zu halten, geschieht in den ersten Monaten in den Niederlanden zuerst einmal, rein inhaltlich betrachtet, recht wenig auf diesem speziellen Gebiet zugunsten des Zieles der 'kulturellen Gleichschaltung'. Während dieser ersten vier bis fünf Monaten der Besatzungszeit erscheinen nämlich anfangs nur Verordnungen, die sich vornehmlich auf das Gebiet der Zensur beschränken. Am 24. Juni 1940 wird die erste Verordnung für das Gebiet des Nachrichten- und Bildwesens veröffentlicht, durch welche Funkgeräte und dergleichen eingeliefert werden sollen.[17] Am 5. Juli 1940 erscheint die Verordnung Nr. 57 über die Vorführung von Filmen, in der im ersten Paragraphen wörtlich bestimmt wird:

> "In den besetzten niederländischen Gebieten dürfen nur solche Filme vorgeführt werden, die in den besetzten niederländischen Gebieten hergestellt und nach dem 14. Mai 1940 durch die Zensur genehmigt sind und (...) in dem Gebiete des Großdeutschen Reiches zur Aufführung freigegeben sind."[18]

Mit anderen Worten: die Vorführung nichtdeutscher und nichtniederländischer (lies: ausländischer) Filme wird verboten.[19] Interessant ist dabei aber auch die Bestimmung im nächsten Paragraphen 2: "Die Vorschriften des § 1 gelten nicht für Schmalfilme rein künstlerischer, religiöser, kultureller oder familiärer Art." Dadurch werden erst einmal Schmalfilme, die eher privat genutzt werden, von Filmen unterschieden und vorerst noch von Zensurmaßnahmen unbehelligt gelassen. Um diese nämlich, als auch um den kulturellen Inhalt, kümmert sich zwei Monate später die Verordnung Nr. 160 vom 4. Oktober 1940 über die Organisation des Filmwesens.[20] Mit dieser Verordnung bekommt der *Niederländische Lichtspielbund* (*Nederlandsche Bioscoopbond*) die Aufgabe erteilt,

> "das Filmwesen in organisatorischer, wirtschaftlicher, kultureller und technischer Hinsicht zu fördern und zu betreuen, die Belange seiner Mitglieder in ihren Beziehungen zueinander sowie gegenüber den Behörden wahrzunehmen und einen gerechten Ausgleich zwischen ihnen herbeizuführen."

Während das 'Fördern und Betreuen' des Filmwesens in kultureller Hinsicht den Inhalt bestimmen kann, wird gleichfalls in dieser Verordnung die Berufszulassung geregelt, denn

> "dem Bund muß angehören, wer gewerbsmäßig oder gemeinnützig Filme herstellt, vertreibt oder aufführt oder Betriebsstätten zur Herstellung von Filmen

17 Verordnung Nr. 25/1940; *ebenda*, S. 59-64; sowie die erweiternde Verordnung Nr. 156/1940; *ebenda*, S. 474-476.

18 Verordnung Nr. 57/1940; *ebenda*, S. 197.

19 Rabl begründet den Zweck der Verordnung Nr. 57/1940 im Verordnungsentwurf zu Nr. 165/1941 (S. 2); Archiv Rechtsetzung, NIOD, Koll. 21, Karton 16, Mappe 4A.

20 *Verordnungsblatt*, 1940, S. 484-489.

unterhält oder die Verarbeitung von Filmen besorgt oder Urheber- oder Patentrechte auf dem Gebiete des Filmwesens verwaltet oder als Filmschaffender bei der Herstellung von Filmen mitwirkt."[21]

Diese Verordnung ist präzise definiert und läßt kein Mißverständnis aufkommen, wer bei der Herstellung von Filmen mitwirkt, denn auch der Begriff 'Filmschaffender' wird im folgenden Punkt (2) näher erläutert: "Filmschaffende sind insbesondere die Produktionsleiter, Regisseure, Komponisten, Manuskriptverfasser, musikalische Leiter, Aufnahmeleiter, Architekten, Kameraleute, Tonmeister, Haupt- und Nebendarsteller." Daneben werden im selben Paragraphen, Punkt (3), auch Filme definiert, als "Filme mit durchlaufender Spielhandlung, Kulturfilme, Werbefilme und Wochenschauen, die der Öffentlichkeit zugänglich gemacht werden."[22] Durch diese Umschreibung werden wirklich alle Personen erfaßt, die auf irgendwelche Weise mit dem Herstellen, Vertreiben oder Aufführen von Filmen zu tun haben. Das Prinzip bei dieser Regelung der Berufszulassung ist einfach: Wer nicht Mitglied des *Niederländischen Lichtspielbundes* wird, kann seinen Beruf nicht ausüben. Über die Verordnung wird die Kontrolle über das Filmwesen in den Niederlanden einfach, da auch Personen, die nicht Mitglied des Bundes sind und trotzdem Tätigkeiten im Filmwesen ausüben, laut den Bestimmungen im Paragraphen 13 der Verordnung, strafbar sind.[23]

Interessant wiederum bei all diesen Bestimmungen ist, daß gleicherweise bei dieser Verordnung grundsätzlich das Führerprinzip eingeführt wird.[24] Dadurch erhält der Vorsitzende nämlich letztendlich die Möglichkeit zu entscheiden, ob "bestimmte Fälle geringfügiger oder gelegentlicher Ausübung einer Tätigkeit auf dem Gebiete des Films die Zugehörigkeit zum Bund nicht erfordern"(§ 8). Die politische Struktur des Führerstaates wird also auch auf die kleineren Instanzen übertragen. Indem das Filmwesen auf diese Art neu organisiert wird, gelingt es der Besatzungsmacht, im Ansatz ein wichtiges Medium zu kontrollieren, das auch Propagandazwecken dienen kann.[25]

Die nächsten zwei Verordnungen, die das Filmwesen angehen, sind nur noch Zufügungen zu dieser Verordnung über die Organisation des Filmwesens. Am 2. Dezember 1940 erscheint Verordnung Nr. 9/1941 mit einer leichten Änderung des Lichtspielgesetzes (*bioscoopwet*), wobei bestimmt wird, daß örtliche Nachprüfungen keine Bestimmungen über "die Prüfung vorzuführender Filme oder Werbebilder für Filme noch über das Verbot des Zutritts von Personen unter einer gewissen Altersgrenze zu Filmvorführungen enthalten" dürfen.[26] Somit

21 *Ebenda*, S. 485.
22 *Ebenda*.
23 *Ebenda*, S. 488.
24 Dazu De Jong, *Het Koninkrijk*, Bd. 4, II, S. 873ff., sowie Kapitel 4, § 4.2, dieser Studie.
25 Dazu J. Jansen und J. Pet, *De Nederlandse film in de jaren 1940-1945* (Utrecht 1977).
26 *Verordnungsblatt*, 1941, S. 26.

bleibt die Zensur zentralisiert auf den Filmbund und können örtliche Behörden gesetzlich nichts gegen vom Besatzer geforderte Vorführungen einwenden.

Am 9. Juli 1941 erscheint Verordnung Nr. 132 über die "Pflichtvorführung von Filmen." Diese Verordnung bestimmt jetzt auch inhaltlich das Programm der Filmtheater, in dem Unternehmer von Kinos verpflichtet werden, "bestimmte Filme wegen ihres großen volksaufklärerischen, erzieherischen oder kulturellen Wertes vorzuführen."[27] Obgleich das Wort Propaganda nirgends in der betreffenden Korrespondenz zu finden ist, wird der Hintergrund dieser Verordnung von dem Gedanken des Kinos als Propagandamedium beherrscht. Genaugenommen gilt 'Volksaufklärung' nämlich als Zielsetzung und ist Propaganda das Mittel, das genutzt wird, dieses Ziel zu erreichen. Anscheinend wird es auch wichtig genug gefunden, eine solche Verordnung mit Strafbestimmungen zu publizieren, obwohl W. Seiffert von der Hauptabteilung Justiz des Generalkommissariates für Verwaltung und Justiz in einem Brief an die *Abteilung Rechtsetzung* nachfragt, ob die Bestimmungen der Verordnung 160/1940 über die Organisation des Filmwesens, nicht schon ausreichend wären.[28]

Letztlich erscheint nur noch eine Verordnung, Nr. 165/41, die "Filmverordnung 1941", die beabsichtigt, das Filmwesen endgültig zu regeln.[29] Schließlich, so behauptet das Filmreferat in der Person Dr. Zimmers, "[ist] der Film das eminenteste Beeinflussungsmittel und kann als solches nicht in unkontrollierbare und unerwünschte Hände geleitet werden."[30] Bezeichnenderweise wird der Entwurf zu dieser Verordnung eingereicht von der Hauptabteilung Volksaufklärung und Propaganda. Es ist anschließend der Generalsekretär Frederiks des niederländischen Innenministeriums, der seinen Amtskollegen im Ministerium für Volksaufklärung und Künste Goedewaagen darauf hinweist, daß die Entwurfsverordnung zur Amtsenthebung der Filmkommission und Entlassung des stellvertretenden Vorsitzenden der Filmprüfungskommission, sowie der gleichzeitigen Ernennung des (NSBers) ir. W.L.Z. van de Vegtes als stellvertretenden Vorsitzenden, nicht zum Wirkungsbereich des Ministeriums für Volksaufklärung und Künste gehört.

In einem Brief vom 13. Februar 1941, von dem Rabl eine Kopie erhält, zieht Frederiks, da die Handhabung des ursprünglichen niederländischen Lichtspielgesetzes (*bioscoopwet 1926*) zum Bereich Innenministeriums gehört, folgende Schlußfolgerung: "Es will mir denn auch mit aller Bescheidenheit erscheinen,

27 *Ebenda*, S. 542-543.

28 Seiffert an *Abteilung Rechtsetzung*, 18. Juli 1941; Archiv Rechtsetzung, NIOD, Koll. 21, Karton 10b, Mappe 3.

29 Verordnung Nr. 165/1941 vom 20. August 1941; *Verordnungsblatt*, 1941, S. 696-702.

30 Aktennotiz für Tiedemann vom Filmreferat (Dr. Zimmer), 6. August 1941; Archiv Rechtsetzung, NIOD, Koll. 21, Karton 16, Mappe 4A.

daß die von Ihnen getroffenen Maßnahmen keine Rechtskraft besitzen."[31] Dieser Meinungsunterschied zwischen Goedewaagen und Frederiks wird von Rabl aufgefaßt als Frage über die ressortmässige Zuständigkeit der staatlichen Filmprüfungskommission. Er klärt die Situation, indem er bestimmt, daß

> "die Agenden dieser Kommission nunmehr zum sachlichen Zuständigkeitsbereich des Ministeriums für Volksaufklärung gehören, daß jedoch die gewerberechtlichen und gewerbepolizeilichen Bestimmungen der Bioscoopwet nach wie vor durch das Ministerium des Inneren durchzuführen sind."[32]

Die Notwendigkeit der "Filmverordnung 1941" wird von Rabl folgendermaßen begründet:

> "[Sie] legt die Entscheidung über die Zulassung der Filme in die Hand einer Behörde, nämlich des Generalsekretärs für Volksaufklärung. Die Tätigkeit der Filmprüfungskommission wird zu einer beratenden, wie dies dem Wesen der autoritären Führung und Gestaltung der öffentlichen Volksbildung entspricht."[33]

Diese 'autoritäre Führung und Gestaltung der öffentlichen Volksbildung' ist auch der Grund dafür, den Bürgermeistern deren bisherige Befugnis, die Vorführung von an sich zugelassenen Filmen aus Gründen der örtlichen Ordnung und Sicherheit zu verbieten, zu entziehen. Dem Vorschlag Frederiks, den Bürgermeistern ihre Befugnis aufrechtzuerhalten, wird von Rabl mit folgendem Begleitschreiben an den Generalkommissar für das Sicherheitswesen Rauter weitergeleitet:

> "Ich bitte Sie, mir mitzuteilen, ob Sie gleichfalls von der Notwendigkeit dieser Zusätze überzeugt sind; persönlich möchte ich meinen, daß namentlich die Befugnis des Bürgermeisters zur Aussprechung von örtlichen Filmverboten unter den heutigen Umständen keine Berechtigung mehr hat, sondern geeignet ist, die mit unserer Zulassungspraxis verbundenen kulturpolitische Zielsetzung zu durchkreuzen."[34]

Harster, SS-Standartenführer und Oberst der Polizei, der in Rauters Vertretung antwortet, gibt dieser Argumentation natürlich recht und ist der Meinung, diese Befugnis würde "die Möglichkeit einer 'Filmnachzensur' durch örtliche Instanzen" geben - und das muß aus der Sicht der Besatzer selbstverständlich verhindert werden.[35] Somit ist durch die Filmverordnung geregelt, daß "ein Film öffentlich nur vorgeführt werden [darf], wenn er dazu gemäß den Bestimmungen dieser

31 Frederiks an Goedewaagen, 13. Februar 1941; *ebenda*. Vgl. auch Frederiks an Schmidt, 8. Februar 1941, dem er sein Anliegen wiederholt.

32 Rabl an Frederiks, 17. Februar 1941; *ebenda*. Die Begründung und Erklärung der Sachlage findet sich im Anhang des Verordnungsentwurfs.

33 *Ebenda*, S.2.

34 Rabl (im Auftrag Wimmers) an Rauter, 10. März 1941; *ebenda*.

35 Harster an Wimmer/Rabl, 28. März 1941; *ebenda*.

Verordnung zugelassen ist."[36] Die Bestimmungen dieser Verordnung funktionieren kurzgefaßt über das Führerprinzip, bestimmen somit gleichzeitig die Berufszulassung und benutzen eine strenge Zensur.

Neben dem Film gilt es natürlich für das Reichskommissariat gleichfalls, die anderen Medien, Presse und Radio, auf ähnliche Weise neu zu strukturieren. Die Folgen dieser nationalsozialistischen Propagandapolitik für die niederländische Presse sind in unterschiedlichen Teiluntersuchungen recherchiert worden.[37] Die Rechtsetzung baut sich grundsätzlich auch hier nach demselben Prinzip auf, wie schon in der Filmverordnung aufgezeigt wurde: erst kommt Zensur, dann wird Berufszulassung geregelt, und das gesamte Verfahren wird gegebenenfalls mit kulturpolitischen Argumenten der Volkserziehung begründet.

Die erste Presseverordnung (Nr. 102) erscheint am 17 August 1940 und kann unter den präventiven Zensurmaßnahmen eingestuft werden, genauso wie die folgende Verordnung Nr. 103 vom selben Datum, mit dem bezeichnenden Titel "zur Sicherung der wirtschaftlichen Unabhängigkeit der Presse."[38] Durch diese Verordnung werden Verleger einer Tages- oder Wochenzeitung, illustrierten Zeitung, Zeitschrift, Korrespondenz oder eines sonstigen periodischen Presseerzeugnisses, sowie die Inhaber oder Geschäftsführer einer Unternehmung die sich in diesem Bereich beschäftigen, verpflichtet einen Fragebogen über ihr Unternehmen und ihre Tätigkeiten auszufüllen. Die Zuständigkeit des Justizministeriums für die Kontrolle darüber wird übrigens durch die nächste Verordnung Nr. 188 vom 24 September 1941 an das Volksaufklärungsministerium übertragen, da dieses angeblich "über die zu entscheidenden Fragen sachlich besser unterrichtet ist."[39] Prinzipiell geht es bei diesem gesamten Verfahren darum, Betriebe und Einzelpersonen auf ihre politische Zuverlässigkeit hin zu prüfen.[40]

Die wichtigste Verordnung auf diesem Gebiet ist jedoch wahrscheinlich die Schriftleiterverordnung ('*Journalistenbesluit*'), Verordnung Nr. 83 vom 2. Mai 1941.[41] Diese Verordnung bestimmt den Schriftleiterberuf, stellt die Berufsliste für Journalisten auf und regelt dadurch die Zulassung, sowie die Ausübung des Berufes. Obwohl diese Verordnung unverkennbar einige positive Elemente be-

36 Verordnung Nr. 165/1941; *Verordnungsblatt*, 1941, S. 696.

37 Als knappe Auswahl zur niederländischen Presse im Nationalsozialismus: Gabriele Hoffmann, *NS-Propaganda in den Niederlanden. Organisation und Lenkung der Publizistik unter deutscher Besatzung 1940-1945*, Kommunikation und Politik Bd. 5 (München/Berlin 1972); L. Lewin, *Het clandestiene boek 1940-1945* (Amsterdam 1983); P. Stoops, *Niederländische Presse unter Druck. Deutsche auswärtige Pressepolitik und die Niederlande 1933-1940*, Kommunikation und Politik, Bd. 17 (München/New York/London/Paris 1987).

38 *Verordnungsblatt*, 1940, S. 325-326 und S. 327-328.

39 Begründung zum Verordnungsentwurf, Archiv Rechtsetzung, NIOD, Koll. 21, Karton 18, Mappe 7. Verordnung Nr. 188/1941; *Verordnungsblatt*, 1941, S. 802.

40 Hoffmann, *NS-Propaganda in den Niederlanden*, S. 221.

41 *Verordnungsblatt*, 1941, S. 321-334.

sitzt, wie beispielsweise die Erhöhung der Gehälter für Journalisten, die Sicherung ihrer formellen Rechtsposition und die Unabhängigkeit den Verlegern gegenüber, ist sie grundsätzlich als Instrument zur Kontrolle der Journalisten aufzufassen.[42] Sie wird beinahe wörtlich nach Vorbild des deutschen Schriftleitergesetzes vom 4. Oktober 1933 aufgestellt, obwohl es Kammergerichtsrat Seiffert in seiner Reaktion auf den Verordnungsentwurf "allein schon aus politischen Gründen nicht wünschenswert erscheinen kann, gerade auf einem solchen Gebiet die im Reich geltende gesetzliche Regelung kurzhändig in einer solchen Form hier in Kraft zu setzen."[43] Er erhebt diesen Einwand, weil er der Meinung ist,

> "daß die Dienststellen, die den Entwurf eingereicht haben, sich der Mühe unterziehen sollten, schon aus prinzipiellen Gründen einen Verordnungsentwurf auszuarbeiten, der auch nach Außen hin zum Ausdruck bringt, daß man bestrebt ist eine *eigene*, auf die hiesigen Verhältnisse zugeschnittene Regelung vorzubereiten."[44]

Obwohl Seiffert dabei natürlich keineswegs ausschließt, daß man sich in den Grundzügen dieser Verordnung dem Reichsrecht anschließt, erhebt er Einwände gegen die Bestimmungen des § 18 der Verordnung, durch welche der Schriftleiter einer Zeitung die strafrechtliche Verantwortung in bestimmtem Umfang für den geistigen Inhalt trägt. Seine Begründung folgt dem Umstand, daß es "in den Niederlanden keine diesen pressegesetzlichen Bestimmungen entsprechende Rechtsnorm [gibt], die über die strafrechtliche Haftung eines Redakteurs oder des Schriftleiters besondere Vorschriften enthält."[45]

Die Einwände Seifferts, von denen er in seinem Schreiben zum Verordnungsentwurf noch vier aufzählt, werden jedoch von der *Abteilung Rechtsetzung* ignoriert - bis auf seine letzte Bemerkung. Hier weist er auf § 38 der Verordnung, in welchem die Durchführung der Strafbestimmungen gegen Verleger geregelt wird.[46] Im Entwurf der Verordnung geschieht diese Kontrolle noch durch den Generalsekretär für Volksaufklärung und Künste, jedoch nach Seifferts Hinweis in der endgültigen Verordnung durch die niederländische Polizei.

Der Nachweis der arischen Abstammung übrigens, im Gegensatz zur deutschen Schriftleiterverordnung, fehlt in diesem *Journalistenbesluit*. Dieser Nachweis wird allerdings einige Tage später vom Vorsitzenden des niederländischen Journalistenbundes (*Verbond van Nederlandsche Journalisten*), der NSBer P.J. van Megchelen, Chefredakteur der niederländischen Nachrichtenagentur ANP (*Algemeen Nederlands Persbureau*), angeordnet. Da die Berufsliste der Schrift-

42 Vgl. René Vos, *Niet voor publicatie*, S. 573.
43 Kammergerichtsrat Seiffert an die *Abteilung Rechtsetzung*, 19. März 1941, S. 1; Archiv Rechtsetzung, NIOD, Koll. 21, Karton 5, Mappe 8.
44 *Ebenda*, S. 2.
45 *Ebenda*, S. 3.
46 *Ebenda*, S. 4; *Verordnungsblatt*, 1941, S. 334.

leiter beim niederländischen Presseverband. geführt wird, kann man ab nun die Ausschaltung der jüdischen Journalisten zur offiziellen Pressepolitik in den besetzten niederländischen Gebieten zählen.[47]

Ein anderer Diskussionspunkt zur Schriftleiterverordnung besteht aus der Ablehnung "aus grundsätzlichen Erwägungen" des Generalsekretärs des Justizministeriums Hooykaas, die Verordnung mit zu unterzeichnen. Diese erneute Ablehnung von Hooykaas wird von De Ranitz, der Leiter der Legislativabteilung im Volksaufklärungsministerium, an die *Abteilung Rechtsetzung* vermittelt.[48] De Ranitz unterstützt sein Argument, daß nicht jede Verordnung, die Strafbestimmungen enthält, auch vom Generalsekretär des Justizministeriums unterzeichnet wird, indem er eine Liste von Verordnungen aufstellt, die auch nicht unterzeichnet wurden vom Justizministerium.[49] Er plädiert dabei für eine Zeichnung nur vom Generalsekretär des Volksaufklärungsministeriums Goedewaagen. Das Problem von deutscher Seite besteht aus der Tatsache, daß es sich um

> "Sachgebiete handelt, die grundsätzlich der autonomen Gestaltung seitens der niederländischen Seite als schwer erträglicher Eingriff der deutschen Obrigkeit in autonome Belange des niederländischen Volks- und Kulturwesens empfunden werden, wenn diese für die Gestaltung und Fortentwicklung der niederländischen Volkskultur so grundlegend wichtigen Verordnungen nicht von der hierzu sachlich in Betracht kommenden, das Vertrauen des Reichskommissars genießenden *niederländischen* Stelle erlassen würden."[50]

Man erkennt aus dieser Formulierung noch das Streben der Besatzungsmacht nach Selbstnazifizierung der Niederländer. Aus diesem Grunde möchte man eigentlich keine vom Reichskommissar signierte Verordnung daraus machen, obwohl die Möglichkeit natürlich immer noch besteht, falls man sich nicht mit den Niederländern einigen wird. Es bleibt schließlich die Tatsache, daß die Verordnung erscheinen wird, die Frage ist nur in welcher Form.

Letztendlich löst man die Situation, indem tatsächlich nur der nationalsozialistische Goedewaagen die Schriftleiterverordnung unterzeichnet, während Hooykaas indessen schriftlich

> "zum Ausdruck bringt, daß er nichts dagegen einzuwenden hat, wenn die Schriftleiterverordnung durch Herrn Generalsekretär Goedewaagen allein unterzeichnet wird und gleichzeitig mitteilt, daß die Mitwirkung des Ministeriums für Justiz und des ihm untergestellten Behördengefüges bei der Durchführung der

47 Hoffman, *NS-Propaganda in den Niederlanden*, S. 225.

48 Rabl an Schmidt, 4. April 1941, S. 1, sowie der Vermerk einer Telefonnotiz vom 8. April 1941; Archiv Rechtsetzung, NIOD, Koll. 21, Karton 5, Mappe 8.

49 De Ranitz an Landgerichtsrat Dr. Schlüter, 8. April 1941. Es betrifft Verordnungen Nr. 77, 83, 135, 157, 165, 180, 197, 198, 199, 206, 224, 225 und 242 des Jahres 1940 sowie Nr. 12, 24 und 53 des Jahres 1941; *ebenda*.

50 Rabl an Schmidt, 4. April 1941, S. 2; *ebenda*.

Verordnung nicht durch die Tatsache berührt wird, daß Herr Hooykaas die Verordnung nicht mitunterzeichnet hat."[51]

Leider fehlt das ursprüngliche Schreiben Hooykaas' im Dossier zur Verordnung. Dieses obenangeführte Zitat entstammt der Antwort der *Abteilung Rechtsetzung* vom 17. April 1941, in welcher der Empfang des Schreibens vom 16. April 1941 bestätigt und beantwortet wird. Mit anderen Worten gelingt es dem Generalsekretär Hooykaas immerhin nicht unter der veröffentlichten Verordnung zu stehen. Dafür muß er aber schriftlich seine Mitwirkung bei der Durchführung der Bestimmungen garantieren.[52] Hooykaas hat allerdings nach dem Krieg ausgesagt, daß Verordnungen, gegen welche die niederländischen Generalsekretäre Einwände erhoben, grundsätzlich nicht von ihnen unterzeichnetet wurden, sondern von Seyß-Inquart selber.[53] Der oben geschilderte Vorgang scheint dieser Aussage zu widersprechen.

Dieser gesamte Konflikt ist ein weiteres Beispiel für die neue Machtstruktur innerhalb der niederländischen Behörden und die Art der Besatzungsmacht, damit umzugehen. Falls ein niederländischer Generalsekretär eine Verordnung nicht unterschreiben will, wird nach einer Lösung gesucht, die es trotzdem möglich macht, die gewünschte Unterschrift zu erhalten. Selbstverständlich ist es aus der Sicht der Besatzungsmacht günstig, dafür über so viel wie möglich deutschgesinnte, niederländische Beamte zu verfügen. Die Verordnungen erhalten dadurch einen 'freiwilligen' Eindruck.

Außer einer weiteren Verordnung (Nr. 6/42) zur leichten Abänderung des Urhebergesetzes 1912 gibt es im *Verordnungsblatt* keine weiteren Verordnungen hinsichtlich gleichschaltender Pressemaßnahmen.[54] Mehr Information über weitere Maßnahmen organisatorischer, wirtschaftlicher oder politischer Art erhält man durch die Tätigkeitsberichte der *Hauptabteilung für Volksaufklärung und Propaganda* und des *Departements van Volksvoorlichting en Kunsten*.[55]

Der Rundfunk, der von den Nationalsozialisten als eines der wichtigsten Massenbeeinflussungsmittel eingestuft wird, obliegt auch gleichschaltenden Verordnungen, deren Folgen gleichfalls in verschiedenen Teilstudien untersucht worden ist.[56] Das Ziel der Rundfunkpolitik des Besatzers, vertreten von General-

51 *Ebenda.*
52 Zur Person Hooykaas': De Jong, *Het Koninkrijk*, Bd. 5, I, S. 118ff.
53 Dazu die Aussagen Hooykaas' in der *Parlamentairen Enquete*, Teil 7c, S. 600.
54 Verordnung Nr. 6/1942 vom 20. November 1941, *Verordnungsblatt*, 1942, S.13-15.
55 Beide Archive befinden sich im NIOD, Amsterdam.
56 Eine Auswahl: Martin Bott., *Radio der Gegenpropaganda. Niederländischer Exilrundfunk im Widerstand gegen die deutsche Besatzung 1940-1945. Entstehung, Auftrag und Programm* (München 1992); H. van den Heuvel, *Nationaal of verzuild. De strijd om het Nederlandse Omroepbestel in de periode 1923-1947* (Baarn 1972); H. Pohle, *Der Rundfunk als Instrument der Politik*, Wissenschaftliche Schriftenreihe für Rundfunk und Fern-

kommissar Schmidt, besteht aus zwei Komponenten. Erstens soll eine anhaltende Indoktrination der niederländischen Bevölkerung zur Konsolidierung der neuen Machtposition beitragen und zweitens soll die Bedingung für eine Anknüpfung ans Großdeutsche Reich vorbereitet werden. Dieses Konzept, den Rundfunk als effektives Propagandainstrument im Inneren einzusetzen, ist jedoch kläglich gescheitert.[57] Aus den Verordnungen zur Rundfunkpolitik wird dieses Scheitern recht schnell ersichtlich.

Die erste Verordnung in diesem Rahmen wird am 11. Februar 1941 veröffentlicht und ermöglicht der deutschen Polizei, Rundfunkempfangsanlagen einzuziehen, wenn anzunehmen ist, daß diese zum "Empfang von Nachrichten im Sinne des § 2 der Verordnung Nr. 35/1940 zum Schutze der niederländischen Bevölkerung vor unwahren Nachrichten mißbraucht wurden."[58] Durch diese repressive Verordnung soll verhütet werden, daß sich die niederländische Bevölkerung das ausländische Radio anhört und man bezweckt einen Kanal zur Außenwelt abzuschneiden.

Die zweite Verordnung auf dem Gebiete des niederländischen Rundfunks allerdings, Verordnung Nr. 49 vom 12. März 1942, gehört gleichfalls zu den repressiven Zensurmaßnahmen.[59] In einem Brief vom 10. Februar 1941 an Rabl betont Sonderführer "Z" Taubert, von der Rundfunkbetreuungsstelle Hilversum, die Wichtigkeit einer solchen Verordnung:

> "Ich möchte hierzu feststellen, daß bei der Bedeutung des Rundfunks und bei dem Widerstand, den verschiedene Rundfunkorganisationen ihrer Auflösung entgegensetzen, mir eine besondere Verordnung unerläßlich erscheint. Wir können nicht wieder [...] zulassen, daß kostbare Zeit vergeht, weil die Hintermänner verschiedener Rundfunkorganisationen versuchten, die Rechtmäßigkeit und Anwendbarkeit von Maßnahmen des Ministeriums Goedewaagen bezw. des Reichkommissars anzuzweifeln."[60]

Tauberts Kommentar deutet schon auf die Probleme mit der Propagandapolitik. Der Ursprung dieser Probleme liegt in dem für die Niederlande bis zum Einmarsch der Besatzungsmacht übliche "versäulte" Struktur der Rundfunkorganisation.[61] Diese Organisationsform in "Säulen" des Rundfunks, die nicht nur dem "Großdeutschem Rundfunk" in seiner Struktur vollkommen entgegengesetzt ist, sondern auch im internationalen Vergleich eine Besonderheit darstellt, besteht aus

sehen Bd. 1 (Hamburg 1955); D. Verkijk, *Radio Hilversum 1940-1945. De omroep in de oorlog* (Amsterdam 1974).

57 Crone, *Hilversum unter dem Hakenkreuz*, S. 243-244.

58 *Verordnungsblatt*, 1941, S. 99.

59 *Ebenda*, S. 170-172; Dazu De Jong, *Het Koninkrijk*, Bd. 4, II, S. 666.

60 Taubert an Rabl, 10. Februar 1941, S. 1; Archiv Rechtsetzung, NIOD, Koll. 21, Karton 1, Mappe 10.

61 Vgl. Crone, *Hilversum unter dem Hakenkreuz*, S. 46ff.

einer Reihe von selbständigen und voneinander unabhängigen Rundfunkvereinen, die die führenden geistigen Strömungen des Landes vertreten und in jeweils eigener Verantwortung einen Anteil am Gesamtprogramm besitzen. Selbst eigene Versuche in den Niederlanden, seit Ende der 20er Jahre, selber einen einheitlichen, nationalen Rundfunk zu gründen, mißlangen stets sehr rasch.[62]

Also erfolgt, nach Tauberts Schreiben, nicht nur ein Monat später die Gestaltung und Ausführung des Programms des niederländischen Rundfunks und Drahtfunks ausschließlich von Staates wegen (§ 1.1) per Verordnung, sondern es wird auch ein Staatsrundfunk ('Rijksradio-omroep') gegründet (§ 1.2) und damit gleichzeitig alle bestehenden Rundfunkorganisationen aufgelöst (§ 2.1). Der neue Staatsrundfunk erhält - konform dem Führerprinzip - einen Generaldirektor, der dem Generalsekretär für Volksaufklärung und Künste untersteht (§ 1.4). Formell soll diese Verordnung eine "einheitliche staatliche Programmgestaltung ermöglichen."[63] Somit ist der Apparat geschaffen, der es ermöglicht, die 'Stimme des Nationalsozialismus' in den Äther zu senden.[64] Allerdings führt die Übernahme dieses Staatsrundfunks durch die NSB zum rapiden Hörerverlust, da der Rundfunk von der niederländischen Bevölkerung als deutscher Besatzungsrundfunk eingestuft und demzufolge abgelehnt wird. Die ursprünglichen Zielgruppen werden also nicht mehr erreicht und die Propaganda verfehlt ihr Ziel.[65]

Die weiteren Rundfunkverordnungen bestehen nur noch aus Repressionsmaßnahmen, die das Mißlingen der beabsichtigten NS-Rundfunkpolitik illustrieren. Die Ordnungsschutzverordnung, Nr. 138 vom 25. Juli 1941, besteht hinsichtlich des Rundfunks nur noch aus Strafbestimmungen, wiederum zum 'Schutz vor unwahren Nachrichten.'[66] Die folgende den Rundfunk betreffende Verordnung, Nr. 222 vom 15. Dezember 1941, über das Verfügungsverbot für Rundfunkempfangsgeräte, bezweckt "die rechtliche Unterlage für die in der Praxis bereits durchgeführte Anforderung der Rundfunkempfangsgeräte zu schaffen."[67] Dieses Vorhaben erhält die grundsätzliche Billigung des Reichskommissars, der ein Verfügungsverbot sowohl für die bei der Industrie, als auch für die beim Handel befindlichen Geräte angeordnet hat.[68]

62 *Ebenda*, S. 47. Die ursprüngliche "Säulenstruktur" des Rundfunks stellte sich nach Ende des Krieges wieder in de Niederlanden her. Dazu auch Hans van den Heuvel, *Nationaal of verzuild: de strijd om het Nederlandse omroepbestel in de periode 1923-1947* (Nimwegen/Baarn 1976).

63 Notiz Muck, 15. Februar 1941; Archiv Rechtsetzung, NIOD, Koll. 21, Karton 1, Mappe 10.

64 Formulierung von René Kok, *Max Blokzijl. Stem van het nationaal-socialisme* (Amsterdam 1988).

65 Crone, *Hilversum unter dem Hakenkreuz*, S. 247.

66 *Verordnungsblatt*, 1941, S. 560-591, insbes. S. 567-568.

67 *Ebenda*, S. 982-984; Muck in der Anlage zum Verordnungsentwurf, 10. Dezember 1941; Archiv Rechtsetzung, NIOD, Koll. 21, Karton 20, Mappe 5.

68 *Ebenda*.

Noch auffallender ist ein Vermerk Mucks zu dieser Verordnung: "Die Presseabteilung ist bereits angewiesen, die Verordnung weder abzudrucken noch Kommentare zu veröffentlichen."[69] Demnach soll die Verordnung nicht besonders viel Aufmerksamkeit erhalten, wenn die Presse darüber überhaupt nicht berichten soll. Auf diese Weise erscheint die Verordnung nur im *Verordnungsblatt*, ohne weitere Erläuterungen. Es ist gutes Beispiel für die Rechtsauffassung der nationalsozialistischen Machthaber, die eine in der Praxis bereits übliche Handlungsweise im Nachhinein, ohne viel Aufhebens, legitimieren. In eventuell notwendig erachteten Situationen, können sie sich dann auf die offizielle, publizierte Verordnung berufen, von deren Existenz die meisten Menschen wahrscheinlich gar keine Ahnung haben.

Bevor die Besatzungsmacht zu ihrer letzten Möglichkeit greift, erscheint in Verordnung Nr. 1, vom 5. Januar 1943, noch einmal eine Wiederholung der Strafbestimmung, wieder quasi als Schutzmaßnahme getarnt.[70] Das wiederholte Verbieten des Abhörens ausländischer Sender weist auf die - aus der Sicht der Besatzungsmacht - Notwendigkeit einer solchen Bestimmung. Nach den Unruhen und Streikaktionen im April und Mai 1943 jedoch wird das letzte Mittel der Besatzungsgewalt genutzt: die Beschlagnahme der Rundfunkgeräte. Diese drastische Maßnahme geschieht mittels einer Anordnung Rauters vom 13. Mai 1943, und nicht durch eine Verordnung. Es ist eine polizeiliche Maßnahme, die allerdings schon einen Tag später durch den Erlaß Seyß-Inquarts, Nr. 48, vom 14. Mai 1943 bekräftigt wird.[71] In dieser Verordnung wird zwar das Polizeistandrecht aufgehoben, aber einige Anordnungen, wie die von Rauter, bleiben in Kraft. Diese letzte Maßnahme, die genauso erfolglos wie die vorherigen gewesen ist, kann als Eingeständnis des Scheiterns der Rundfunkpolitik der Besatzungsmacht interpretiert werden, die sich den Exilsendern gegenüber nicht hat behaupten können.[72]

7.3 Die 'kulturelle Gleichschaltung' in den Niederlanden

Die restliche Kulturpolitik des Besatzers, bis auf die Errichtung der Niederländischen Kulturkammer nach deutschem Vorbilde, zeigt sich in der nationalsozialistischen Rechtsetzung durch die unterschiedlichsten Verordnungen, die der Besatzungsmacht meistens weitere Zensurmöglichkeiten bieten.[73] Am 20. Januar 1941

69 Vermerk Muck, 13. Dezember 1941; *ebenda*.

70 *Verordnungsblatt*, 1943, S. 1-39, insbes. S. 7-9.

71 *Ebenda*, S. 184-185. Rauters Anordnung wird als Anlage des Erlasses abgedruckt (S. 185-189).

72 Vgl. Crone, *Hilversum unter dem Hakenkreuz*, S. 248; Hoffman, *NS-Propaganda in den Niederlanden*, S. 239.

73 Auch in diesem Bereich bestehen unterschiedliche Teilstudien. Eine kleine Auswahl über Amüsement, Musik und dem Kunsthandel während der nationalsozialistischen Besat-

erscheint Verordnung Nr. 17 über Kriegsgedenkzeichen.[74] In diese Verordnung schleichen sich Zensurbestimmungen, indem der Generalsekretär im Ministerium für Volksaufklärung und Künste über die Anfertigung und Errichtung von Gedenkzeichen oder Anlagen "über den ihm vorgelegten Antrag nach künstlerischen und volkserzieherischen Gesichtspunkten" endgültig (§ 4.4) entscheidet.[75] Die 'volkserzieherischen' Maßstäbe werden selbstverständlich nicht weiter benannt.

Auch Verordnung Nr. 103, vom 27. Mai 1941, "über die Regelung der sportlichen Betätigung in den Niederlanden" trägt gewissermaßen zur 'kulturellen Gleichschaltung' bei.[76] Durch diese Verordnung nämlich wird nun der Sport neu organisiert und gehört zum Wirkungsbereich des Ministeriums Erziehung, Wissenschaft und Kulturverwaltung (§ 1). Daß der Staat jetzt formell zuständig wird für den Sport, geschieht zum ersten Mal in der niederländischen Geschichte.[77] Das Ziel dieser Maßnahme ist die Gleichschaltung des Sportes, obgleich Seyß-Inquart den Zeitpunkt für weitere, inhaltliche Maßnahmen zu diesem Thema noch nicht für angemessen hält.[78] Vorläufig soll die sportliche Betätigung der Bevölkerung quasi als Ventil dienen und außerdem als Propagandainstrument, indem das Leben seinen normalen Lauf nimmt - auch unter nationalsozialistischer Besatzung.[79]

Ein bemerkenswertes Problem zu dieser Verordnung Nr. 103/1941 entsteht durch das Verbot des öffentlichen Tragens von politischen Abzeichen bei sportiver Betätigung. Die NSB möchte nämlich von dieser Bestimmung ausgeschlossen werden und ihr Abzeichen tragen dürfen. Auf Anfrage Schmidts, nach einer Verordnung die diese Ausnahme regeln soll, antwortet Wimmer folgendermaßen:

> "Meiner Meinung nach eignet sich die ganze Frage nicht für eine Lösung im Wege hoheitlicher Anordnung. Man wird von den einzelnen Mitgliedern der NSB vielmehr erwarten können, ja geradezu verlangen müssen, daß sie das Abzeichen ihrer Bewegung durch persönlichen Einsatz auch auf den niederländischen Sportfeldern und Spielplätzen durchsetzen. Die NSB kann sich [...] mit Recht darauf berufen, daß einschränkende Bestimmungen der oben bezeichneten Art ihr gegenüber als der alleinigen Trägerin der politischen Willensbildung in den Niederlanden weder gelten noch gelten können. Die Respektierung dieser

zung: H. van Gelder; J. Klöters, *Door de nacht klinkt een lied. Amusement in Nederland 1940-1945* (Amsterdam/Brüssel 1985); P. Micheels, *Muziek in de schaduw van het Derde Rijk. De Nederlandse symfonie-orkesten 1933-1945* (Amsterdam 1993); A. Venema *Kunsthandel in Nederland 1940-1945* (Amsterdam 1986).

74 *Verordnungsblatt*, 1941, S. 70-72.

75 *Ebenda*, S. 71.

76 *Ebenda*, S. 396-397.

77 André Swijtink, *In de pas. Sport en lichamelijke opvoeding in Nederland tijdens de Tweede Wereldoorlog* (Haarlem 1992) S. 86.

78 Das Beispiel Norwegens trägt zur Auffassung Seyß-Inquarts bei. Dort wurden Sportlehrer und Vorsitzende der Sportverbände durch deutschgesinnte Personen ersetzt. Die Folge war, daß die Norweger sich aus den Sportverbänden zurückzogen; *ebenda*, S. 89.

79 *Ebenda*, S. 90ff.

Sachlage jedoch nicht durch persönlichen Einsatz, sondern durch die Ingangsetzung der staatlichen Machtmittel erzwingen zu wollen, halte ich - zumindest was den sportlichen Bereich betrifft - für abwegig und untunlich."[80]

Diese Antwort ist bezeichnend für die Position der NSB, der nicht einmal in diesem Bereich eine eigene Verordnung, und somit eine gewisse offizielle Anerkennung des Besatzers, zugestanden wird. Die Besatzungsmacht möchte nichts besonderes für die NSB tun, die ihr Abzeichen tragen und "ihre Ärmel aufkrempeln soll."[81] Die Situation wird geregelt indem eine einfache Bekanntmachung des Besatzers in der Zeitung der NSB erlaubt, ihr Abzeichen zu tragen.

Übrigens ist der Bereich des Sportes ein gutes Beispiel für die Gleichschaltungspolitik bezüglich den Juden. Diese werden nämlich von den Sportverbänden ausgestoßen durch die schon eher erwähnte Verordnung Nr. 199 vom 22. Oktober 1941 "über die Betätigung von Juden bei nichtwirtschaftlichen Personenvereinigungen und Stiftungen."[82] Diese Verordnung nämlich bedeutet das Ende der Anwesendheit der Juden im Bereich der Sportbetätigung in den Niederlanden.[83]

Im Jahr 1942 wird am 5. März im *Verordnungsblatt*, auf Antrag der zuständigen niederländischen Generalsekretäre, eine Verordnung (Nr. 41/1942) über Denkmalpflege publiziert.[84] Durch diese Verordnung soll auch Denkmälern gegenüber dieselbe Möglichkeit geschaffen werden wie beim Naturschutz, Enteignung als Mittel zur Erhaltung bestimmter Kulturgüter zu benutzen. Die nächste Verordnung wiederum beinhaltet eine indirekte Zensurmaßnahme. Verordnung Nr. 81 vom 20. Juli 1942 nämlich macht die Abhaltung von Versteigerungen genehmigungspflichtig.[85] Gegenstände, auf welche sich die Vorschriften beziehen sind Bücher, Schriften, Urkunden oder andere geschriebene, vervielfältigte oder gedruckte Schriftstücke, sowie Abbildungen, Sprechwalzen und Schallplatten. Sie müssen im Falle einer genehmigten Versteigerung in einem Verzeichnis dem Generalkommissar zur besonderen Verwendung zugesandt werden.[86] Durch diese

80 Wimmer an Schmidt, 10. Juni 1942; Archiv Rechtsetzung, NIOD, Koll. 21, Karton 7, Mappe 6.

81 Randbemerkung in einem Brief Harsters an Wimmer vom 26. Mai 1942; *ebenda*. Zur Position der NSB im Sport siehe auch Swijtink, *In de pas*, S. 169ff.

82 *Verordnungsblatt*, 1941, S. 844-846; dazu Kapitel 6, § 6.2, dieser Studie.

83 Swijtink, *In de pas*, S. 111.

84 *Verordnungsblatt*, 1942, S. 195-202. Siehe zum Thema auch M. Günther-Hornig, *Kunstschutz in den von Deutschland besetzten Gebieten 1939-1945*, Studien des Instituts für Besatzungsfragen in Tübingen zu den deutschen Besetzungen im 2. Weltkrieg, Nr. 13 (Tübingen 1958), sowie speziell für die Niederlande: *Monumenten en oorlogstijd. Jaarboek Monumentenzorg 1995*, Rijksdienst voor de Monumentenzorg (Amsterdam 1995).

85 *Verordnungsblatt*, 1942, S. 375-377.

86 Schreiben Seyß-Inquarts an die vier Generalkommissare, 21. Juli 1942; Archiv Rechtsetzung, NIOD, Koll. 21, Karton 27, Mappe 6.

Bestimmung kann die Säuberung von 'deutschfeindlichen' oder 'hetzerischen' Schriften theoretisch besser organisiert werden.

Die folgende kulturpolitische Verordnung, Nr. 134 vom 27. November 1942, reglementiert das Ausstellungswesen.[87] Nach einer Erläuterung des Generalsekretärs für Volksaufklärung und Künste vom 18. September 1942, bezweckt diese Verordnung zweierlei.[88] Erstens die Überwachung und Koordinierung der Kunstausstellungen rechtlich festzulegen und zweitens "dafür zu sorgen, daß die Ausstellungen in einer der guten Volksaufklärung und dem Volksart entsprechenden Weise erfolgen." Zu diesem Bereich gehört dann auch das Werbematerial einer Ausstellung, da es "ein wichtiger Gegenstand der Volksaufklärung ist."[89] Interessant bei der weiteren Korrespondenz über diese Verordnung ist die Tatsache, daß das Element der Propaganda von deutscher Seite viel direkter benannt wird, indem von Wimmer in einem Schreiben vom 30. Oktober 1942 darauf hingewiesen wird, "daß im Reich das Propagandaministerium viel stärker auf das Ausstellungswesen einwirken kann."[90]

Außer der Propaganda zur 'Volksaufklärung' ist es ferner für den Besatzer wünschenswert, wirtschaftliche Ausstellungen oder Messen von den Kunstexpositionen zu unterscheiden, so daß keine Fragen aufkommen, ob "der Generalsekretär im Ministerium für Volksaufklärung und Künste einem Topfhändler die Ausstellung von Kochtöpfen verbieten können" soll.[91] Die betreffende Bestimmung des § 7, nach welcher " der Generalsekretär bestimmte Zurschaustellungen [...] verbieten [kann]" bleibt allerdings auch in der endgültigen Verordnung bestehen.[92] Eine rechtlich festgelegte Trennung zwischen Kunstausstellungen und wirtschaftlichen Ausstellungen gibt es also trotz dieses Einwandes nicht in der definitiven Verordnung.

Die letzte Verordnung - dem Namen nach - im kulturpolitischen Bereich ist der Erlaß des Reichkommissars, Nr. 2 vom 26. Januar 1943, über "die Errichtung einer Stiftung für die Pflege von deutsch-niederländischen Beziehungen."[93] Trotz dieser Bezeichnung allerdings dient diese Verordnung der Sicherstellung des angeeigneten Vermögens der Freimaurer, und nicht irgendwelchen kulturpolitischen Zielsetzungen.[94]

87 *Verordnungsblatt*, 1942, S. 585-589; dazu K. Beker; A. Grote (Red.), *Ausstellungen - Mittel der Politik?* Berliner Schriften zur Museumskunde Bd. 3 (Berlin 1981).

88 Erläuterung, S. 1; Archiv Rechtsetzung, NIOD, Koll. 21, Karton 32, Mappe 2.

89 *Ebenda*, S. 2.

90 *Abteilung Rechtsetzung* an den Generalreferenten des Generalkommissars für Finanz und Wirtschaft, 30. Oktober 1942; *ebenda*.

91 Brief der Hauptabteilung Inneres (Verwaltung und Justiz) an Schlüter der *Abteilung Rechtsetzung*, 3. November 1942; *ebenda*.

92 *Verordnungsblatt*, 1942, S.589.

93 *Verordnungsblatt*, 1943, S. 43-44.

94 Siehe auch Kapitel 5, § 5.3, dieser Studie.

Zusammenfassend ist es möglich, folgende Bilanz aus der Kulturpolitik der Besatzungsmacht, so wie diese in der Rechtsetzung im *Verordnungsblatt* ausgedrückt wird, zu ziehen. Erstens bestimmen Zensurmaßnahmen das Bild, kombiniert mit Berufszulassungsbestimmungen, wobei die Zensur hauptsächlich repressiv eingesetzt wird. Die neuen Institutionen der beiden Ministerien unter nationalsozialistischer Führung, sowie der Niederländischen Kulturkammer und des Kulturrates sind die inhaltlichen Initiativen, die in der Auswirkung ebenfalls hauptsächlich nur die Zensur und Berufszulassung regeln. Bei den Propagandamedien scheitert die inhaltliche Kulturpolitik, da das Publikum sich mit dem Verlaufe der Zeit von den unfreien Medien abwendet oder sie als pro-deutsch identifiziert. In der Rechtsetzung zeigt sich diese Erscheinung, indem die Strafmaßnahmen immer rigoroser und unterdrückender werden. In den einzelnen anderen Bereichen, wie die des Sportes, kommt die Besatzungsmacht nicht einmal über einen ersten Ansatz zur Gleichschaltung hinaus.

7.4 Die letzten Verordnungen des Jahres 1945

Auf dem Gebiet der Rechtsetzung geschieht in den letzten Kriegsmonaten, in welchen die Lage sich für die Besatzungsmacht drastisch geändert hat, in den Niederlanden nicht mehr sehr viel. Um Rechtsetzung kümmert man sich kaum mehr und es werden nur noch routinemäßig die letzten Verordnungen publiziert. Im Archiv der *Abteilung Rechtsetzung* zu diesen allerletzten Verordnungen des Jahres 1945 befinden sich nur noch Druckfahnen und obligatorische Begleitschreiben.

Am 26. Januar 1945 erscheint noch einmal das Verordnungsblatt, in dem vier Verordnungen verkündet werden, die sich erstens auf die Bekämpfung von Verbrechen, welche die Notlage des niederländischen Volkes vergrößern, zweitens auf eine Abänderung der Verordnung Nr. 71 des Jahres 1941 über die gerichtliche Behandlung von Wirtschaftsstrafsachen, drittens zur Vereinfachung der Rechtspflege in Strafsachen und schließlich viertens zur Vereinfachung der Rechtspflege der Zivilsachen beziehen.[95]

Das letzte Verordnungsblatt schließlich erscheint am 8. März 1945 und enthält wiederum vier Verordnungen: eine Ergänzung der Verordnung Nr. 70 des Jahres 1942 über die Anerkennung und Vollstreckung deutscher Entscheidungen in Zivil- und Handelssachen, eine Abänderung der Verordnung Nr. 50/1940 über die Bezahlung der Vergütung bei Inanspruchnahme von Privatquartier und bei Unterkunft in Betrieben des Gastwirts- und Beherbergungsgewerbe, sowie eine Abänderung der Verordnung Nr. 144/1940 über die Inanspruchnahme von bebau-

95 Verordnung Nr. 1/1945; *Verordnungsblatt*, 1944-1945, S. 2 (120). Nr. 2/1945: S. 3 (121). Nr. 3/1945: S. 4 (122). Nr. 4/1945: S. 6 (124).

ten und unbebauten Grundstücken für Zwecke der deutschen Wehrmacht. Die letzte Verordnung vom 1. März 1945 schließlich bezieht sich auf die Abänderung des Bürgerlichen Gesetzbuchs und der Zivilprozeßordnung.[96] Im April und Mai des Jahres 1945 erscheint das Verordnungsblatt nicht mehr. Die Arbeit der *Abteilung Rechtsetzung* des Reichskommissariats in den besetzten niederländischen Gebieten ist damit beendet.

Bei der Auswertung der deutschen Rechtsetzung, hinsichtlich Kulturpolitik, fällt der begrenzte Einfluß des Instruments Rechtsetzung auf, wenn man als Ziel die erzwungene Durchsetzung neuer politischer Ideen in das allgemeine Kulturgut des besetzten Landes definiert. Die Macht der Rechtsetzung ist groß, wenn es sich um Zensur, Berufszulassungsbestimmungen und Repression handelt. Über staatliche Institutionen können diese Mittel der Kulturpolitik vereinfacht durch Rechtsetzung und Strafbestimmungen eingeleitet werden. Die repressive Rechtsetzung der NS-Diktatur hat jedoch weniger Einfluß, wenn es um den freien Prozeß der eigentlichen Schöpfung neuen Kulturgutes geht. Weltweit anerkanntes Kulturgut unter einem diktatorischen Regime entsteht meistens erst, wenn überhaupt, in der Opposition.

96 Verordnung Nr. 5/1945; *ebenda*, S. 14 (131). Nr. 6/1945: S. 16 (133). Nr. 7/1945: S. 17 (134). Nr. 8/1945: S. 20 (137).

8. Rechtsetzung ist Machtsetzung

Die Geschichte der Rechtsetzung während des Zweiten Weltkriegs in den Niederlanden leidet an einem gewissen 'trockenen' Image, das verstärkt wird, wenn wichtige Historiker wie beispielsweise De Jong, dem Thema in ihrem Werk kaum Aufmerksamkeit schenken. Während die Folgen der Rechtsetzung in der Literatur - zurecht - immer Beachtung finden, wird kaum auf die juristische Entstehung der Gesetze eingegangen. Das Studium der Gesetze ist höchstens vereinzelten Rechtswissenschaftlern oder Juristen vorbehalten, andere Interessierte indessen werden abgeschreckt durch die technischen, juristischen Details der Rechtsetzung. Daß die Rechtsetzung jedoch ein wichtiges Instrument für die NS-Diktatur ist, die ihrer eigenen Stabilisierung, sowie Propagandazwecken und anderen Zielsetzungen sehr dienstlich sein kann, wird dabei übersehen. Gerade die Frage, warum sich die nationalsozialistischen Machthaber in den Niederlanden so eine Mühe gegeben haben, ihr Regime zu legitimieren, erfordert ein eingehendes Studium der Rechtsetzung.

In den Niederlanden während der Besatzungszeit 1940-1945 wird das Verhältnis zwischen Rechtsetzung und Machtsetzung grundlegend bestimmt durch den ersten Führererlaß vom 18. Mai 1940. Durch diesen Führererlaß wird zwar noch formell behauptet, daß das bisher geltende Recht in Kraft bleibt, aber dies geschieht nur unter der Voraussetzung, daß es mit der Besatzung vereinbar sein muß. Dieser Führererlaß dient der gesamten weiteren Rechtsetzung der Besatzungszeit als vermeintliche Legitimierung. Gleichzeitig illustriert der erste Führererlaß das sogenannte Führerprinzip. Das Führerprinzip, kennzeichnend für die politische Struktur des nationalsozialistischen Staates, kennt nur eine oberste Gewalt an der Spitze, mit absoluter Macht ausgestattet. Für das sogenannte Dritte Reich ist der Führer Adolf Hitler, und das Prinzip der Rechtsetzung der Besatzungsmacht wird ebenfalls dadurch charakterisiert, daß der Reichskommissar der besetzten niederländischen Gebiete, Dr. Arthur Seyß-Inquart, durch Verordnung Recht setzen kann. Er ist dazu vom Führer, als "Wahrer der Reichsinteressen", im ersten Führererlaß bestellt worden. Der Führer hat somit seine Macht an einen ihm Unterstellten delegiert, der aber immer noch von *ihm* die Richtlinien und Weisungen erhält.[1] Das bis dahin in den Niederlanden geltende Völkerrecht ist schon durch diesen Ansatz ganz von Anfang an nicht länger garantiert.

In so einer Rechtsauffassung hat die Rechtsetzung nur eine instrumentale Funktion. Ganz den Überzeugungen Hitlers gemäß, "daß das letzte Recht immer in der Macht liegt", ist die Rechtsetzung nur ein Instrument zur Durchführung der

1 *Verordnungsblatt*, 1940, S. 2.

nationalsozialistischen Weltanschauung.[2] Eine mögliche - und für den demokratischen Rechtsstaat lebenswichtige - rechtsphilosophische Diskussion, über die moralische Rechtfertigung der Rechtsetzung, dient den nationalsozialistischen Machthabern höchstens zur Legitimierung ihrer Gewalt. Schließlich ist es der Dezisionismus Carl Schmitts, der es den Nationalsozialisten ermöglicht, das Führerprinzip auch gewissermaßen theoretisch zu fundieren. Beim Dezisionismus ist eine Diktatur die einzig mögliche Staatsform, mit einem obersten Souverän an der Macht, der die höchste Gewalt vertritt, sowie die Rechtssicherheit garantiert durch seine Dezision. Die Nationalsozialisten sind nicht am moralischen Gehalt der Rechtsetzung interessiert, sondern bestenfalls an ihrem zweckmäßigen Einsatz. Das von Jürgen Habermas definierte Verfahren der Rechtsetzung, das deren Legitimität erzeugen soll, gilt dann auch vielleicht für eine Demokratie, aber ganz gewiß nicht in einer Diktatur, die auf solche Legitimierung des *moralischen* Gehalts der Rechtsetzung gar keinen Wert legt. Beim Nationalsozialismus dient das Recht der Macht, ist die Justiz zum Vollzugsorgan des NS-Herrschaftssystems entartet (Gruchmann) und auch die Rechtsetzung im NS-Staat nur ein Instrument der Gewalt.

Die gegenwärtige wissenschaftliche Literatur bemüht sich, das Verhältnis zwischen Rechtsetzung und Machtsetzung zu kennzeichnen. Das erste Konzept des Doppelstaats (E. Fraenkel) bietet dazu zwar einen nützlichen Ansatz, übersieht dabei allerdings die wichtige Tatsache, daß gerade die bewußt *nicht* deutlich abgegrenzten Zuständigkeitsbereiche für Normen, beziehungsweise Maßnahmen, einen großen Teil der Macht und des 'Erfolgs' des NS-Herrschaftssystems ausmachen. Die Forschung hat sich gerade auf diesen Aspekt des NS-Herrschaftssystems konzentriert, wie die später erstellten Konzepte von Rüthers, Gruchmann und Stolleis eindeutig darstellen. Das 'Medium Hitler' (Gruchmann), das die NS-Weltanschauung konzipiert und ständig neu interpretiert, bestimmt somit auch die Position des Rechts.

Stolleis' Argumentation, in welcher er das Verhältnis zwischen Recht und Unrecht als instabil, aber damit nicht notwendigerweise als destruktiv, bezeichnet, beschreibt dann auch treffend das NS-System, das sich nicht leicht auf einen Nenner bringen läßt. In Übereinstimmung mit Stolleis' Beschreibung des dynamischen Verhältnisses zwischen Recht und Unrecht, bestätigt das Studium der Rechtsetzung in den Niederlanden vor allem die merkwürdige Kraft des NS-Systems, gerade weil es sich nicht auf eine Formel bringen läßt und die Diskrepanz zwischen Recht und Unrecht nicht nur vollkommen offensichtlich in sich birgt, sondern auch ganz bewußt genutzt wird. Da dem Bürger des NS-Staats also die Grenzen der Zuständigkeitsbereiche nicht bewußt sind, ja gar nicht bewußt

2 Geheimgehaltene Rede Hitlers vor dem politischen Führernachwuchs auf der Ordensburg Sonthofen (Allgäu) am 23. November 1937 über die deutsche Geschichte und das deutsche Schicksal, in: Henry Picker, *Hitlers Tischgespräche*, S. 447.

sein können, ist der Zugriff der Gewalt auf ihn um so größer. Somit ist der Bürger in der NS-Gesellschaft gleichzeitig bedroht durch unrechtmäßige Maßnahmen und in Schach gehalten durch regulierende Rechtsvorschriften und Verordnungen.

Die geistige Grundlage der Machtsetzung, für den totalitären nationalsozialistischen Staat, wird im Deutschland der dreißiger Jahre gelegt. Hitler hat sich ja bekanntlich oftmals auf die 'legale' Machtübernahme der Nationalsozialisten in Deutschland, sowie seiner Ernennung als Reichskanzler, am 30. Januar 1933 berufen.[3] Wie Rüthers unter anderem dargestellt hat, bemühen die deutschen Rechtswissenschaftler sich ab diesem Zeitpunkt dann auch, die Rechtstheorien der neuen Machtsituation anzupassen. Dabei darf man wiederum nicht vergessen, daß Hitler nichts von ideologischer und programmatischer Festlegung hält. Das Recht ist letztendlich nach Hitlers Überzeugung niemals Selbstzweck, sondern immer nur Instrument. Die der Machtübernahme folgende, sogenannte rassisch-völkische Rechtserneuerung, besteht demzufolge aus einer inhaltlichen Neubestimmung von unbestimmten juristischen Begriffen, wobei die nationalsozialistische Weltanschauung als Auslegungsprinzip dient. Das Ziel dient ausschließlich der Legitimierung der neuen Gewalthaber. Die NS-Weltanschauung wird dabei je nach Bedürfnissen gestaltet und mit dementsprechenden Begriffen eingefüllt. Einzige, wirklich konstante Komponente bei der NS-Weltanschauung sind das grenzenlos vertretene Führerprinzip, die Rassenideologie der arisch-nordischen Überlegenheit, der ungezügelte Judenhaß, sowie die Vergötzung des biologischen Auslesekampfes, einschließlich der Absage an alle humanen Gesichtspunkte.[4] Eine Konsequenz dieser Überzeugung ist ein aggressiver Expansionsdrang. Anders formuliert bestimmt der Führerwille den aktuellen Inhalt der nationalsozialistischen Weltanschauung.

Das Gesetz hat in dieser Denkweise eine klare Funktion. Es ist Ausdrucksmittel der nationalsozialistischen, lies völkischen, Rechtsidee. Diese völkische Rechtsidee ist wiederum bestimmt vom verschwommenen Inhalt der NS-Weltanschauung. Das Gesetz, und somit das Recht, ist folglich zum politischen Instrument entartet. Außerdem ist auf diese Weise die Möglichkeit geschaffen worden, durch Interpretationsfreiheit Gesetze nach Wunsch und Bedarf auslegen zu können. Zu dieser Auslegungsfreiheit der Gesetze formuliert Carl Schmitt treffend die Grundvoraussetzung: Jede Auslegung muß eine Auslegung im nationalsozialistischen Sinne sein.[5]

Zugunsten dieser nationalsozialistischen Auslegung, oder dem Umdenken der Rechtsbegriffe, werden von den nationalsozialistisch geprägten Denkern theoretische Konzepte geschaffen, wie Carl Schmitts' 'konkretes Ordnungsdenken' und der 'konkret-allgemeine Begriff' von Karl Larenz. Die 'Kraft' dieser

3 Fest, *Hitler*, S. 533ff.

4 Rüthers, *Die unbegrenzte Auslegung*, S. 104.

5 Zitiert in Rüthers, *Entartetes Recht*, S. 41.

Begriffe besteht aus ihrem nebulösen Inhalt. Beim konkret-allgemeinen Begriff zum Beispiel, ist es zweckmäßig, den Begriff so offen und dynamisch wie möglich zu gestalten. Demzufolge ist der Begriff imstande, geänderte Machtverhältnisse, Normen und Wertvorstellungen in sich aufzunehmen und in geltendes Recht umzuformen. Dadurch wird es dem neuen Machthaber ermöglicht, die Definition einer Rechtsperson etwa auf Rassegleichheit zurückzuführen, und anschließend allen Personen 'undeutschen Blutes' eine weitere Stellung und Schutz im Recht zu entsagen. Dasselbe Prinzip gilt auch für die 'konkrete Ordnung', die je nach Belieben gedeutet werden kann und soll.

Eine dritte Rechtslehre entsteht am Ende der dreißiger Jahre, wenn die durchgeführten nationalsozialistischen (Privat-)Rechtserneuerungen nicht mehr allen Anforderungen entsprechen. Nach den ersten Einmärschen und Besatzungen des NS-Regimes, muß nun auch der nationalsozialistische Expansionsdrang rechtstheoretisch legitimiert werden, mittels einer entsprechenden Theorie des Völkerrechts. Die dafür, von unter anderen Carl Schmitt und Werner Best, entwickelte 'nationalsozialistische Großraumordnung', verbindet die politische Idee der Nationalsozialisten mit einem staatlichen Raumanspruch.

Bei Bests' Begriff vom Völkerrecht werden Beziehungen zwischen Staaten nur vom Standpunkt der Interessen und der Macht betrachtet. Die Gewalt ist dabei die Grundlage einer jeden 'Großraumordnung', und mit Gewalt muß das stärkste Volk sich gegenüber anderen Völkern durchsetzen und behaupten. Für die in diese 'Großraumordnung' gezwungenen Völker gibt es keine allgemeine Regel der Behandlung. Der einzige Maßstab dafür ist das Interesse des Führungsvolkes.[6]

Dieses Interesse des Führungsvolkes, und nur ihres, wird bei der Besatzung der Niederlande dann auch vertreten. Weil es anfangs im Interesse der Besatzungsmacht liegt, wird in erster Linie nur im Hintergrund als Besatzungsmacht mit Gewalt aufgetreten und auf die 'Selbstnazifizierung' der Bevölkerung des besetzten Landes gewartet. Da die Auslandspolitik des Reichs im Mai 1940 sehr erfolgreich verläuft, läßt man sich erst noch einige Zeit bei der Durchführung der politischen Ziele. Erst wenn diese erwartete und erhoffte Wendung der niederländischen Bevölkerung zu den Idealen der NS-Ideologie hin ausbleibt, wird härter eingegriffen, um schließlich in eine reine Terrorherrschaft zu degenerieren. Die Gewalt als Ausdruck der Macht, auf welche sich die Großraumordnung basiert, zeigt dann erst ihr wahres Gesicht.

Mit diesen rechtstheoretischen Grundsätzen im Hintergrund, kann man die Machtsetzung der neuen Gewalthaber in den besetzten Niederlanden besser verstehen. Erstmal erhalten die Niederlande eine Zivilverwaltung am 25. Mai 1940, ohne daß es genaue Belege gibt, warum Hitler sich für so eine Besatzungsform entschlossen hat. Ebensowenig hat Hitler ein präzises, politisches Konzept für das neue, besetzte Land hinterlassen. Die Zielsetzungen der Besatzungsmacht werden

6 Herbert, *Best*, S. 281.

daher den Unterlagen Seyß-Inquarts entnommen, so wie er diese am 29. Mai 1940 in der Rede seiner Amtseinsetzung in Den Haag, sowie in seinem *1. Lagebericht* im Juli 1940, formuliert hat. Diese offiziellen Zielsetzungen bestehen aus erstens der Wahrung der öffentlichen Ordnung und des öffentlichen Lebens, zweitens der wirtschaftlichen Bindung der Niederlande ans Reich, sowie drittens aus der (freiwilligen) politischen Willensbildung und Lenkung der niederländischen Bevölkerung.

Die ersten beiden Zielsetzungen gehören, dem Prinzip nach, zu selbstverständlichen Abmachungen des Besatzungsrechts. Die dritte Zielsetzung jedoch, das Streben nach 'Selbstnazifizierung', hier interpretiert als politische Willenslenkung, ist kennzeichnend für den NS-Staat. Es besteht schließlich keine Abmachung des Besatzungsrechts, in der bestimmt wird, daß das besetzte Land die Ideologie und Politik einer neuen Besatzungsmacht übernehmen muß. Dieses Streben gehört also anscheinend in den Bereich des Interesses des Führungsvolkes, gemäß der nationalsozialistischen Großraumordnung.

Interessant zum sogenannten Interesse des Führungsvolkes ist die neu gewonnene Einsicht, aufgrund der vorliegenden Untersuchung, daß der nationalsozialistische Gewalthaber in den Niederlanden die Rassenpolitik, eine der wichtigsten Dogmen der NS-Weltanschauung, nicht offiziell in die Zielsetzungen der Besatzungspolitik einbezieht. Der Korrespondenz zur 3. Verordnung, vom 29. Mai 1940, kann man allerdings sehr wohl die ursprüngliche Intention entnehmen, die Judenpolitik, wie auch das Auftreten gegen Kommunisten, von Anfang an schon per Verordnung zu bestimmen. Die Recherchen im Archiv Rechtsetzung belegen diese ursprünglichen Absichten in den ersten Konzepten der Verordnung Nr. 3/1940. Im definitiven Text der dritten Verordnung sind sie jedoch nicht zu finden, weil man die Zeit, vermutlich aus besatzungspolitischen Gründen, noch nicht reif für solche rassenpolitischen Bestimmungen hält. Die Rassenpolitik droht jedoch von Anfang an schon ganz offensichtlich im Hintergrund.

Die Verordnung Nr. 3/1940, sozusagen Seyß-Inquarts 'eigene Verfassung', enthält außerdem Bestimmungen, in welcher er die Rechtsprechung für unabhängig erklärt (§ 6.1) und bestimmt, daß "die Urteile im Namen des Rechts ergehen" (§ 6.2), statt, wie vorher in den Niederlanden üblich, im Namen der Königin. Er regelt in dieser Verordnung ferner seine eigene Position, ganz dem Führerprinzip gemäß, sowie die unterschiedlichen Zuständigkeitsbereiche der ihm unterstellten Beamten.

Die ersten fünf Verordnungen des Jahres 1940, in denen ferner unter anderem auch das Reichskommissariat Niederlande geregelt wird, enthalten die 'legale' Machtbasis der neuen Gewalthaber. Die restliche Rechtsetzung beruft sich in ihren Bestimmungen stets auf eine dieser ersten Verordnungen, wobei der Führererlaß die maßgebende, ursprüngliche Legitimierung bildet.

Das Führerprinzip wird von Anfang an strukturell in die nationalsozialistische Rechtsetzung in den Niederlanden eingebaut und kann als die zentrale

Machtbasis der NS-Diktatur während der Besatzung betrachtet werden. Wie auch Hitler 1933 nach der Machtübernahme in Deutschland seine Regierung zu legitimieren sucht, muß die Besatzungsmacht ihre Machtbasis in den Niederlanden im Mai 1940 quasi legalisieren.

Die von Rüthers für die Situation in Deutschland dargelegte Systematik der 'unbegrenzten Auslegung' der Gesetze, hin zur nationalsozialistischen Ideologie, bekommt in den Niederlanden eine ganz eigene Dimension. Dabei wird der Extraspielraum der Übersetzung vom niederländischen Rechtsbegriff in die deutsche Sprache ausgenutzt, sowie die unterschiedlichen Machtebenen der holländischen Obrigkeiten und deutschen Besatzer. Aus der Verwertung der Unterlagen des Archives Rechtsetzung kann man nämlich ersehen, daß sogar die Unterschrift und Bezeichnung der Verordnungen, sowie deren Übersetzung ins Niederländische, nicht willkürlich sind.

Erstens sollen verkündete Rechtsvorschriften im *Verordnungsblatt* möglichst von den niederländischen Generalsekretären unterschrieben werden. Mit dieser Taktik bezweckt die Besatzungsmacht, den Schein der Freiwilligkeit der Rechtsvorschriften der niederländischen Bevölkerung gegenüber zu wahren. Dieses Vorhaben paßt in das Streben nach vermeintlicher Legalität und Akzeptanz, sowie zum politischen Ziel der Selbstnazifizierung.

Zweitens geschieht die Übersetzung des Begriffes Verordnung ins Niederländische in *verordening*, *besluit* oder *beschikking*, nicht wahllos. Prinzipiell wird eine vom Reichskommissar unterzeichnete Verordnung immer mit *verordening* übersetzt, während die niederländischen Generalsekretäre nur *besluiten* oder *beschikkingen* unterzeichnen. Die Verordnungen vom Reichskommissar sind meistens die gegebenen Richtlinien, die danach von den Niederländern weiter in Rechtsvorschriften ausgeführt werden müssen. Die Verfahrensweise paßt zum delegierenden Führerprinzip. Die niederländischen Begriffe erinnern dabei an die ursprünglichen ministeriellen Verfügungen, beziehungsweise königlichen Beschlüsse.

Diese Vorgehensweise ist ein deutliches Beispiel für das Umdenken von Rechtsbegriffen à la Schmitt, da die alten Begriffe eine neue Bedeutung erhalten. Die Bezeichnungen täuschen dabei über das Entstehen der Rechtsvorschriften hinweg und verleihen ihnen eine gewisse Legalität. Die Haltung des Obersten Gerichtshofes, der die Rechtsgültigkeit der Verordnungen offiziell anerkennt, trägt weiter zur Akzeptanz aller Obrigkeiten der neuen Rechtsetzung bei.

Die Verordnungen des produktiven Jahres 1940 konzentrieren sich in der großen Mehrheit auf wirtschaftliche Maßnahmen. Für diese Zielsetzung werden Maßnahmen auf allen erdenklichen Gebieten getroffen, die die Kontrolle und schließliche Erfassung der niederländischen Wirtschaft anstreben, zum Zwecke der 'Wiederverteilung' der Güter, das heißt Abführung ins Reich. Dafür werden nicht nur neue Verordnungen erstellt, sondern auch viele Abänderungen und Erweiterungen der schon vorhandenen, ursprünglichen niederländischen Krisengesetze vorgenommen, die sich mit Bewirtschaftungsfragen befassen. Bei diesen Verordnungen wird allerdings oftmals das Prinzip eines gewissen Etikettenschwindels benutzt. Auch werden juristische Definitionen genutzt, die mehrere Deutungen erlauben.

Ein gutes und bekanntes Beispiel für so eine Tarnung ist Verordnung Nr. 80/1940, quasi zur Vermeidung von Tierquälerei, aber in Wirklichkeit die erste Verordnung von rassenpolitischem Inhalt. Diese Verordnung veranschaulicht ebenfalls die undeutliche Grenze zwischen Norm und Maßnahme oder Recht und Unrecht: der Form und dem Gehalt nach eine Norm, ist der Inhalt oder das eigentliche Ziel der Verordnung eher unrechtmäßig.

Die rassenpolitischen Ansätze der Judenpolitik geschehen im Jahre 1940 in der Rechtsetzung ebenfalls in gewisser Weise getarnt. Mit Verordnung Nr. 108, vom 20. August 1940, "über besondere verwaltungsrechtliche Maßnahmen", setzt die Verfolgung der Juden und Andersdenkender ein, ohne daß das Wort 'Jude' in der Rechtsetzung zu finden ist.[7] Das Beamtentum wird anschließend allerdings innerhalb von drei Monaten 'arisiert'. Juden werden wörtlich nur in zwei Verordnungen des Jahres 1940 genannt, nämlich in der Anmeldung von Unternehmen (Verordnung Nr. 189/1940) und beim Verbot der Beschäftigung Deutscher in jüdischen Haushaltungen (Verordnung Nr. 231/1940), im Oktober und Dezember des Jahres publiziert. Die verpflichtete Anmeldung von Unternehmen ist eine sehr wichtige Verordnung, da sie es dem Besatzer ermöglicht, nicht nur die Juden zu registrieren, sondern auch deren Vermögen aufzuspüren. Die Erscheinung der Begriffsbestimmung der 'Juden', am 29. Oktober 1940, kann als eine Art Kriegserklärung der Besatzungsmacht an den jüdischen Bevölkerungsteil ausgelegt werden. Es ist außerdem ein erstes Indiz für die sich ändernde Haltung der Besatzungsmacht, die im Verlauf der Zeit immer brutaler werden wird.

Die Rassenpolitik ist das eklatanteste Beispiel für die Brutalität der Besatzungsmacht. Obgleich der Begriff Doppelstaat (E. Fraenkel) sehr treffend formuliert ist, liegt das Problem jedoch, wie schon erwähnt, in der Abgrenzung der betreffenden Zuständigkeitsbereiche, da diese ganz bewußt diffus und dynamisch gehalten wird. Gerade in diesem lebendigen, wechselhaften Verhältnis zwischen Norm und Maßnahme, oder Recht und Unrecht, liegt schließlich die Unberechenbarkeit des nationalsozialistischen juristischen Systems. Dem jüdischen Bevölkerungsteil, aber auch den anderen Bürgern des NS-Staats, wird somit jegliche Rechtssicherheit genommen. Während die nationalsozialistischen Machthaber einerseits durch Rechtsetzung die Kennzeichen eines Rechtsstaats präsentieren und sich als solchen legitimieren, können sie sich andrerseits erlauben, unrechtmäßige Maßnahmen zu verkünden und auch diese stets im Nachhinein ihrer Doktrin anpassen. Statt der ursprünglichen normativen Grundlage des Rechts wird quasi der Führerwille als neue Norm oder Grundlage des Rechts eingesetzt.

7 *Verordnungsblatt*, 1940, S. 338-340.

Wie die Recherchen der vorliegenden Untersuchung hinsichtlich der Judenpolitik ergeben haben, geschieht über den Weg der Rechtsetzung, publiziert im *Verordnungsblatt*, 'nur' die Anmeldung von Juden über die Entscheidungsstelle Hans Calmeyers (Verordnung Nr. 6/1941). Die Rechtsetzung der Verordnungen wird hauptsächlich genutzt für die gründliche Erfassung und Aneignung des jüdischen Vermögens. Die Verfahrensweise dabei ist erst die Markierung des Objekts (Berufsstelle, Landbesitz, Vermögen usw.) durch eine Rechtsvorschrift, die dem Juden den Besitz verbietet. Anschließend wird die Verwaltung von anderen Personen übernommen und schließlich direkt vom Besatzer angeeignet. Da hier der Erfolg der Besatzungspolitik von vielen verschiedenen Personen und Institutionen abhängig ist, wird nur stufenweise aber eindeutig und so gesetzlich wie möglich vorgegangen. Eine gewisse Konsolidierung der Gesellschaft ist aber auch aus der Sicht der nationalsozialistischen Machthaber von immer großer Bedeutung für die Stabilität des Systems, so daß es günstig ist, die Forderungen in Verordnungen festzulegen.

Auf der anderen Seite gibt es aber parallel zur Rechtsetzung auch noch die Mitteilungen und polizeilichen Maßnahmen, die ad hoc entstehen und in Tageszeitungen veröffentlicht werden. Es sind gerade diese Maßnahmen, die bei der Judenpolitik in den Niederlanden zur Verfolgung, Erfassung und schließlichen Deportation geführt haben. Die tragische Kraft und der 'Erfolg' der Judenverfolgung, aus der Sicht der Besatzungsgewalt betrachtet, besteht gerade in diesem scheinbar unübersichtlichen Gewirr von bewußt erst plötzlich erscheinenden polizeilichen Maßnahmen, von dessen Existenz der jüdische Bevölkerungsteil kaum etwas weiß und mit der sich er plötzlich konfrontiert sieht, obgleich auch hinter diesen Maßnahmen ein systematischer Apparat steht, der auf die 'Endlösung' hinarbeitet. Während die Verfolgung und Vernichtung der Juden ohne gesetzliche oder juristische Richtlinien stattfindet, wird ihnen gleichzeitig die Rechtssicherheit in der Gesellschaft planmäßig und vollständig von Anfang an entnommen. Gerade das Entziehen der Rechtssicherheit ist für das Gelingen dieses Vorhabens aus der Sicht der Besatzungsmacht essentiell. Aber auch Maßnahmen können letztendlich den Motiven nach immer noch hinterher durch die Formulierungen des Führerprinzips gedeckt und demzufolge quasi noch mit dem Beruf auf den Führerwillen legitimiert werden. Da das Recht von der Macht bestimmt wird, kann die rechtliche Legitimation der Diktatur aus opportunistischen Gründen notfalls auch hinterher stattfinden - oder aber ganz ausbleiben.

Das Streben nach 'kultureller Gleichschaltung', das heißt die Umformung der niederländischen Gesellschaft zugunsten der Ansichten der NS-Weltanschauung, geschieht in der Rechtsetzung hauptsächlich über repressive Zensur- und Berufszulassungsbestimmungen. Inhaltliche Initiativen der Kulturpolitik äußern sich in der Errichtung der nationalsozialistischen Ministerien für erstens Erziehung, Wissenschaft und Kulturverwaltung, zweitens Volksaufklärung und Künste sowie der Niederländischen Kulturkammer. In ihrer Auswirkung jedoch beschränken auch diese Institutionen sich hauptsächlich auf Zensur und Berufsbestimmungen. Auch bei den Propagandamedien scheitert die Gleichschaltungspolitik in dem Sinne, daß die Bevölkerung sich von den unfrei gewordenen Medien abwendet oder sie als pro-deutsch identifiziert. In der Rechtsetzung erkennt man diesen Trend durch die immer rigoroser und härter werdenden Strafbestimmungen.

Durch das Bestreben der nationalsozialistischen Machthaber, in den Niederlanden zwischen 1940 bis 1945 ihr Regime zu legitimieren, wird das Verhältnis zwischen Rechtsetzung und Machtsetzung als Gleichstellung definiert. Die Rechtsetzung ist dabei nur noch ein Instrument der Machthaber ohne einen größeren moralischen Gehalt in demokratischem Sinne. Die vom Führerprinzip bestimmte NS-Weltanschauung führt überdies noch einen Schritt weiter, denn wenn die Macht es will, kann die Rechtsetzung sogar unterlassen werden.

9. Zusammenfassung in niederländischer Sprache

De Duitse wetgeving in Nederland (1940-1945)

Na de capitulatie van de Nederlandse troepen op 14 mei 1940 publiceert de *Führer* Adolf Hitler op 18 mei 1940 een decreet over de uitoefening van regeringsbevoegdheden in Nederland. Hierin stelt hij een civiel bestuur in onder leiding van *Reichskommissar* Arthur Seyß-Inquart. Verder bepaalt hij dat het tot nu toe geldende Nederlandse recht van kracht blijft, voor zover het "met de bezetting te verenigen is" en krijgt de Rijkscommissaris de bevoegdheid verordeningen uit te vaardigen die kracht van wet hebben. Deze verordeningen worden tijdens de bezetting tweetalig in het *Verordeningenblad voor het bezette Nederlandsche gebied* gepubliceerd. Zij vormen het middelpunt van de Duitse wetgeving en staan centraal in deze studie.

Aan de geschiedenis van de Tweede Wereldoorlog is in Nederland ruimschoots aandacht. Maar de interesse voor de nationaal-socialistische wetgeving beperkt zich hoofdzakelijk tot de rechtsvoorschriften van de bezetter en de gevolgen ervan voor de Nederlandse samenleving. Aan de achtergrond en wijze van ontstaan van de wetgeving zelf is tot nu toe nauwelijks aandacht besteed. Het archief van de afdeling wetgeving van het *Reichskommissariat*, aanwezig in het Nederlands Instituut voor Oorlogsdocumentatie in Amsterdam, was dan ook vóór deze studie nauwelijks ontsloten en zelden geraadpleegd. In dit archief bevinden zich alle concepten, drukproeven, correspondentie enzovoorts, betrekking hebbend op de verordeningen die tijdens de bezetting in het *Verordeningenblad* werden gepubliceerd.

Het voorwerk van dit onderzoek bestond uit het ontsluiten, bestuderen en inventariseren van het archief wetgeving. Door deze werkzaamheden is de centrale vraag gerezen naar de verhouding tussen wetgeving en macht bij de Duitse bezetter in Nederland tijdens de bezettingsjaren. Bij deze probleemstelling hoort de hypothese, dat hij die de macht bezit, tevens het recht in zijn macht heeft en vice versa.

In het eerste hoofdstuk wordt aandacht besteed aan de verhouding tussen wetgeving en macht op rechtsfilosofisch niveau. Hiervoor wordt aan de hand van teksten van Walter Benjamin, Carl Schmitt en Jürgen Habermas een analyse van wetgeving als begrip, haar verhouding tot macht, het probleem van soevereiniteit en besluitvorming (*Dezision*) in een rechtsorde gegeven.

Het tweede hoofdstuk laat de manier zien waarin de nationaal-socialistische wereldbeschouwing in de rechtstheorieën in Duitsland in de jaren dertig wordt verwerkt. De belangrijkste inhoudelijke componenten van deze wereldbeschouwing zijn de *Führerwille*, het leidersbeginsel en de rassenideologie.

Als nieuwe rechtsidee geldt de *Führerwille*, die de voor een democratie gebruikelijke noties van rechtvaardigheid en vrijheid vervangt. De principes van het *konkrete Ordnungsdenken* (Carl Schmitt), de *konkret-allgemeiner Begriff* (Karl Larenz) en de *Großraumordnung* (Carl Schmitt, Werner Best en anderen) laten zien, op welke wijze traditionele rechtsbegrippen een nieuwe inhoud krijgen.

Vervolgens wordt in het derde hoofdstuk aandacht besteed aan de bezettingsmacht. Het historische kader en de politieke context van het *Reichskommissariat* worden beschreven. Vervolgens worden de eerste drie verordeningen van de bezetter, die de juridische basis leggen voor het nieuwe recht, geanalyseerd. Wetgeving is voor de bezettingsmacht het instrument om haar officiële intenties om te zetten in beleid. Het recht in de NS-staat wordt gekenmerkt door het tegelijkertijd naast elkaar bestaan van wetten enerzijds en maatregelen anderzijds. Wetten, dat wil zeggen de verordeningen, worden gebruikt voor de officiële doelstellingen en maatregelen voor het uitvoeren van oneigenlijke doeleinden zoals de Jodenvervolging.

De officiële doelstellingen van de bezetter, geformuleerd door Seyß-Inquart, bestaan uit de economische uitbuiting, het bewaren van de openbare orde en het streven naar 'zelfnazificatie' van de Nederlandse bevolking. Met 'zelfnazificatie' wordt het streven bedoeld, het nationaal-socialistische gedachtengoed op de Nederlandse samenleving over te brengen. Hierbij horen het leidersbeginsel en de culturele gelijkschakeling. De vierde doelstelling van de rassenpolitiek is niet officieel verwerkt in zijn 'eigen grondwet', zoals verordening nr. 3 van 29 mei 1940 kan worden genoemd. In het archief wetgeving gevonden documenten tonen echter aan dat de bezetter wel degelijk van begin af aan heeft overwogen de Jodenvervolging in de derde verordening op te nemen. Waarschijnlijk vanwege politiek-strategische gronden werd hier aanvankelijk vanaf gezien, in de hoop op 'zelfnazificatie' van het Nederlandse volk.

De resultaten van het onderzoek naar het archiefmateriaal van de afdeling wetgeving worden in het tweede deel van deze studie gepresenteerd. De benadering is in eerste instantie thematisch, terwijl binnen het onderwerp de chronologie van gebeurtenissen wordt aangehouden. Inhoudelijke richtlijnen hiervoor liggen in het verlengde van de doelstellingen van de bezetter: de economische uitbuiting, het invoeren van het leidersbeginsel, de Jodenvervolging en de poging tot culturele gelijkschakeling van de Nederlandse bevolking.

Voor de economische 'binding aan het Rijk' maakt de bezetter ruimschoots gebruik van het in Nederland aanwezige distributiestelsel. De verordeningen met een economisch doel passen uiteraard binnen die doelstelling. Zij beogen controle op en toeëigening van de in Nederland aanwezige voorraden, die uiteindelijk naar het Rijk worden afgevoerd (hoofdstuk 4).

Het leidersbeginsel baseert zijn structuur op een leider, die de hoogste macht vertegenwoordigt en vervolgens zijn taken delegeert. Het leidersbeginsel is kenmerkend voor het nationaal-socialisme. Dit kan men eenduidig in de Duitse wetgeving in Nederland terug vinden. Nederlandse instellingen worden volgens het leidersbeginsel hervormd en controlerende instanties per verordening uitgeschakeld (hoofdstuk 5).

De Jodenvervolging in de wetgeving, gepubliceerd in het *Verordeningenblad*, concentreert zich hoofdzakelijk op de vergaring van het Joodse vermogen. Vanuit het oogpunt van de bezetter is deze onteigening bijzonder succesvol verlopen. In de verordeningen geschiedt de onteigening steeds volgens hetzelfde principe: bezit moet eerst worden aangemeld, dat wil zeggen geregistreerd. Vervolgens gaat het beheer over in Duitse of hiervoor uitgekozen Nederlandse instanties en tenslotte wordt het verkocht. De vervolging en tenslotte deportatie van Joden vindt, afgezien van de personenregistratie, hoofdzakelijk plaats via (politionele) maatregelen. Bij de Jodenvervolging wordt de problematiek van het parallel bestaan van wetten en oneigenlijke maatregelen schrijnend duidelijk (hoofdstuk 6).

De poging tot culturele gelijkschakeling van de Nederlandse bevolking door middel van wetgeving heeft minder 'succes'. Per verordening wordt weliswaar de Nederlandse Kultuurkamer opgericht, maar dit instrument van culturele gelijkschakeling heeft nauwelijks ideologische invloed gehad. De wetgeving beperkt zich uiteindelijk tot verordeningen op het gebied van censuur en repressie. De media (film, pers en radio) worden gebruikt voor propaganda of verboden. Censuur wordt bereikt door inhoudelijke bepalingen en eisen tot toelating voor een bepaald beroep. Repressie wordt uitgevoerd door strafbepalingen (hoofdstuk 7).

De analyse van de Duitse wetgeving in Nederland tijdens de bezetting laat zien, dat de bezetter doelbewust ernaar streeft een wetgeving op een - vanuit zijn visie - legitieme basis te produceren. Dit streven wordt door vier argumenten gemotiveerd. Ten eerste voorzien duidelijke richtlijnen aan de behoefte van stabiliteit van het systeem. De wil van de *Führer* voorziet hierbij in de nieuwe legitimatie van de wetgeving in plaats van de oude rechtsidee (vrijheid, gerechtigheid) van de overwonnen rechtsorde. Ten tweede hebben uitvoerende ambtenaren, evenals de bevolking, behoefte aan duidelijke richtlijnen ten behoeve van een efficiënte uitvoering en opvolging van het gegeven beleid. Ten derde hebben binnen de dictatoriale staat ook hogere kaders aanwijzingen nodig om de lagere organen te kunnen controleren. Ten slotte moet iedere mogelijkheid om verzet tegen het regime aan te tekenen op grond van onrechtmatige wetgeving de wind uit de zeilen worden genomen.

Het problematische bij de Duitse wetgeving is het naast elkaar bestaan van wetten en maatregelen. Terwijl verordeningen nog een zeker mate van legitimiteit kunnen bezitten, is dit bij een maatregel niet het geval. Deze tweedeling van het recht in de NS-staat wordt in de literatuur gekenmerkt door het concept van de *Doppelstaat* (E. Fraenkel). Met wetten, die feitelijk onrecht beogen zonder direct als dusdanig herkenbaar te zijn, wordt in dit concept echter niet goed genoeg rekening gehouden. Een voorbeeld van een dergelijke wet is de beruchte verordening nr. 80 van 31 juli 1940, gericht op dierenbescherming, maar feitelijk een antisemitische maatregel, omdat het rituele slachting verbiedt. Dit principe, dat een verordening een geheel ander doel heeft dan uit de rechtsvoorschriften zelf is op te maken, komt veelvuldig in de Duitse wetgeving in Nederland voor.

Bovendien is het grensgebied tussen verordening en maatregel bewust niet sterk afgebakend. Hierdoor krijgt de bezetter een nog grotere greep, en dus meer macht, op de burger in de samenleving. Deze wordt namelijk enerzijds bedreigd door onrechtmatige maatregelen, die ad hoc kunnen worden geproduceerd, en anderzijds in bedwang gehouden door reguliere wetten.

De NS-staat presenteert zich naar buiten toe in haar wetgeving als een traditionele rechtsstaat, maar kan zich tegelijkertijd permitteren onrechtmatige maatregelen te verkondigen. Doordat de wil van de *Führer* (*Führerwille*) als nieuwe rechtsidee wordt gebruikt, is het rechtsstelsel dynamisch, flexibel en op elk moment in staat nieuwe elementen aan het recht toe te voegen. Door deze mogelijkheden bepaalt de macht de inhoud van het recht. Wetgeving is hierbij slechts een instrument zonder morele noties, dat ertoe dient politieke doelstellingen te verwezenlijken.

Quellen- und Literaturverzeichnis

A. Quellenverzeichnis

A.1 Archive

Justizministerium, Den Haag
Centraal Archief Wettendossiers

Niederländisches Institut für Kriegsdokumentation (NIOD), Amsterdam
Reichskommissariat:

Stab	Kollektion	14
Präsidialabteilung	Kollektion	17
Abteilung Rechtsetzung	Kollektion	21

Dokumente niederländischer Behörden:
Nederlandse (overheids)instellingen en personen (CNO)

Dep. van Volksvoorlichting en Kunsten (DVK)	Kollektion	102
Nederlandse Kultuurkamer	Kollektion	104
SG-Notulen/SG-Circulaires	Kollektion	216

Dokumentationsmaterial zu einzelnen Personen und Institutionen:

Doc-I Personen	Kollektion	248
Doc-II Zaken	Kollektion	249

Hausinterne Aufzeichnungen:

Notities voor het Hoofdwerk	Kollektion	785

A.2 Unveröffentlichte Quellen

Best, W., *Die deutschen Aufsichtsverwaltungen in Frankreich, Belgien, den Niederlanden, Norwegen, Dänemark und im Protektorat Böhmen und Mähren.* Nur für den Dienstgebrauch, vergleichende Übersicht Stand August/Anfang September 1941, NIOD (Amsterdam)

Cohen, A.E., *Kroniek inzake de maatregelen in Nederland tegen de Joden genomeni,* NIOD (Amsterdam)

Fortunati, C.M., *Schijnbare Autonomie. De positie van de Centrale Commissie voor de Filmkeuring 1939-1941* (Magisterarbeit, Universität Leiden 1988)

GALLIN, I., *Inventaris archief 21: I. Duitse instellingen en personen in bezet Nederland: B Reichskommissar für die besetzten niederländischen Gebiete, Abteilung Rechtsetzung und Staatsrecht*, NIOD (Amsterdam 1994)
PROOSDIJ, J. van, *Mijn werk met Calmeyer aan Portugese en afstammingszaken* (Voorburg 1998)

A.3 Veröffentlichte Quellen

ENQUÊTECOMMISSIE REGERINGSBELEID 1940-1945: Verslag houdende de uitkomsten van het onderzoek, 8 Bände (Den Haag 1949-1956). Jeder Bd. gliedert sich in 3 Teile: A Bericht der Kommission, B Dokumente, C Aussagen
INTERNATIONALER MILITÄRGERICHTSHOF NÜRNBERG. Der Prozeß gegen die Hauptkriegsverbrecher vor dem Internationalen Militärgerichtshof Nürnberg, 14. November 1945 bis 1. Oktober 1946, 42 Bände (Nürnberg 1947-1949)
DE KONINGIN SPRAK. *Proclamaties en radiotoespraken van H.M. Koningin Wilhelmina gedurende de oorlogsjaren 1940-1945* (Utrecht 1945)
DE NEDERLANDSCHE WETBOEKEN, J.A. Fruin (Hg.),(Den Haag 1940)
DIE NIEDERLANDE IM UMBRUCH DER ZEITEN. *Alte und neue Beziehungen zum Reich.* Im Auftrag des Reichskommissars Dr. Seyß-Inquart hg. und bearb. von Dr. Freiherr M. Du Prel unter Mitwirkung von W. Janke (Würzburg 1941)
STAATSBLAD NR. 200: A1 bis einschließlich F 65, erschienen in London (Zwolle 1945)
VERORDNUNGSBLATT FÜR DIE BESETZTEN NIEDERLÄNDISCHEN GEBIETE, 5 Bände (Den Haag 1940-1945)

B. LITERATURVERZEICHNIS

B.1 Aufsätze

ARNDT, I. und BOBERACH, H., 'Deutsches Reich'; in: Benz, W. (Hg.), *Dimension des Völkermords Die Zahl der jüdischen Opfer des Nationalsozialismus*, Quellen und Darstellungen zur Zeitgeschichte. Hg. vom Institut für Zeitgeschichte, Bd. 33 (München 1991) S. 23-65.

BLOM, J.C.H., *In de ban van goed en fout? Wetenschappelijke geschiedschrijving over de bezettingstijd in Nederland*, Inaugurale Rede (Bergen 1983)

BENZ, W. (Hg.), 'Dimension des Völkermords'; in: *Dimension des Völkermords. Die Zahl der jüdischen Opfer des Nationalsozialismus*, Quellen und Darstellungen zur Zeitgeschichte. Hg. vom Institut für Zeitgeschichte, Bd. 33 (München 1991) S.1-21.

BEST, W., 'Grundfragen einer deutschen Großraum-Verwaltung', in: *Festgabe für Heinrich Himmler* (Darmstadt 1941) S. 33-60.

BEST, W., 'Völkische Großraumordnung. Rezension zu Carl Schmitt: Völkerrechtliche Großraumordnung mit Interventionsverbot für raumfremde Mächte', in: *Deutsches Recht. Zeitschrift des Bundes Nationalsozialistischer Deutscher Juristen,* vereinigt mit *Juristische Wochenschrift* (Ausg. A). Hg. von Hans Frank (Berlin/Leipzig/Wien 1940) S. 1006 ff.

BEST, W., 'Nochmals: Völkische Großraumordnung statt 'Völkerrechtliche Großraumordnung', in: *Deutsches Recht*, 1941, 11, S. 1533 ff.

DAHM, V., 'Zur Frage der kulturpolitischen Gleichschaltung im Dritten Reich', in: *Vierteljahrshefte für Zeitgeschichte,* 43. Jg., Heft 2, April 1995 (München 1995) S. 221-266.

FIGAL, G., 'Recht und Moral bei Kant, Cohen und Benjamin', in: H.L. Ollig (Hg.), *Materialien zur Neukantionismus-Diskussion* (Darmstadt 1987) S. 171-181.

GALLIN, I. J., 'Machtstrukturen im Reichskommissariat Niederlande', in: Robert Bohn (Hg.), *Die deutsche Herrschaft in den 'germanischen' Ländern 1940-1945*, HMRG Beiheft, Nr. 26 (Stuttgart 1997).

GEUS, M. de, 'Vredesrechtspraak in Nederland', in: *Zesde Jaarboek van het Rijksinstituut voor Oorlogsdocumentatie* (Amsterdam 1995) S. 48-87.

GRIFFIOEN, R. und ZELLER, R., 'Jodenvervolging in Nederland en België tijdens de Tweede Wereldoorlog: een vergelijkende analyse'; in: *Achtste Jaarboek van het Rijksinstituut voor Oorlogsdocumentatie* (Amsterdam 1997) S. 10-64.

GRIFFITHS, R.T., 'The Exploitation of the Dutch Economy', 1940-1945'; in: J.P.B. Jonker, A.E. Kersten, G.N. van der Plaat (Red.), *Vijftig jaar na de inval. Geschiedschrijving en Tweede Wereldoorlog* (Den Haag 1990) S. 115-125.

GRUCHMANN, L., Die 'rechtsprechende Gewalt'; in: *Der Nationalsozialismus. Studien zur Ideologie und Herrschaft*, Hg. von Wolfgang Benz, Hans Buchheim, Hans Mommsen (Frankfurt am Main 1993) S. 78-104.

HIRSCHFELD, G., 'Niederlande'; in: Benz, W. (Hg.), *Dimension des Völkermords. Die Zahl der jüdischen Opfer des Nationalsozialismus*, Quellen und Darstellungen zur Zeitgeschichte. Hg. vom Institut für Zeitgeschichte, Bd. 33 (München 1991) S. 137-166.

JÄCKEL, E., 'Hitler und die Deutschen. Versuch einer geschichtlichen Erklärung'; in: *Intellektuelle im Bann des Nationalsozialismus*. Hg. von Karl Corino und mit einem Vorwort versehen von Eberhard Jäckel (Hamburg 1980) S. 7-26.

KLEMANN, H.A.M., 'De economische exploitatie van Nederland door de bezetter', in: H. Flap und W. Arts (Red.), *De organisatie van de bezetting* (Amsterdam 1997).

LEEUW, A.J. van der, 'Die 'Arisierung' eines jüdischen Betriebs in den Niederlanden'; in: A.H. Paape (Hg.), *Studies over Nederland in oorlogstijd*, Bd. 1 (Amsterdam 1972) S. 250-257.

LEEUW, A.J. van der, 'Reichskommissariat und Judenvermögen in den Niederlanden'; in: A.H. Paape (Hg.), *Studies over Nederland in oorlogstijd*, Bd. 1 (Amsterdam 1972) S. 237-249.

MASCHKE, G., 'Im Irrgarten Carl Schmitts', in: *Intellektuelle im Bann des Nationalsozialismus*. Hg. von Karl Corino und mit einem Vorwort versehen von Eberhard Jäckel (Hamburg 1980) S. 204-242.

MAUS, I., ''Gesetzesbindung' der Justiz und die Struktur der nationalsozialistischen Rechtsnormen'; in: *Recht und Justiz im "Dritten Reich"*, Hg. von Ralf Dreier und Wolfgang Sellert (Frankfurt am Main 1989) S. 80-104.

MEERSHOEK, G., 'Raul Hilberg: een glashard relaas van de moord op de Joden'; in: *Vijfde Jaarboek van het Rijksinstituut voor Oorlogsdocumentatie*, (Amsterdam 1994) S. 211-225.

MEYER-HESEMANN, W., *'Legalität und Revolution. Zur juristischen Verklärung der nationalsozialistischen Machtergreifung als 'legale Revolution''*, in: Peter Salje (Hg.), *Recht und Unrecht im Nationalsozialismus* (Münster 1985) S. 110-137.

MICHMAN, D., 'De oprichting van de 'Joodsche Raad voor Amsterdam' vanuit een vergelijkend perspectief', in: *Derde Jaarboek van het Rijksinstituut voor Oorlogsdocumentatie* (Amsterdam 1992) S. 75-101.

MITCHELL, A., 'Elites under the German Occupation'; in: *The Holocaust: Ideology, Bureaucracy and Genocide. The San José Papers*, Hg. von Henry

Friedlander und Sybil Milton (New York 1980; 2. Druck 1982) S. 229-242.
ROMIJN, P., 'De oorlog'; in: *Geschiedenis van de Joden in Nederland*, in: J.C.H. Blom, R.G. Fuks-Mansfeld, I. Schöffer (Red.), (Amsterdam 1995) S. 313-347.
ROTTLEUTHNER, H., 'Rechtsphilosphie und Rechtssoziologie im Nationalsozialismus'; in: *Recht und Justiz im "Dritten Reich"*, Hg. von Ralf Dreier und Wolfgang Sellert (Frankfurt am Main 1989) S. 295-323.
SCHRAGE, E.J.H., 'In naam van het Recht. Over de geschiedenis van de rechtspraak in en rond de Tweede Wereldoorlog', in: M. Berman, J.C.H. Blom (Red.), *Het belang van de Tweede Wereldoorlog* (Amsterdam 1997) S. 33-58.
STOLLEIS, M., ''Fortschritte der Rechtsgeschichte' in der Zeit des Nationalsozialismus?'; in: *Rechtsgeschichte im Nationalsozialismus. Beiträge zur Geschichte einer Disziplin*, Michael Stolleis und Dieter Simon (Hg.), (Tübingen 1989) S. 177-197.
DE VRIES, H., 'Anti-Babel: The 'Mystical Postulate' in Benjamin, de Certeau and Derrida', in: MLN, Volume 107, Nr. 3 (1992) S. 463-477.
WALTHER, M., 'Hat der juristische Positivismus die deutschen Juristen im "Dritten Reich" wehrlos gemacht?'; in: *Recht und Justiz im "Dritten Reich"*, Hg. von Ralf Dreier und Wolfgang Sellert (Frankfurt am Main 1989) S. 323-355.
WEISS, H., 'Der 'schwache' Diktator. Hitler und der Führerstaat'; in: Wolfgang Benz, Hans Buchheim, Hans Mommsen (Hg.), *Der Nationalsozialismus. Studien zur Ideologie und Herrschaft* (Frankfurt am Main 1993)
WELLMER, A., *Menschenrechte und Demokratie*; Paper einer Vorlesung (Amsterdam 1995)
WIEGANDT, M.H., ''Ich bin Theoretiker, reiner Wissenschaftler und nichts als Gelehrter'- Ein Lebensbild Carl Schmitts'; in: *JuS* 1996, Heft 9, S. 778-781.
WIEL, A.M. van de, 'Rechtspleging onder bijzondere omstandigheden. De Hoge Raad en de Duitse bezetting'; in: *Recht en Kritiek. Kwartaalschrift*, 9. Jg., Nr. 4, Dez. 1983, S. 437-468.
WILLOWEIT, D., 'Deutsche Rechtsgeschichte und 'nationalsozialistische Weltanschauung': das Beispiel Hans Frank'; in: *Rechtsgeschichte im Nationalsozialismus. Beiträge zur Geschichte einer Disziplin*, Michael Stolleis und Dieter Simon (Hg.), (Tübingen 1989) S. 25-43.

B.2 Monographien und Aufsatzsammlungen

AALDERS, G., *Roof. De ontvreemding van Joods bezit tijdens de Tweede Wereldoorlog* (Den Haag 1999)

ADRIANI, P.J.A., (Red.), *Fiscale ervaringen in bezettingstijd 1940-1945* (Amsterdam 1946)

ARENDT, H., *Benjamin, Brecht. Zwei Essays* (München 1971)

ARENDT, H., *The Origins of Totalitarism* (San Diego/New York/London 1976)

BECK, W., *Briefe an Carl Schmitt*. Hg. und mit Anm. versehen von Piet Tomissen (Berlin 1998)

BEKER, K. und GROTE, A., (Red.), *Ausstellungen - Mittel der Politik?* Berliner Schriften zur Museumskunde, Bd. 3 (Berlin 1981)

BELLEFROID, J.H.P., *Beknopt overzicht der Staatsinrichting van Nederland tijdens de bezetting* (Nimwegen/Utrecht 1941)

BENDERSKY, J.W., *Carl Schmitt. Theorist for the Reich* (Princeton/New Jersey 1983)

BENJAMIN, W., *Zur Kritik der Gewalt und andere Aufsätze* (Frankfurt am Main, urspr. 1921; 2. Aufl. 1971)

BENZ, W., BUCHHEIM, H., MOMMSEN, H., (Hg.), *Der Nationalsozialismus. Studien zur Ideologie und Herrschaft* (Frankfurt am Main 1993)

BENZ, W., (Hg.), *Dimension des Völkermords Die Zahl der jüdischen Opfer des Nationalsozialismus*, Quellen und Darstellungen zur Zeitgeschichte. Hg. vom Institut für Zeitgeschichte, Bd. 33 (München 1991)

BERKLEY, K.P.L., *Overzicht van het ontstaan, de werkzaamheden en het streven van den Joodsche Raad voor Amsterdam* (Amsterdam 1945)

BERMAN, M., BLOM; J.C.H., (Red.), *Het belang van de Tweede Wereldoorlog* (Amsterdam 1997)

BLOM, J.C.H., *Crisis, bezetting en herstel. Tien studies over Nederland 1930-1950* (Amsterdam 1989)

BLOM, J.C.H., FUKS-MANSFELD, R.G., SCHÖFFER, I., (Red.), *Geschiedenis van de Joden in Nederland* (Amsterdam 1995)

BOHN, R., (Hg.), *Die deutsche Herrschaft in den 'germanischen' Ländern 1940-1945*, HMRG Beiheft, Nr. 26 (Stuttgart 1997)

BOTT, M., *Radio der Gegenpropaganda. Niederländischer Exilrundfunk im Widerstand gegen die deutsche Besatzung 1940-1945. Entstehung, Auftrag und Programm* (München 1992)

BROSZAT, M., *Der Staat Hitlers. Grundlegung und Entwicklung seiner inneren Verfassung* (Stuttgart 1969; Taschenbuchausgabe 1978, 7. Aufl.)

CORINO, K., (Hg.), mit einem Vorwort versehen von EBERHARD JÄCKEL, *Intellektuelle im Bann des Nationalsozialismus* (Hamburg 1980)

CRAIG, G.A., *Germany 1866-1945* (Oxford University Press 1986)

CRONE, M., *Hilversum unter dem Hakenkreuz. Die Rundfunkpolitik der Nationalsozialisten in den Niederlanden 1940-1945*, Kommunikation und Politik, Bd. 15 (München/New York/London/Paris 1983)

DERRIDA, J., *Force de loi. Le "Fondement mystique de l'autorité"* (Paris, 1994)

DREIER, R., und SELLERT, W., (Hg.), *Recht und Justiz im "Dritten Reich"* (Frankfurt/Main 1989)

ENGISCH, K., *Einführung in das juristische Denken* (1956; 5. neu bearbeitete Aufl.; Stuttgart/Berlin/Köln/Mainz 1971)

FEST, J., *Hitler. Eine Biographie* (Frankfurt am Main/Berlin/Wien 1973)

FIJALKOWSKI, J., *Die Wendung zum Führerstaat. Ideologische Komponenten in der politischen Philosophie Carl Schmitts*, Schriften des Instituts für Politische Wissenschaft, Bd. 12 (Köln/Opladen 1958)

FLAP, H., und ARTS, W., (Red.), *De organisatie van de bezetting* (Amsterdam 1997)

FRAENKEL, E., *Der Doppelstaat. Recht und Justiz im Dritten Reich* (Frankfurt am Main 1984; ursprünglich New York 1941)

FRASSEK, R., *Von der 'völkischen Lebensordnung' zum Recht. Die Umsetzung weltanschaulicher Programmatik in den schuldrechtlichen Schriften von Karl Larenz (1903-1993)*, Fundamenta Juridica, Bd. 29 (1996)

FREI, N., *Der Führerstaat. Nationalsozialistische Herrschaft 1933 bis 1945*, (München 1987)

FRIEDLANDER, S., *Memory, History and the Extermination of the Jews of Europe* (Bloomington/Indianapolis 1993)

FRIEDLANDER, H., und MILTON, S., (Hg.), *The Holocaust: Ideology, Bureaucracy and Genocide. The San José Papers* (New York 1980; 2. Druck 1982)

FULD, W., *Walter Benjamin. Zwischen den Stühlen. Eine Biographie* (München/Wien 1979; überarbeitete Aufl. 1981)

FULLER, L., *The Morality of Law* (Yale 1969, 2. Ausg.)

GELDER; H. van, und KLÖTERS, J., *Door de nacht klinkt een lied. Amusement in Nederland 1940-1945* (Amsterdam/Brüssel 1985)

GERBENZON P., und ALGRA, N.E., *Voortgangh des rechtes. De ontwikkeling van het Nederlandse recht tegen de achtergrond van de Westeuropese cultuur* (Alphen am Rhein 1987)

GOLDHAGEN, D. J., *Hitler's Willing Executioners. Ordinary Germans and the Holocaust* (New York/London 1996)

GRASSMANN, G. O., *Die deutsche Besatzungsgesetzgebung während des 2. Weltkrieges*, Studien des Instituts für Besatzungsfragen in Tübingen zu den deutschen Besetzungen im 2. Weltkrieg, Nr. 14 (Tübingen 1958)

GRUCHMANN, L., *Justiz im Dritten Reich 1933-1940. Anpassung und Unterwerfung in der Ära Gürtner* (München 1988)

GRUCHMANN, L., *Nationalsozialistische Großraumordnung. Die Konstruktion einer "deutschen Monroe-Doktrin"*, Schriftenreihe der Vierteljahrshefte für Zeitgeschichte Nr. 4 (Stuttgart 1962)

GÜNTHER-HORNIG, M., *Kunstschutz in den von Deutschland besetzten Gebieten 1939-1945*, Studien des Instituts für Besatzungsfragen in Tübingen zu den deutschen Besetzungen im 2. Weltkrieg, Nr. 13 (Tübingen 1958)

DE HAAN, I., *Na de ondergang. De herinnering aan de Jodenvervolging in Nederland 1945-1995* (Den Haag 1997)

HABERMAS, J., *Faktizität und Geltung. Beiträge zur Diskurstheorie des Rechts und des demokratischen Rechtsstaats.* (Frankfurt am Main, 1992; 4. Aufl. 1994)

HABERMAS, J., *Zur Rekonstruktion des Historischen Materialismus* (Frankfurt am Main 1976)

HABERMAS, J., *Eine Art Schadensabwicklung. Kleine Politische Schriften VI.* (Frankfurt am Main 1987)

HABERMAS, J., *Die Neue Unübersichtlichkeit. Kleine Politische Schriften V.* (Frankfurt am Main 1987)

HAMPSHER-MONK, I., *Modern Political Thought. Major Political Thinkers from Hobbes to Marx* (Oxford V.K./Cambridge U.S.A. 1992)

HEBEISEN, M., *Souveränität in Frage gestellt. Die Souveränitätslehren von Hans Kelsen, Carl Schmitt und Hermann Heller im Vergleich* (Baden-Baden 1995)

HERBERT, U., *Best. Biographische Studien über Radikalismus, Weltanschauung und Vernunft 1903-1989* (München 1996)

HERZBERG, A.J., *Kroniek der Jodenvervolging 1940-1945* (Amsterdam 1985, 5. Aufl.)

HEUVEL, H. van den, *Nationaal of verzuild. De strijd om het Nederlandse Omroepbestel in de periode 1923-1947* (Baarn 1972)

HILBERG, R., *The Destruction of the European Jews* (New York/London 1961; ergänzte und definitive Ausg. 1985)

HILBERG, R., *Perpetrators, Victims, Bystanders. The Jewish Catastrophe 1933-1945* (New York 1992)

HIRSCHFELD, G., *Fremdherrschaft und Kollaboration. Die Niederlande unter deutscher Besatzung 1940-1945*, Studien zur Zeitgeschichte, Bd. 25 (Stuttgart 1984)

HIRSCHFELD, H.M., *Herinneringen uit de jaren 1933-1939* (Amsterdam/Brüssel 1959)

HIRSCHFELD, H.M., *Herinneringen uit de bezettingstijd* (Amsterdam/Brüssel 1960)

HITLER, A., *Mein Kampf* (München 1932; 15. Aufl.)

HOFFMANN, G., *NS-Propaganda in den Niederlanden. Organisation und Lenkung der Publizistik unter deutscher Besatzung 1940-1945* (München/Berlin 1972)

HOFMANN, H., *Legitimität und Legalität. Der Weg der politischen Philosophie Carl Schmitts* (Neuwied/Berlin 1964; 2. Aufl., ergänzt durch eine Vorbemerkung, 1992)

HOFMANN, H., *Das Recht des Rechts, das Recht der Herrschaft und die Einheit der Verfassung*, Wissenschaftliche Abhandlungen und Reden zur Philosophie, Politik und Geistesgeschichte, Bd. 24 (Berlin 1998)

JANSEN, J.H.Th. und PET, J.R.A., *De Nederlandse film in de jaren 1940-1945. Een filmografie gebaseerd op een verkennend onderzoek naar de gevolgen van de Duitse bezetting voor produktie, distributie en censuur* (Utrecht 1977)

JANSMA, T.J., *Het bezettingsrecht in de practijk van de Tweede Wereldoorlog*, Dissertation (Utrecht/Wageningen 1953)

JELLONNEK, B., *Homosexuelle unter dem Hakenkreuz. Die Verfolgung von Homosexuellen im Dritten Reich* (Paderborn 1990)

DE JONG, L., *Het Koninkrijk der Nederlanden in de Tweede Wereldoorlog*, 14 Bände (Den Haag 1969-1991)

JONKER, J.P.B., KERSTEN, A.E., PLAAT, G.N. VAN DER, (Red.), *Vijftig jaar na de inval. Geschiedschrijving en Tweede Wereldoorlog* (Den Haag 1990)

KERSHAW, I. *Hitler*, Profiles in Power (London/New York 1991)

KLEMANN, H.A.M., *De Nederlandse economische contacten met Nazi-Duitsland en de Nederlandse economie tijdens de Tweede Wereldoorlog. Een bibliografie* (Amsterdam 1995)

KOELLREUTTER, O., *Volk und Staat in der Weltanschauung des Nationalsozialismus* (Berlin 1935)

KOENDERS, P., *Homoseksualiteit in bezet Nederland. Verzwegen hoofdstuk* (Amsterdam 1984)

KOENDERS, P., *Tussen christelijk réveil en seksuele revolutie. Bestrijding van zedeloosheid in Nederland met nadruk op de repressie van homoseksualiteit* (Leiden 1996)

KOENEN, A., *Der Fall Carl Schmitt. Sein Aufstieg zum 'Kronjuristen des Dritten Reiches'* (Darmstadt 1995)

KOK, R., *Max Blokzijl. Stem van het Nationaal-Socialisme* (Amsterdam 1988)

DE KONING, J., THIE, A.A., VAN BIJSTERVELD, W.J., BARON VAN LAWICK, H., SLEDDERING, C.J., (Red.), *Focus op Fiscus. Het reilen en zeilen van de belastingdienst in de jaren 1940-1945* (Deventer 1990)

KOP, P.C., *Slachtoffers van het Duitsche geweld. De gedenkplaten van het Paleis van Justitie*, Prinsengrachtreeks 1995/1 (Amsterdam 1995)

KROCKOW, C. GRAF VON, *Die Entscheidung. Eine Untersuchung über Ernst Jünger, Carl Schmitt, Martin Heidegger* (Stuttgart 1958)

KWIET, K., *Reichskommissariat Niederlande. Versuch und Scheitern nationalsozialistischer Neuordnung* (Stuttgart 1968)
LARENZ, K., *Deutsche Rechtserneuerung und Rechtsphilosophie* (Tübingen 1934)
LARENZ, K., *Methodenlehre der Rechtswissenschaft* Enzyklopädie der Rechts- und Staatswissenschaft, Abteilung Rechtswissenschaft (Berlin/Heidelberg/New York 1975; 3. überarb. Aufl.)
LARENZ, K., *Richtiges Recht. Grundzüge einer Rechtsethik* (München 1979)
LARENZ, K., *Rechts- und Staatsphilosophie der Gegenwart* (Berlin 1935; 2. Aufl.)
LEEFLANG, T., *De bioscoop in de oorlog* (Amsterdam 1990)
LENTZ, J.L., *Persoonsbewijzen. Handleiding voor de uitvoering van het besluit persoonsbewijzen* (Arnheim 1941)
LEWIN, L., *Het clandestiene boek 1940-1945* (Amsterdam 1983)
LUCASSEN, L., *En men noemde ons zigeuners... De geschiedenis van Kaldarasch, Ursari, Lowara en Sinti in Nederland (1750-1944)*, (Amsterdam/Den Haag 1990)
MCCORMICK, J. P., *Carl Schmitt's Critique of Liberalism Against Politics as Technology* (New York 1997)
MAJER, D., *Grundlagen des nationalsozialistischen Rechtssystems. Führerprinzip, Sonderrecht, Einheitspartei* (Stuttgart/Berlin/Köln/Mainz 1987)
MANN, G., *Erinnerungen und Gedanken. Lehrjahre in Frankreich.* Hg. von Hans-Martin Gauger und Wolfgang Mertz (Frankfurt am Main 1999)
MAUS, I., *Bürgerliche Rechtstheorie und Faschismus. Zur sozialen Funktion und aktuellen Wirkung der Theorie Carl Schmitts* (München 1976)
MAZEL, P.E., *In naam van het Recht... De Hoge Raad en de Tweede Wereldoorlog* (Arnheim 1984)
MEIER, H., *Die Lehre Carl Schmitts. Vier Kapitel zur Unterscheidung Politischer Theologie und Politischer Philosophie* (Stuttgart/Weimar 1994)
MICHEELS, P., *Muziek in de schaduw van het Derde Rijk. De Nederlandse symfonie-orkesten 1933-1945* (Amsterdam 1993)
MOLENAAR, A.N., *Staatkundige Perspectieven* (Leiden 1945)
MOORE, B., *Victims and Survivors. The Nazi Persecution of the Jews in the Netherlands 1940-1945* (London/New York 1997)
MULDER, G.E., *Schijn van recht. De geschiedenis van de vrederechtspraak gedurende de Duitse bezetting* (Arnheim 1995)
NEUMAN, H.J., *Arthur Seyß-Inquart. Het leven van een Duits onderkoning in Nederland* (Utrecht 1967)
NEUMANN, V., *Der Staat im Bürgerkrieg. Kontinuität und Wandlung des Staatsbegriffs in der politischen Theorie Carl Schmitts* (Frankfurt/New York 1980)
NOACK, P., *Carl Schmitt. Eine Biographie* (Frankfurt am Main/Berlin 1993)
OLLIG, H.L., (Hg.), *Materialien zur Neukantionismus-Diskussion* (Darmstadt 1987)

PAAPE, A.H., (Hg.), *Studies over Nederland in oorlogstijd*, Bd. 1 (Amsterdam 1972)

PALAVER, W., *Die mythischen Quellen des Politischen: Carl Schmitts Freund-Feind-Theorie*, Beiträge zur Friedensethik, Bd. 27 (Stuttgart/Berlin/Köln 1998)

PERELS, J., *Wider die 'Normalisierung' des Nationalsozialismus. Interventionen gegen die Verdrängung* (2., verb. Aufl., Hannover 1996)

PICKER, H., *Hitlers Tischgespräche im Führerhauptquartier 1941-1942* (Bonn 1951; 4. überarbeitete Ausgabe 1983)

POHLE, H., *Der Rundfunk als Instrument der Politik*, Wissenschaftliche Schriftenreihe für Rundfunk und Fernsehen, Bd. 1 (Hamburg 1955)

PRESSER, J., *Ondergang. De vervolging en verdelging van het Nederlands jodendom (1940-1945)*, 2 Bände (Amsterdam 1965; 8. Aufl. 1985)

QUARITSCH, H., *Complexio Oppositorum. Über Carl Schmitt*, Schriftenreihe der Hochschule Speyer, Bd. 102 (Berlin 1988)

QUARITSCH, H., *Positionen und Begriffe Carl Schmitts* (2. erw. Aufl.; Berlin 1991)

RAZ, J., *The Authority of Law. Essays on Law and Morality* (Oxford 1979)

RAZ, J., *The Concept of a Legal System. An Introduction to the Theory of Legal System* (Oxford 1980; 2. Ausgabe)

REBENTISCH, D., *Führerstaat und Verwaltung im Zweiten Weltkrieg. Verfassungsentwicklung und Verwaltungspolitik 1939-1945* (Stuttgart 1989)

RIJKSDIENST VOOR DE MONUMENTENZORG (Hg.); *Monumenten en oorlogstijd. Jaarboek Monumentenzorg 1995* (Amsterdam 1995)

RÜTER, C.F., *Justiz und NS-Verbrechen: Sammlung deutscher Strafurteile wegen nationalsozialistischer Tötungsverbrechen* (Amsterdam 1968-heute).

RÜTHERS, B., *Carl Schmitt im Dritten Reich. Wissenschaft als Zeitgeistverstärkung?* (München 1989)

RÜTHERS, B., *Entartetes Recht. Rechtslehren und Kronjuristen im Dritten Reich* (München 1988)

RÜTHERS, B., *Ideologie und Recht im Systemwechsel. Ein Beitrag zur Ideologieanfälligkeit geistiger Berufe* (München 1992)

RÜTHERS, B., *Die unbegrenzte Auslegung. Zum Wandel der Privatrechtsordnung im Nationalsozialismus* (Tübingen 1968)

RUMPF, H., *Carl Schmitt und Thomas Hobbes. Ideelle Beziehungen und aktuelle Bedeutung. Mit einer Abhandlung über die Frühschriften Carl Schmitts* (Berlin 1972)

SALJE, P., (Hg.), *Recht und Unrecht im Nationalsozialismus* (Münster 1985)

SCHERF, Y., *De vervolging van homosexualiteit tijdens de Tweede Wereldoorlog* (Amsterdam 1987)

SCHLOSSER, H., *Grundzüge der Neueren Privatrechtsgeschichte. Ein Studienbuch* (Heidelberg 1996; 8. überarb. Auflage)

SCHMITT, C., *Die Diktatur. Von den Anfängen des modernen Souveränitätsgedankens bis zum proletarischen Klassenkampf* (Berlin 1928; 3. Aufl. 1964)
SCHMITT, C., *Glossarium. Aufzeichnungen der Jahre 1947-1951.* Hg. von E. FRHR. VON MEDEM (Berlin 1991)
SCHMITT, C., *Der Hüter der Verfassung.* Beiträge zum öffentlichen Recht der Gegenwart 1 (Tübingen 1931)
SCHMITT, C., *Politische Theologie. Vier Kapitel zur Lehre von der Souveränität* (München/Leipzig 1922; 2. Ausg. 1934)
SCHMITT, C., *Staat, Großraum, Nomos: Arbeiten aus den Jahren 1916-1969.* Hg., mit einem Vorwort und Anm. versehen von GÜNTER MASCHKE (Berlin 1995)
SCHMITT, C., *Über die drei Arten des rechtswissenschaftlichen Denkens* Schriften der Akademie für Deutsches Recht (Hamburg 1934)
SCHMITT, C., *Völkerrechtliche Großraumordnung. Mit Interventionsverbot für raumfremde Mächte. Ein Beitrag zum Reichsbegriff im Völkerrecht* (Berlin/Leipzig/Wien 1940; 2. Ausg.)
SCHMOECKEL, M., *Die Großraumtheorie. Ein Beitrag zur Geschichte der Völkerrechtswissenschaft im Dritten Reich, insbesondere der Kriegszeit.* Schriften zum Völkerrecht 112 (Berlin 1994)
SCHNEIDER, P., *Ausnahmezustand und Norm. Eine Studie zur Rechtslehre von Carl Schmitt* (Stuttgart 1957)
SCHOLTENS, A.L., *Overzicht van de wijzigingen in ons staatsrecht (1940-1945)* (Alphen am Rhein 1947; 4. Druck)
SEYß-INQUART, A., *Vier Jahre in den Niederlanden. Gesammelte Reden* (Amsterdam 1944)
SIJES, B.A., *De arbeidsinzet. De gedwongen arbeid van Nederlanders in Duitsland 1940-1945*, NIOD Monographien Nr. 11 (Den Haag1966/1990)
SIJES, B.A., *De Februari-staking. 25-26 Februari 1941*, NIOD Monographie Nr. 5 (Den Haag 1954)
SIJES, B.A., *Studies over Jodenvervolging* (Assen 1974)
SIJES, B.A., *Vervolging van zigeuners in Nederland 1940-1945*, in Zusammenarbeit mit Th.M. DE GRAAF, A. KLOOSTERMAN, J.F.A. VAN LOENEN, G.F. VAN SETTEN, A.L. VISSER, NIOD Monographie Nr. 13 (Den Haag 1979)
STAFF, I., *Staatsdenken im Italien des 20. Jahrhunderts. Ein Beitrag zur Carl Schmitt-Rezeption* (Baden-Baden 1991)
STEMESEDER, H., *Der politische Mythos des Antichristen. Eine prinzipielle Untersuchung zum Widerstandsrecht und Carl Schmitt* (Berlin 1997)
STOLLEIS, M., *Recht im Unrecht. Studien zur Rechtsgeschichte des Nationalsozialismus* (Frankfurt/Main 1994)
STOLLEIS, M., und SIMON, D., (Hg.), *Rechtsgeschichte im Nationalsozialismus. Beiträge zur Geschichte einer Disziplin* (Tübingen 1989)

STOOP, P., *Niederländische Presse unter Druck. Deutsche auswärtige Pressepolitik und die Niederlande 1933-1940*, Kommunikation und Politik, Bd. 17 (München/New York/ London/Paris 1987)

SWIJTINK, A., *In de pas. Sport en lichamelijke opvoeding in Nederland tijdens de Tweede Wereldoorlog* (Haarlem 1992)

TELDERS, B.M., *Verzamelde Geschriften*, Bd. IV, (Den Haag 1947)

TRIENEKENS, G.M.T., *Tussen ons volk en de honger. De voedselvoorziening 1940-1945*. Dissertation (Utrecht 1985)

TRIENEKENS, G.M.T., *Voedsel en honger in Oorlogstijd 1940-1945. Misleiding, mythe en werkelijkheid* (Utrecht/Antwerpen 1995)

UMBREIT, H., *Auf dem Weg zur Kontinentalherrschaft*; *Das Deutsche Reich und der Zweite Weltkrieg*. Hg. Vom Militärgeschichtlichen Forschungsamt, Bd. 2 (Stuttgart 1988)

UNSELD, S., (Hg.), *Zur Aktualität Walter Benjamins* (Frankfurt/Main 1972)

VENEMA, A., *Kunsthandel in Nederland 1940-1945* (Amsterdam 1986)

VERKIJK, D., *Radio Hilversum 1940-1945. De omroep in de oorlog* (Amsterdam 1974)

VOS, R.A.H., *Niet voor publicatie. De legale Nederlandse pers tijdens de Duitse bezetting*, (Amsterdam 1988)

WARD, I., *Law, Philosophy and National-Socialism. Heidegger, Schmitt and Radbruch in Context* (Bern 1992).

WIEACKER, F., *A History of Private Law in Europe. With particular reference to Germany* (Oxford 1995)

WIELEK, H., *De oorlog die Hitler won* (Amsterdam 1947)

WIT, Th.W.A. DE, *De onontkoombaarheid van de Politiek. De soevereine vijand in de politieke filosofie van Carl Schmitt*, Dissertation (mit einer Zusammenfassung in deutscher Sprache; Utrecht 1992)

ZEE, N. van der, *Om erger te voorkomen: de voorgeschiedenis en uitvoering van de vernietiging van het Nederlandse jodendom tijdens de Tweede Wereldoorlog* (Amsterdam 1997)

Ausschüsse für Strafrecht, Strafvollstreckungsrecht, Wehrstrafrecht, Strafgerichtsbarkeit der SS und des Reichsarbeitsdienstes, Polizeirecht sowie für Wohlfahrts- und Fürsorgerecht (Bewahrungsrecht)

Frankfurt/M., Berlin, Bern, New York, Paris, Wien, 1999. LVIII, 641 S.
Akademie für Deutsches Recht 1933-1945. Protokolle der Ausschüsse.
Herausgegeben und mit einer Einleitung versehen von Werner Schubert. Bd. 8
ISBN 3-631-34015-X · geb. DM 198.–*

Der Band dokumentiert die Beratungen der Ausschüsse der Akademie für Deutsches Recht für Strafrecht, für die Rechtsangleichung zwischen dem Altreich und den Reichsgauen der Ostmark, der Arbeitsgemeinschaft für internationales und ausländisches Strafrecht sowie für die Neufassung des Strafgesetzbuchs (1944). In diesem Zusammenhang wird die letzte Entwurfsfassung zu einem Gemeinschaftsfremdengesetz und zur Neufassung des Allgemeinen Teils des Strafgesetzbuchs durch das Reichsjustizministerium wiedergegeben. Es folgen die Arbeiten des Ausschusses für Strafvollstreckungsrecht mit dem Entwurf des Reichsjustizministeriums zu einem Strafvollzugsgesetz von 1939, die wenigen erhalten gebliebenen Protokolle des Wehrstrafrechtsausschusses und der Arbeitsgemeinschaft für Fragen der Strafgerichtsbarkeit der SS und des Reichsarbeitsdienstes sowie annähernd vollständig die Materialien des Polizeirechtsausschusses unter Werner Best. Abschließend werden die Protokolle des Ausschusses für Wohlfahrts- und Fürsorgerecht mit den Vorarbeiten zu einem nationalsozialistischen Bewahrungsgesetz abgedruckt. Insgesamt macht die Edition wichtige Texte der Strafrechtsgeschichte in der NS-Zeit erstmals zugänglich. Die Einleitung des Herausgebers erschließt die Verhandlungsergebnisse und die Biographien der Ausschußmitglieder.

Aus dem Inhalt: NS-Strafrechtsreform · Hoch- und Landesverrat · Strafensystem · Schutz der Volksgesundheit · Homosexualität · Ehrverletzung · Radikalisierung des Strafrechts durch das geplante Gemeinschaftsfremdengesetz · Strafrechtsangleichung zwischen Deutschland und Österreich · Strafvollzug · Reichsstrafvollzugsgesetz · Nationalsozialistischer Polizeibegriff · Strafgerichtsbarkeit der SS und des Reichsarbeitsdienstes · Bewahrungsgesetz, Familiennotgemeinschaft · Ausweitung der gesetzlichen Unterhaltspflicht

Frankfurt/M · Berlin · Bern · New York · Paris · Wien
Auslieferung: Verlag Peter Lang AG
Jupiterstr. 15, CH-3000 Bern 15
Telefax (004131) 9402131
*inklusive Mehrwertsteuer
Preisänderungen vorbehalten

Kolibri 360 GmbH
Ferdinand-Jühlke-Straße 7
99095 Erfurt, Deutschland
produktsicherheit@kolibri360.de

Druck:
CPI Druckdienstleistungen GmbH
im Auftrag der
Kolibri 360 GmbH
Ferdinand-Jühlke-Str. 7
99095 Erfurt